# INHALT

# Teil 2: Die Liebe kommt, die Liebe geht ...

Bindungsmuster erkennen und sich aus ihren Verstrickungen lösen – die Beziehung als Lernprozess

# Teil 3: In Beziehung leben 177

HAL UND SIDRA
STONE

# Abenteuer
# Liebe

Lebendige
Partnerschaft

KÖSEL

Die Originalausgabe erschien unter dem Titel »Embracing Each
Other. Relationship As Teacher, Healer & Guide« im Verlag New
World Library, San Rafael, California, USA.
Übersetzung aus dem Amerikanischen von Artho Stefan Witte-
mann, München.

ISBN 3-466-30433-4
© 1997 für die deutsche Ausgabe by Kösel-Verlag GmbH & Co., München
Printed in Germany. Alle Rechte vorbehalten
Druck und Bindung: Kösel, Kempten
Umschlag: Kaselow Design, München
Umschlagmotiv: Mauritius/Superstock

1 2 3 4 5 · 01 00 99 98 97

Gedruckt auf umweltfreundlich hergestelltem Werkdruckpapier (säurefrei und chlorfrei
gebleicht)

# Vorwort

Hal und Sidra Stone, die beiden Autoren dieses Buches, lernten sich kennen und lieben, als Hal fünfzig und Sidra gerade vierzig war. Beide waren geschieden und hatten als Therapeuten ihr Leben lang mit Glück und Unglück von Menschen zu tun gehabt. Als es bei ihnen funkte und sie vom Zauber frischer Verliebtheit überrascht wurden, fragten sie sich, was passiert eigentlich, wenn zwei Menschen sich ineinander verlieben – und vor allem, was kann man tun, um sich dieses wunderbare Gefühl zu erhalten?

Wie oft hatten sie in ihrem eigenen Leben und bei ihren Klienten erlebt, dass die Liebe, die zwei Menschen tief ergriffen hatte, nach und nach oder ganz plötzlich, nach Wochen, Monaten oder auch erst nach vielen Jahren, wieder verschwand? Dass an die Stelle von Wärme, Zuneigung und Akzeptanz nun Kritik, Wut, Kälte oder gar Hass getreten waren? Wie viele Beziehungen wurden wieder aufgelöst, wie viele schmerzhafte Trennungen spielten sich ab zwischen Menschen, die eine gemeinsame Zukunft geplant, miteinander Kinder bekommen und sich gegenseitig so faszinierend gefunden hatten?

Hal und Sidra Stone, zwei amerikanische Therapeuten, empfanden ihre neue Begegnung als etwas höchst Kostbares und nahmen sich viel Zeit, diesen Fragen nachzugehen. Sie zogen sich für einige Monate ganz zurück, tauschten die Summe all ihrer persönlichen und beruflichen Erfahrungen aus und entwickelten Ideen, die zu einer völlig neuen Sichtweise ihrer eigenen Beziehung, aber auch ihrer therapeutischen Arbeit und schließlich zu den Erkenntnissen geführt haben, die wir in diesem spannenden Buch nachvollziehen können. Es ist das zweite Buch, das sie beide zusammen geschrieben haben. In ihrem ersten Buch *Du bist viele* beschreiben sie die Grundgedanken der von ihnen entwickelten *Voice-Dialogue-Methode* und das psychologische Konzept der Selbste, das dieser Methode zugrunde liegt. In diesem Buch zeigen sie uns die Übertragung dieses

Konzeptes auf die dynamischen und so wenig durchschaubaren Prozesse in Beziehungen zwischen den Menschen.

Der Begriff Voice Dialogue (übersetzt etwa: Gespräch mit den inneren Stimmen) umfasst zwei Aspekte: Ein Konzept der menschlichen Psyche und eine Methode, die Realität dieses Konzeptes erfahrbar zu machen.

Zum einen beschreibt Voice Dialogue das ganz alte und doch immer wieder ganz neu zu erringende Verständnis der menschlichen Persönlichkeit, nach dem diese nicht als psychische Einheit zu verstehen ist, sondern als »innere Großfamilie«, die sich aus vielen, manchmal sehr vielen, Persönlichkeiten, auch innere Stimmen oder Energien genannt, zusammensetzt. Die Stones nennen diese inneren Anteile »selves«, was wir trotz der sprachlichen Befremdlichkeit mit einigem Zögern dann meist mit »Selbste« übersetzt haben, manchmal aber auch mit »innere Person«, »innere Stimmen« oder Energien. Jedes Selbst hat seine eigene Art zu denken, zu fühlen, zu handeln und wahrzunehmen.

Am Anfang dieses Buches werden Sie in dieses psychologische Konzept eingeführt (S. 20-33 und S. 39-46). Sie werden sehr rasch beginnen, Ihre eigenen Selbste der Reihe nach zu entdecken und zu begrüßen. Insbesondere werden Sie auch neugierig gemacht werden auf Selbste, die Sie gar nicht in sich vermuteten, die versteckt oder unterdrückt in Ihnen verborgen sind, aber für die Magie der Liebe oder den späteren Beziehungsstress eine ausschlaggebende Rolle spielen. Das eigentliche Geheimnis sei hier nicht verraten, aber ich kann Ihnen eine anregende Lektüre versprechen, bei der Ihnen auf einmal vieles sonnenklar werden kann, was Sie bisher irritierte oder gar verwirrte.

Der zweite Aspekt von Voice Dialogue ist die spezielle Methode, diese inneren Stimmen zum Sprechen zu bringen. Bei diesem erstaunlichen und eindrucksvollen Vorgang offenbaren sich die einzelnen Selbste in der Tat als ausgeprägte Persönlichkeiten, mit eigener Stimmlage, ganz spezifischer Körpersprache, mit einem eigenen Gedächtnis, eigener Geschichte und durchaus eigenen Ansichten darüber, was für Sie als Inhaber der betreffenden Stimme eigentlich gut und richtig wäre.

Die Methode selbst ist recht rasch zu erlernen. Sie ist kein eigenständiges Therapiekonzept, sondern kann als besondere Form der Kommunikation in vielen unterschiedlichen Therapie- oder Wachstumsprozessen eingesetzt werden. Es gehört allerdings einige fachliche Erfahrung und eine sehr gute Einführung in die besondere Art der Gesprächsführung dazu, um sie wirklich sinnvoll anzuwenden. Wer daran interessiert ist, sei auf das andere Buch *Du bist viele* verwiesen. Um aus diesem Buch seinen Nutzen ziehen zu können, bedarf es gar nicht der Kenntnis oder der Beherrschung der Voice-Dialogue-Methode. Vielmehr wird Ihnen allein durch das Lesen bereits ein Zugang zu Ihren eigenen inneren Stimmen eröffnet und Ihr Bewusstsein wird um das Konzept der Selbste in einer so lebendigen und praktischen Art und Weise erweitert, dass Sie seine Stimmigkeit selbst erfahren und seine Möglichkeiten für die Verbesserung Ihrer Beziehungen sehr schnell wahrnehmen werden.

»Abenteuer Liebe« ist daher kein Therapie- oder therapeutisches Selbsthilfebuch. Es unterstützt den Leser vielmehr in seiner Bewusstseinsarbeit. Das Hauptanliegen des vorliegenden Buches ist es, verständlich zu machen, wie aus Verliebtheit Liebe werden kann und wie aus einer Begegnung eine Bindung entsteht, welche Energien Menschen aneinander binden und vor allem, welche Rolle die verschiedenen inneren Stimmen in diesen Prozessen spielen. Insbesondere geht es Hal und Sidra Stone darum aufzuzeigen, welche Bindungsmuster sich zwischen Menschen durch die besonderen Anziehungskräfte ihrer Selbste entwickeln und welche fatalen Folgen das automatische Verhalten innerhalb von Bindungsmustern nach sich ziehen kann, solange diese Vorgänge der bewussten Einsicht nicht zugänglich sind.

An Dutzenden von Beispielen, bei denen uns viel Vertrautes wieder begegnet, wird deutlich, warum es so notwendig ist, dass wir uns aus Bindungsmustern immer wieder lösen müssen, dass wir Bewusstheit entwickeln müssen, wenn wir uns die Liebe erhalten wollen. Viel zu oft aber lösen wir nicht nur ein Bindungsmuster, sondern gleich auch die ganze Beziehung auf, oder stellen sie grundsätzlich in Frage.

11

Wäre der Hintergrund des Konfliktes besser verstanden worden, hätte das Bindungsmuster aufgelöst werden können, ohne dass es zu einer Trennung gekommen wäre. Die Chance eines tieferen gegenseitigen Verstehens, eines vorbehaltlosen Annehmens und intensiverer Nähe hätte genutzt werden können.

Jede Beziehung bietet uns die Möglichkeit, die Familie unserer inneren Selbste durch den Partner oder die Partnerin besser kennen zu lernen und den Grad an Bewusstheit erheblich zu erhöhen.

Wann immer wir uns von einem unbewussten Bindungsmuster und von den automatischen Reaktionen unserer Selbste trennen, können wir ein unglaubliches Gefühl der Freiheit und einen enormen Energiegewinn erleben. Das wird uns nicht geschenkt. Es ist bewusste Arbeit »gegen die Schwerkraft« nötig.

Beide Autoren haben sich in New York und in Kalifornien mit psychologischen Richtungen auseinandergesetzt, die ein Leben »aus dem Bauch« propagieren. So gut es im individuellen Entfaltungsprozess sein kann, auch »auf den Bauch zu hören«, so sehr haben sich Hal und Sidra mit all ihrer Erfahrung in ihrem Konzept und in ihrer Arbeit vielmehr der Idee verschrieben, dass das Leben in einer ehrlichen, tiefen und herzlichen Beziehung auch sehr viel Bewusstheit, eben auch einen klaren Kopf und geistiges Bemühen voraussetzt. Sie geben keine einfachen Ratschläge für komplizierte Probleme, sondern sie ermuntern ihre Leser, sich auf eine manchmal auch recht anstrengende Reise zu begeben.

Diese Erweiterung des Bewusstseins, die Möglichkeit, die Dinge einmal aus einer völlig neuen Perspektive zu sehen, ist das faszinierende Erlebnis beim Lesen dieses Buches. Mit einer Vielzahl von Beispielen und Zitaten werden Sie schon bei der Lektüre durch einen Umwandlungsprozess geführt, bei dem aus negativen und zerstörerischen Gefühlen neue Wärme, Herzlichkeit und Nähe erwachsen können und das Herz sich weitet.

Jedes Selbst, das wir für uns entdecken, bringt uns neue, freie Energien. Wer seine Beziehung als Möglichkeit versteht, seine eigene innere Familie kennen zu lernen und die verlorenen Mitglieder wieder aufzunehmen und zu umarmen, für den wandeln sich Spannungen und Auseinandersetzungen um in eine abenteuerliche Entdeckungsreise, in der die Liebe eine sichere Zukunft hat. Als ich Sidra und Hal Stone auf einem Seminar in London im März 1990 kennen lernte und wenige Wochen später anlässlich ihres ersten Seminars im gerade zusammenwachsenden Deutschland in Berlin wiedertraf, konnte ich mich selbst davon überzeugen, dass sie ihre eigene Lektion gelernt hatten. Zu diesem Zeitpunkt schon über zwölf Jahre miteinander verheiratet, strahlten sie wie frisch verliebte Teenager. Nicht den ganzen Tag und nicht die ganze Zeit, es gab auch Stress und es gab **Konflikte** und es gab auch finstere Mienen – aber dann immer wieder dieses tiefe Leuchten in den Augen, das Flachsen miteinander und das Grundverständnis, so wie es ist, ist es gerade richtig. Es waren intensive Tage mit ihnen, für die ich dankbar bin und in denen ich viel für mein eigenes Leben lernen konnte. Ich freue mich, Ihnen, liebe Leserin, lieber Leser, jetzt dieses Buch als Reiseführer für Ihren eigenen Weg in die Hand legen zu können.

*Dr. Gerhard Huhn, Berlin*


PS: Und wenn Sie ganz neugierig sind, fangen Sie doch einfach mit dem 3. Kapitel an, »Sich verlieben« (S. 74 ff.).

# Einleitung

Dies ist ein Buch über Beziehungen, über Beziehungen als Abenteuer, als niemals endende Reise ins Unbekannte. Wir verstehen Beziehungen als einen Lernprozess, der uns hilft, die Welt um uns herum und in uns selbst zu entdecken, und der uns in unserer eigenen, individuellen Bewusstseinsentwicklung unterstützt. Das Buch basiert auf unseren persönlichen Erfahrungen und auf den Erfahrungen vieler Menschen, die mit uns über ihre Beziehungen gesprochen haben. Es gibt keine einfachen Antworten auf schwierige Fragen. Es zeigt auch nicht, wie Beziehungen »funktionieren«. In all den Jahren, in denen wir uns mit diesem Thema beschäftigten, haben wir gelernt, dass es keine einfachen Antworten gibt. Stattdessen führt das Buch in die aufregende Komplexität zwischenmenschlicher Beziehungen ein. Es will zeigen, welch unglaubliche Bereicherung sie für uns sein können. So werden Beziehungen zu einer Reise zweier Seelen, einer aufregenden Reise voll unerwarteter Wendungen und neuer Richtungen, die ihren natürlichen Lauf nimmt, wenn wir uns ihr nur anvertrauen. Unglücklicherweise sind nur die wenigsten von uns so aufgewachsen, dass sie aus Beziehungen lernen und auf sie vertrauen können. Stattdessen wurde uns beigebracht, dass es darauf ankommt, eine »gute Beziehung« zu führen und zu lernen, wie man sie so gestaltet, dass keiner der Beteiligten sich zu irgendeinem Zeitpunkt unwohl fühlt. Im Umgang mit einem Liebhaber, einem Familienmitglied, einem Mitarbeiter oder einem Lehrer ist es unsere größte Sorge, wie wir unangenehmen Dingen aus dem Weg gehen und wie wir Probleme – falls sie doch einmal auftauchen – lösen können. Konflikte jedenfalls sind möglichst zu vermeiden.

Unsere Kultur ist primär rational und ergebnisorientiert, was sich in unseren Beziehungen widerspiegelt. Wir möchten, dass sie reibungslos und effizient funktionieren. Wir lesen Bücher darüber, wie wir sie verbessern können, und lernen Analyse-, Kommunikations- und

Konfliktlösungstechniken. Und dennoch sind unsere Beziehungen niemals so gut, wie wir sie uns wünschen. Ganz gleich, ob wir ein Kind erziehen, mit unseren Eltern sprechen, mit einem Mitarbeiter verhandeln oder mit einem früheren Geliebten einen neuen Versuch wagen – die Dinge können außerordentlich kompliziert werden. Die meisten Menschen nehmen in ihrer mechanistischen Sichtweise an, sie bräuchten nur das Geheimnis herauszufinden, wie eine Beziehung gelingt, um niemals mehr unglücklich zu sein, sich unverstanden oder unwohl zu fühlen. Wir (oder genauer: unsere inneren Perfektionisten) haben eine Vorstellung von einem reifen, liebenden, gut zueinander passenden Paar von Individuen, das fähig ist, in eine tiefe Verbindung zu treten, sich in stillem Einverständnis zu unterstützen und sich ununterbrochen in großer Übereinstimmung zu befinden. Dieses ideale Paar kann Probleme lösen, indem es sich Zeit nimmt und alles voller Verständnis bespricht, sich gegenseitig zuhört, respektiert und effektiv miteinander kommuniziert. Dabei verletzt es aber niemals die Gefühle des anderen, ist niemals völlig verwirrt und stellt niemals Grundsätzliches in Frage. Stets haben wir eine genaue Vorstellung davon, wie die Beziehung sein und wie sie sich weiterentwickeln sollte. Derartige Phantasien werden zum Beispiel auch durch die Darstellung von Ideal-Familien in vielen Fernsehsendungen genährt. Aber in all den Jahren ist uns eines klar geworden: Das Leben verläuft selten so ideal; wenigstens nicht bei den Leuten, die *wir* kennen. Die Wirklichkeit ist ein wenig komplexer, und Menschen sind das Komplizierteste überhaupt. *Jeder von uns besteht aus vielen Teilen oder Selbsten.* Deshalb verhalten wir uns weder vorhersagbar noch beständig, und das macht unsere Beziehungen unvermeidbar kompliziert.

Wir irren uns, wenn wir glauben, eine seelische Einheit zu sein. Wenn wir in einer Beziehung mit jemandem leben, dann sind das nicht nur zwei Menschen, die sich zusammensetzen, um eine nette Unterhaltung zu führen. Jeder von uns birgt eine große Anzahl von Selbsten oder Teilpersönlichkeiten in sich, die versuchen, Aufmerksamkeit zu erheischen und ihre Bedürfnisse zu befriedigen. Die nette Unterhaltung zu zweit ähnelt eher dem Versuch zweier Großfamilien, miteinander zu reden. Diese inneren Familien sind darüber hinaus weit davon entfernt, in sich harmonisch zusammen zu leben oder die gleiche Meinung zu haben. Unsere inneren Teilpersönlichkeiten streiten intern selbst dann miteinander, wenn wir uns bemühen, nach außen hin einen eindeutigen Standpunkt zu beziehen. Und je emotionaler der Anlass des inneren Streites ist, desto mehr entwickeln diese Selbste in unserem Inneren Meinungsverschiedenheiten und kämpfen gegeneinander.

Je klarer uns dies bewusst wird, desto mehr Aspekte unserer Persönlichkeit, desto mehr Selbste werden uns zugänglich. Wir erleben die Auseinandersetzungen in unserer Innenwelt und unsere Beziehungen zu anderen bewusster. Dieses Wachstum des Bewusstseins gibt unseren Beziehungen mehr Tiefe und Komplexität und verleiht uns größere innere Stabilität.

## Das Geschenk einer Beziehung

Das Geschenk jeder Beziehung ist, dass wir in ihr unsere eigene »innere Familie« kennen lernen können. Eine wirklich verbindliche Beziehung ist eine Entdeckungsreise in die Tiefen unseres eigenen Wesens. Wir bekommen die Chance, in uns hineinzusehen und die unendliche Vielfalt der Selbste zu entdecken, die unsere innere Familie bilden. Jedes dieser Selbste hat seine eigenen physiologischen Besonderheiten, Standpunkte und seine eigene Art, die Welt zu betrachten und zu verstehen. Jedes hat eine eigene Geschichte und kann seine Erfahrungen, seine eigene Energie und Beziehungsfähigkeit einbringen. Unser Leben und unsere Beziehungen werden umso reicher, je mehr Selbste wir innerhalb unserer inneren Familie kennen lernen.

Beziehungen, die intensiv gelebt werden, konfrontieren uns mit einer ständig wachsenden Zahl von Selbsten. Eine solche Beziehung zwingt uns, Verantwortung für unsere gesamte innere Familie zu übernehmen, gleichgültig wie chaotisch oder peinlich uns einige »Familienmitglieder« auch erscheinen mögen. Eine echte Beziehung wird uns aber auch reich belohnen. Denn jedes Selbst hat seine eigene Art, uns etwas Wertvolles zu schenken.

## Beziehung als Entdeckungsreise

Man kann in Beziehungen zwei unterschiedliche Wege einschlagen. Die Menschen, die dem ersten Weg folgen, bleiben vorsichtig und erlauben den inneren Personen, die ihnen bisher geholfen haben, sie auch weiterhin zu beschützen. Ihr Verhalten ist weitgehend vorhersagbar, stereotyp und vielleicht sogar starr. Sie bleiben beim Vertrauten und Sicheren. Alle anderen Selbste, die dieses Gleichgewicht zum Wanken bringen oder bedrohen könnten, sind ins Exil verbannt. Das Leben ist auf einige wenige vertraute Selbste begrenzt, die gut und besonnen miteinander und mit anderen umgehen können.

Die Menschen, die diesen Weg verfolgen, identifizieren sich in der Regel mehr mit den rationalen, problemlösenden Selbsten und schützen sich sorgfältig gegen andere, die Schwierigkeiten verursachen könnten. Meist unterdrücken sie diese inneren Personen völlig. Manche begrenzen ihr Leben auf Selbste, die andere Menschen auf Distanz halten oder die zwanghaft und destruktiv agieren, wenn es zu neuen Begegnungen kommt.

Wir alle kennen Menschen, die auf Nummer sicher gehen, und jeder kennt Ähnliches zumindest in bestimmten Lebensphasen auch aus eigener Erfahrung. Wenn uns eine Beziehung wertvoll erscheint und wir sie schützen möchten, ist dies eine völlig natürliche Reaktion. In einer solchen Beziehung unterdrücken wir schnell diejenigen Selbste, die unseren Egoismus, unsere Lust zu flirten, unsere Sinnlichkeit, unsere Abenteuerlust, unseren Intellekt, unseren Territorialinstinkt, unsere Schüchternheit repräsentieren oder was immer der Partner, mit dem wir zusammenleben, nicht mag. Ohne dass wir überhaupt darüber nachdenken, geben wir bestimmte Teile von uns auf oder vernachlässigen Dinge, die uns Spaß machen, nur um die Beziehung zu sichern. Wir schränken uns ein und leben innerhalb der sicheren Parameter von einigen wenigen akzeptierten Selbsten. Dieses Verhaltensmuster war in der Vergangenheit für viele Menschen stabil und tragfähig. Auch liebevolle und langfristige Beziehungen neigen dazu, diesem Modell zu folgen.

Dennoch gibt es eine extrem aufregende und lohnenswerte Alternative: nämlich Beziehungen jeglicher Art als eine fortwährende Herausforderung zu verstehen, als einen Lernprozess, als eine Reise in unsere eigene, persönliche Bewusstseinsentwicklung. Anstatt den Status quo für das Wichtigste zu halten, können Menschen, die diesen Weg wählen, die Veränderungen im Umgang miteinander im Verlaufe einer Beziehung, insbesondere auch die unangenehmen, als neue Entwicklungschance erfahren und die Beziehung als eine niemals endende Entdeckungsreise erleben. Möglicherweise gibt es unendlich viele Selbste in jedem von uns. Von jedem dieser Selbste können wir etwas lernen. Jedes bereichert unsere Wahrnehmung der Welt. Je intensiver wir uns auf einen anderen Menschen einlassen, desto stärker fordert die Beziehung unsere Selbste heraus, sich zu zeigen.

Wir haben dieses Buch als eine Art Reiseführer geschrieben für diejenigen, die daran interessiert sind, sich auf diese Entdeckungsreise einzulassen. Unsere Arbeit beruht auf der Überzeugung, dass jede Beziehung zu einem anderen Menschen in sich einen göttlichen Funken trägt und dass jeder, der sich einer Beziehung als einem Lernprozess anvertraut, schließlich zu sich selbst finden wird, zum reinsten und tiefsten Wesen seiner Menschlichkeit, die ihrer Natur nach göttlich ist.

# TEIL 1

# BEGEGNUNG MIT UNSEREN SELBSTEN

# Die Psychologie der Selbste

Wie entwickelt sich die Persönlichkeit des Menschen? Dieses Kapitel fasst unsere Ansichten zu dieser wichtigen Frage zusammen: Es führt ein in unser Konzept der Selbste, erklärt den Begriff der Bindungsmuster in Beziehungen und zeigt, wie wir die Entwicklung des menschlichen Bewusstseins verstehen. Es ist das theoretische Grundgerüst, in das sich die folgenden Kapitel fügen. Für Leserinnen und Leser, die mit unserer Arbeit bereits vertraut sind, kann der folgende Text als Auffrischung und Aktualisierung dienen, denn wir haben unsere Gedanken über Bindungsmuster beträchtlich weiterentwickelt. Wem dieses Konzept jedoch neu ist, findet eine umfassende Darstellung in unserem Buch *Du bist viele*. Dieses Buch vermittelt nicht nur ein umfassendes Bild der verschiedenen Stimmen, die unserer Psyche innewohnen, es beinhaltet auch eine Beschreibung der *Voice-Dialogue-Methode*, einem von uns entwickelten Verfahren, das uns bei der Erforschung zwischenmenschlicher Beziehungen zum wichtigsten Handwerkszeug wurde.

## Die Entwicklung der Selbste

Die meisten Menschen sind vertraut mit der Familie, in die sie hineingeboren wurden. Wir haben Eltern und Großeltern, Brüder, Schwestern, Cousinen und Cousins, Tanten und Onkel. Auch gute Freunde können als Familie dienen und uns manchmal näher stehen als unsere eigentliche Familie. Unsere Familie und die Art, wie wir uns in sie einfügen, wie wir durch sie lernen, das Leben zu verstehen, ist bekanntlich ein wesentlicher Teil im Prozess des Erwachsenwerdens.

Ein faszinierender und für die meisten Menschen neuer Gedanke ist, dass wir neben unserer äußeren Familie auch eine innere Familie haben. Die Entwicklung unserer inneren Familie wird in erster Linie durch diejenigen Menschen beeinflusst, die uns am nächsten sind. Wir lassen Persönlichkeitsmerkmale in uns entstehen, die gewissen Eigenschaften unserer Familienmitglieder, Freunde, Lehrer oder anderer Menschen, die Einfluss auf uns haben, ähneln. Oder sie besteht umgekehrt aus jenen Persönlichkeitsaspekten (oder Selbsten), die genau die entgegengesetzten Muster repräsentieren.

Etwas über unsere innere Familie zu erfahren ist ein wesentlicher Teil persönlichen Wachstums und unerlässlich für das Verständnis zwischenmenschlicher Beziehungen überhaupt. Denn die Mitglieder unserer inneren Familie, oder unserer »Selbste«, wie wir sie nennen wollen, bestimmen wesentlich unser Verhalten. Solange wir nicht verstehen, wie unsere Selbste Druck auf uns ausüben, können wir unser Leben nicht wirklich selbst in die Hand nehmen.

Wie entwickelt sich diese innere Familie? In einer bestimmten Familie, die ihrerseits wieder von der Kultur geprägt wurde, in der sie lebt, herrschen bestimmte Vorstellungen davon, wie wir sein sollten. Da wir als Säuglinge oder Kinder sehr verletzlich sind, ist es wichtig, uns so zu verhalten, wie man es von uns erwartet, damit wir uns sicher, geliebt und umsorgt fühlen können. Das Bedürfnis, uns gegenüber allem zu schützen, was die betreffende Familie oder Kultur als gefährlich ansieht, trägt wesentlich zur Entwicklung unserer Persönlichkeit bei. So bilden sich die unser Leben regierenden »Selbste«, die »Haupt-Selbste«, die uns das Gefühl einer Identität in dieser Welt geben und unser Verhalten bestimmen.

Jeder von uns wurde in einem außerordentlich verletzlichen Zustand in diese Welt hineingeboren. Dieses ursprüngliche Selbst bleibt als verletzliches Kind in uns mit größter Empfindsamkeit, aber auch mit der Fähigkeit, enge Beziehungen zu anderen Menschen einzugehen. Das *verletzliche innere Kind* kann als Zugang zu unserem tiefsten Inneren, zu unserer Seele, betrachtet werden. Es trägt im Wesentlichen unseren psychischen Fingerabdruck, und wir verbringen unser ganzes Leben damit, es um jeden Preis zu schützen. Bereits in einem frühen Stadium unseres Lebens entwickeln sich andere Selbste, die sich zwischen diesem Kind und den anderen Menschen aufbauen, um zu verhindern, dass es verletzt wird. Das ist ein natürlicher und notwendiger Prozess. Doch wenn wir erwachsen werden und unser Leben in die Hand nehmen und meistern, neigen diese früher entwickelten Selbste dazu, allzu beschützend zu sein.

Gewöhnlich haben diese Selbste entschieden, dass das verletzliche innere Kind am besten geschützt wird, indem man es gut versteckt und völlig außer Reichweite jedes anderen menschlichen Wesens hält (obwohl es durchaus okay für sie sein kann, wenn das innere Kind mit einem Schmusetier spielt). Unglücklicherweise hält dies das verletzliche Kind gleichzeitig aus unseren Beziehungen fern und enthält ihm das vor, was es sich von ganzem Herzen wünscht – eine tiefe und aufrichtige Verbindung mit anderen Menschen. Viele von uns können dadurch die Vertrautheit, die wir eigentlich ersehnen, nicht erfahren, denn vertrauliche Nähe erfordert die Beteiligung dieses verletzlichen Kindes. Nur wenn wir Zugang zu dem empfindsamen Kind in uns haben, können wir uns und andere wirklich kennen lernen.

Das erste beschützende Selbst, das sich entwickelt, nennen wir Beschützer/Bewacher, weil es das verletzliche Kind beschützt und sowohl unser Verhalten als auch das der Menschen um uns herum kontrolliert und steuert. Dieser Beschützer/Bewacher tritt erstaunlich früh in unserem Leben auf. Er sieht sich um, registriert, welches Verhalten belohnt und welches bestraft wird, begreift die Regeln der ihn umgebenden Welt und stellt einen Verhaltenskodex auf. Er sucht ständig nach weiteren Informationen und ändert seine Regeln, wenn es erforderlich erscheint. Dieses im wesentlichen rationale Selbst erklärt uns die Welt und unser Verhalten und gibt den Bezugsrahmen für die Wahrnehmung unserer Umgebung.

Wenn der Beschützer/Bewacher unser Leben vollständig bestimmt, und dies ist häufig der Fall, wird jede Wahrnehmung blockiert, die den Status quo erschüttern oder dazu führen könnte, liebgewonnene Überzeugungen und charakteristische Wesensarten in Frage zu stellen. Die Aufgabe dieses Selbstes ist es, das verletzliche Kind zu beschützen, und um das zu tun, hält es das

Kind gewöhnlich von einem wirklichen Kontakt mit anderen Menschen fern.

Der Beschützer/Bewacher besitzt als wichtigen Verbündeten den *Antreiber (»Pusher«)*. Dieses Selbst interessiert nur die Frage, was als nächstes getan werden muss. Der Antreiber legt unseren Terminkalender fest, spornt uns an, unsere Aufgaben zu erfüllen, hält uns geschäftig und produktiv, so dass unser verletzliches Kind spürt, dass wir gut sind und von anderen Menschen bewundert werden. Er ist jedoch wenig hilfreich, wenn wir uns entspannen wollen, und er neigt außerdem dazu, Vertrautheit zu stören. Wenn wir niemals eine Beziehung zu einem anderen Menschen eingehen, kann der Antreiber ungestört unser Leben bestimmen, denn es gibt niemanden, der seine Vorherrschaft in Frage stellen könnte. Wir haben das Gefühl, erstaunlich produktiv zu sein und außerordentlich bewundert zu werden, aber wir haben nicht gelernt, geduldig und aufmerksam zu sein, wenn wir mit jemandem ernsthaft in Kontakt treten wollen.

Ein weiterer wichtiger Verbündeter des Beschützers/Bewachers ist der *Perfektionist*. Wie schon der Name sagt, sorgt dieser Teil von uns für perfektionistische Zielsetzung auf allen Ebenen. Wir müssen perfekt aussehen, perfekt sein, eine perfekte Liebesbeziehung und perfekte Kinder haben und fehlerlos arbeiten, damit niemand uns je kritisieren kann und das verletzliche Kind stets in Sicherheit ist. Der Perfektionist kennt kein Pardon gegenüber menschlichen Schwächen und hat wenig Verständnis für die Realität. Ebenso kann er ziemlich schroff in seiner Beurteilung einer Beziehung sein. Dieses Selbst wird in unserer Gesellschaft hoch geachtet und gewöhnlich auch durch unsere Familie gefördert, weil sich dadurch auch die inneren Perfektionisten der Menschen um uns erfolgreich fühlen. Natürlich hat der Perfektionist seine Berechtigung. Wir brauchen ihn, um in einigen Bereichen Maßstäbe zu setzen, wie zum Beispiel in der Chirurgie oder bei der Konstruktion erdbebensicherer Gebäude. In unserem privaten Leben kann er jedoch die völlig unangemessene Rolle eines Aufsehers einnehmen. Deswegen wird eine innige, engagierte Beziehung den Einfluss des Perfektionisten schwächen und uns erlauben, uns und andere auf eine tolerantere Art und Weise kennen zu lernen.

Ein anderes Selbst, das mit dem Perfektionisten zusammenarbeitet, um das verletzliche Kind zu schützen, ist der *innere Kritiker*. Wenn der Kritiker all unsere Fehler und Unzulänglichkeiten entdeckt, bevor dies ein anderer tut, so lautet seine Argumentation, dann wird es nichts an uns geben, das irgendjemandem missfallen könnte, und unser verletzliches Kind wird vor Kritik sicher sein. Dieses Selbst hat fatale Folgewirkungen: Wenn der innere Kritiker seine Arbeit abgeschlossen hat, ist unsere Selbstachtung am Boden, und wir fühlen uns völlig wertlos. Also müssen wir uns wieder an unsere alten Freunde, den Antreiber und den Perfektionisten, wenden und noch härter an uns arbeiten, um uns liebenswert zu machen.

Ein anderes Selbst, das uns hilft, akzeptiert zu werden, ist der *Schmeichler*. Er reagiert äußerst sensibel auf die Bedürfnisse und Gefühle anderer und lenkt uns behutsam bei der heiklen Aufgabe, diese Bedürfnisse zu erfüllen, so dass andere uns schätzen und auch unseren eigenen Bedürfnissen ähnliches Verständnis entgegenbringen. Dies dient natürlich auch dazu, das verletzliche Kind zu beschützen. Wenn wir jedoch jederzeit auf diesen Schmeichler hören, neigen wir dazu, unsere eigenen Bedürfnisse zu vergessen und unser inneres Kind völlig zu verleugnen. In einer verbindlichen Beziehung müssen wir den Schmeichler beiseite lassen und sehen, was wirklich wichtig für uns selbst ist. Oftmals führt diese Einsicht bei beiden Partnern zu enormen Entwicklungssprüngen. Wenn diese und all die weiteren Selbste, deren Aufgabe der Schutz des verletzlichen Kindes ist, konstruktiv genutzt werden, können sie uns auf unserer Reise der Selbstentdeckung unterstützen. Wenn sie jedoch gänzlich die Führung übernehmen, können sie uns daran hindern, zu experimentieren und unsere Beziehung mit all unseren unvollkommenen, komplexen, widersprüchlichen und aufregenden Selbsten zu beleben. Sie können verhindern, dass wir die Möglichkeiten jenseits des Bekannten und Vertrauten erkennen.

# Die Haupt-Selbste:
# Die Entwicklung der Persönlichkeit

Wenn wir schließlich erwachsen sind, lebt eine bemerkenswerte innere Familie in uns, die meist sehr viel größer geworden ist als unsere äußere Familie. Wir sind dann in der Regel mit dem Wertesystem unseres Beschützers/Bewachers und dessen Verbündeten, die er in uns mit aufgebaut hat, identifiziert. Dies sind unsere Haupt-Selbste. Ebenso existieren in uns Selbste, die genau das gegenteilige Wertesystem repräsentieren, also Werte, die im Prozess des Erwachsenwerdens verleugnet werden mussten. Wir bezeichnen diese Teile in uns als die *unterdrückten oder verlorenen Selbste*[1], und es ist erstaunlich, wie viele von ihnen in uns leben. Unbekannte eigene Selbste kennen zu lernen ist ein wesentlicher Schritt persönlichen Wachstums. Schauen wir uns an, wie der Beschützer/Bewacher im Leben eines Kindes arbeitet. Thomas ist zwei Jahre alt. Er spielt mit Bausteinen in seinem Zimmer, als sein einjähriger Bruder Bernd hereinkommt und ebenfalls mit ihnen spielen will. Thomas gefällt das nicht, also schubst er ihn weg. Bernd beginnt zu weinen. Die Mutter der beiden kommt hinzu und belehrt Thomas, dass er lernen muss, mit seinem Bruder zu spielen, ob ihm das gefällt oder nicht. Thomas' eigentliches Gefühl ist, dass er seinem Bruder am liebsten eins auf die Nase geben möchte, aber sein Beschützer/Bewacher nimmt die Information der Mutter auf und übersetzt sie in einen Verhaltenskodex, der etwa so lautet: »Thomas, wie auch immer deine Gefühle gegenüber deinem Bruder sein mögen, mir ist klar, dass deine Mutter uns eine Menge Ärger machen wird, wenn wir nicht nett zu ihm sind. Es tut zu weh, wenn deine Mutter böse auf uns ist; es ist viel schöner, wenn sie uns lieb hat. Also lass uns nett zu Bernd sein. Du kannst ihn innerlich hassen, aber du darfst es nicht mehr zeigen.« (Diese wörtliche Rede ist zwar nicht typisch für kleine Kinder, aber wenn wir erwachsen sind, werden die Stimmen der Selbste so beredt, dass es nicht schwer ist, mit ihnen auf dieser Ebene zu sprechen.)
Wir wollen besonders hervorheben, dass die Entwicklung dieses Beschützers/Bewachers ein bedeutender Teil der Persönlich-

keitsentwicklung ist. Er wird zu dem, was wir das Funktions-Ich nennen. Er animiert andere Selbste, sich zu entwickeln und seine Absichten und Ziele zu unterstützen. Er bestimmt den Charakter und das Wertesystem der Persönlichkeit. In Thomas' Fall regt er das Schmeichler-Selbst an, das gefallen will. Später wird er dann jenes Selbst betonen, dem daran gelegen ist, ehrgeizig und erfolgreich zu sein und viel Geld zu verdienen. Dieses ehrgeizige Selbst entwickelte sich als Antwort auf Thomas' Vater, der seinen Sohn dazu anspornte, in allem der Beste zu sein. Thomas' Vater pflegte zu sagen:»Es gibt Gewinner und Verlierer auf dieser Welt, Thomas, und ich bin stolz zu sehen, dass du zu den Gewinnern zählst.« Der Beschützer/Bewacher nimmt im System der Haupt-Selbste einen wichtigen Platz ein. Thomas wird ein aggressiver und erfolgreicher Anwalt. Seine das Verhalten bestimmenden Selbste sind mit Erfolg, Ehrgeiz, Geld und Rationalität assoziiert. Diese Energien steuern sein Leben und sein Selbstbild. Thomas verhält sich vorbildlich gegenüber anderen, darauf achtet sein »Schmeichler«. Und doch hat Thomas stets das Bedürfnis, den Ton anzugeben und die anderen zu kontrollieren. Vielleicht weiß er, dass es so ist, aber wahrscheinlicher ist, dass er sich dessen nicht bewusst ist.

## Die unterdrückten oder verlorenen Selbste

Jedes der Haupt-Selbste hat seinen komplementären, unterdrückten Gegenspieler, der ihm in Bedeutung und Macht entspricht. Veranschaulichen wir dies an unserem Beispiel. Thomas identifizierte sich damit, ein aggressiver und ehrgeiziger Mensch zu sein. Zugunsten der Macht unterdrückte er seine Verletzlichkeit und die Fähigkeit, Bedürfnisse mitzuteilen, weil dies für die starke Seite seiner Persönlichkeit Schwäche bedeutet. Der Gegenspieler seines Ehrgeizes ist ein Faulenzer. Weil Thomas diese Seite so fremd ist, spricht er oft stolz von seiner Unfähigkeit, im Urlaub abzuschalten, und wenn es doch endlich dazu komme, sei es Zeit für die Heimreise. Wir werden gleich sehen, wie wichtig das Verstehen dieser Selbst-Paare für das Verständnis unserer Beziehungen ist.

## Projektionen

Im Verlauf dieses Buches werden wir viele Beispiele für die Beziehungen zwischen den bestimmenden und den unterdrückten Selbsten kennen lernen. Momentan ist es jedoch nur wichtig zu wissen, dass in jedem von uns viele verlorene Selbste leben, Teile unserer inneren Familie, die wir ablehnen und von denen die meisten Menschen nicht die geringste Ahnung haben. Diese Selbste verharren in unserem Unbewussten und warten auf eine Gelegenheit, aufzutauchen, damit wir ihren Bedürfnissen und Gefühlen Beachtung schenken. Obwohl sie uns unbekannt sind, haben sie oft überraschend viel Einfluss auf unser Leben.

Diese unbewussten Selbste in uns werden automatisch auf einen anderen Menschen oder Gegenstand projiziert – so als würde dieser andere Mensch als Leinwand für die Abbildung unserer inneren, verborgenen Bilder dienen. Diese Projektionen sind wie eine Brücke, die von uns ausgeht, um diesen anderen Menschen zu erreichen. Dies ist ein wichtiger Weg, um Kontakt zu unseren Mitmenschen aufzunehmen. Sehen wir uns an, wie das geht.

Hans ist ein erfolgreicher Ingenieur: Er identifiziert sich vorrangig mit Haupt-Selbsten, die mit Vernunft, Abenteuer und Reisen zu tun haben. Als Heranwachsender wich er den weicheren und verletzlichen Seiten seiner Persönlichkeit aus. Sein Vater war ein starker, vernunftgeprägter Mann, und die Weichheit und Weiblichkeit seiner Mutter wurden Hans zunehmend fremder, denn er empfand, dass sie seinem Vater ausgeliefert war. Hans stellt nun überraschend fest, dass er sich ständig in sehr gefühlsbetonte, sehr weibliche und – wie er sie beschreibt – sehr weiche Frauen verliebt. Sich zu verlieben bedeutet zu einem erheblichen Teil die Projektion unserer unbewussten Selbste auf einen anderen Menschen. Die Weichheit und Sensibilität, die als Selbste in Hans verborgen sind, werden auf diese Frauen projiziert. Gabi, seine neue Freundin, hat dazu eine Vorliebe für Spirituelles; ein Lebensbereich, mit dem Hans nie etwas zu tun hatte und der ihm eher befremdlich ist. Obwohl Hans immer wieder stundenlange Streitereien mit Gabi über ihren spirituellen Standpunkt hat, liebt er sie sehr und ist auf einer gewissen Ebene von ihrer ungewöhnlichen Lebenseinstellung fasziniert. Es ist also sein eigenes Unbewusstes, das ihn mittels Projektion in die Liebesbeziehung zu Gabi hineinzieht. Dadurch erhält Hans die Gelegenheit, seine unbewussten Inhalte bei sich wahrzunehmen – vorausgesetzt, er nutzt seine Beziehung als Chance zum Wachstum.

Gabi wuchs in einer Familie auf, in der sie dazu erzogen wurde, die liebevolle Tochter zu sein; intellektuelles Streben und persönliche Leistung wurden nicht gefördert. Alles, was ihre Familie von ihr erwartete, war, den richtigen Ehemann zu finden und eine Familie zu gründen. Immer wieder signalisierten ihr die Eltern, dass sie etwas Besonderes sei und ein Mann sich glücklich schätzen könne, sie zur Frau zu haben.

Gabis Haupt-Selbste waren liebevoll, angenehm und umsorgend. Ihre verborgenen Selbste waren ihr analytischer Verstand und ihr Karrierestreben. Diese unbewussten Qualitäten projiziert Gabi auf Hans, und dieser macht es mit seinen unterdrückten Selbsten genauso. Solche Projektionen sind der natürliche Beginn vieler Beziehungen – aber sie können zerstörerisch werden, wenn wir ihre Dynamik nicht erkennen.

Wenn wir gegenseitige Projektionen erkennen, können sie großen Reichtum mit sich bringen. Sie sind ein direkter und aufregender Weg, unser Bewusstsein zu entwickeln, und bieten die Chance, unbewusstes Material wieder in unser Leben zu integrieren.

Ein anderes Beispiel ist Robert, der seinen Chef vergöttert. Er hält ihn für weise, gerecht, mächtig, intuitiv, sensibel und gottähnlich; er sieht in ihm den Vater, den er sich immer gewünscht, aber nie gehabt hatte. Eines Tages werden Robert und seine Frau in das Haus des Chefs zum Abendessen eingeladen. Robert stellt dabei entsetzt fest, dass sein Chef ein Pantoffelheld ist und sich in seiner häuslichen Umgebung lächerlich macht. Sein Idol ist zerstört. Den starken Vater, den er immer in ihm gesucht hatte, gibt es nicht mehr.

Der Sturz unserer Helden passiert gewöhnlich, wenn wir zu viel Macht und Autorität auf sie projiziert haben. Diese Art der Projektion ist jedoch ein natürlicher Vorgang, der sich ständig in unseren Beziehungen ereignet. Das Aufdecken dieser Projektion ermöglicht, dass wir unsere eigene Macht, die in unseren unterdrückten Selbsten liegt, zurückerlangen können. Je mehr wir von unterdrückten Selbsten und Projektionen verstehen, desto mehr können wir durch unsere Projektionen lernen und haben eine größere Chance, verlorene Selbste wiederzugewinnen.

## Projektionen auf Objekte

Projektionen können in der Beziehung zu einem Menschen oder auch zu einem Gegenstand auftreten. Ralph hatte für viel Geld einen alten Armee-Jeep gekauft. Er hatte ein Vermögen dafür ausgegeben, ihn zu reparieren. Wenn er ihn dann fuhr, was ziemlich selten vorkam, ging unweigerlich etwas kaputt. Außerdem war es ein Auto, das schon bezüglich des Sitzkomforts einiges zu wünschen übrig ließ. Seine Beziehung zu diesem Jeep schien nicht normal; man könnte fast sagen, dass er besessen war.

Einige Jahre vor der Anschaffung des Jeeps hatte Ralph eine wichtige Stelle in einer internationalen Firma angetreten. Sein Arbeitstag war lang und er fand keine Zeit abzuschalten. Seine Haupt-Selbste hatten immer mehr mit Arbeit und Macht zu tun. Verspieltheit und Spaß dagegen, bei Ralph ohnehin eher Mitglieder seiner inneren Familie, die ständig zu kurz kamen, wurden mit der Verantwortung in seinem neuen Job in irgendeinen dunklen Keller gesperrt.

Was geschah nun? Der Teil in ihm, der wusste, wie man verspielt und abenteuerlustig war, wurde auf den Jeep projiziert. Der Grad seiner Besessenheit verhielt sich genau entsprechend seiner verspielten und abenteuerlustigen Selbste und deren Unterdrückung. Als er seine unterdrückten Selbste durch die Voice-Dialogue-Methode kennen lernte, verschwand die besessene Faszination für den Jeep und machte einer ruhigen, gelassenen Freude an diesem Spielzeug Platz.

Immer wenn sich jemand von einem anderen Menschen oder einem Gegenstand »besessen« fühlt, ist dies ein Anzeichen dafür, dass der Mensch oder der Gegenstand unterdrückte Selbste repräsentiert. Viele Einkäufe, die Menschen tätigen, basieren auf Projektionen. Alle möglichen unterdrückten Energien finden in Armbändern, Kettchen, Kleidern, Autos und Booten ihren Ausdruck. Erst wenn wir uns dieser Motive bewusst werden, können sie uns neue Erfahrungen und Möglichkeiten eröffnen.

## Unterdrückte Selbste und unsere Verurteilungen

Wenn wir dazu erzogen wurden, auf Macht und persönlichen Einfluss zu achten, dann ist die Unterdrückung der Selbste, die verletzlich und bedürftig sind, nur natürlich. Unser *Funktions-Ich* will das Steuer fest in der Hand halten und wird sich mit »Macht« identifizieren. Wir haben im Prozess des Erwachsenwerdens gelernt, dass Verletzlichkeit schlecht ist und überwunden werden muss. Unsere machtvolle Seite verurteilt Verletzlichkeit als etwas Negatives, und mit der Zeit entwickelt sich ein automatischer Verschlussmechanismus, der immer einsetzt, wenn wir uns verletzbar fühlen. Wenn wir jemanden treffen, der mehr mit seiner Verletzlichkeit identifiziert ist und nicht mit Steuerung und Kontrolle, neigt unsere Machtseite, die unser *Funktions-Ich* bestimmt, dazu, diese Person negativ zu beurteilen oder auf sie wütend zu werden und sich dementsprechend zu verhalten – obwohl wir uns gleichzeitig stark zu dieser Person hingezogen fühlen können. Die dazugehörige psychologische Grundregel lautet:
*Die Menschen, auf die wir wütend sind, die wir hassen, verurteilen oder auf die wir stark negativ reagieren, sind Repräsentanten unserer unterdrückten Selbste. Und auf der anderen Seite gilt dies ebenso für Menschen, die wir zu sehr bewundern.*
Dieses Prinzip hat enorme Auswirkungen auf den zwischenmenschlichen Bereich. Betrachten wir einige Beispiele, um dies zu verdeutlichen.

Johanna ist in einer Familie aufgewachsen, in der sie ihre natürliche Sinnlichkeit unterdrücken musste. Als kleines Mädchen wurde sie von ihrer Mutter stark kritisiert, wenn sie zum Beispiel sinnlich tanzte oder besonders dann, wenn sie mit ihrem Vater, zu dem sie sich in mancher Beziehung sehr hingezogen fühlte, schmusen wollte.

Als Johanna später heiratete, hatte sie keine Ahnung, wie sehr ihre sinnlichen Eigenschaften unterdrückt waren. Eines Abends sah Johanna auf einer Party eine Frau ihres Alters, die den Typ der Aphrodite verkörperte. (Aphrodite war in der griechischen Mythologie die Göttin der Liebe und der Sinnlichkeit.) Diese Frau hatte schon einiges getrunken und flirtete schamlos mit verschiedenen Männern, die vergnügt zurückflirteten.

Johanna ekelte dieses Schauspiel an, und sie sagte ihrem Mann, dies sei das Widerlichste, was sie je gesehen habe! Was war geschehen? Durch den Anblick dieser Frau wurden Johannas sinnliche Selbste aktiviert. Gleichzeitig trat das mütterliche Selbst in Aktion, eine auf Ablehnung der Sinnlichkeit getrimmte Kraft. Sie blockiert diese inneren Impulse durch Angriff oder Bewertung jener Person, die diese Kräfte verkörpert. Diese innere Stimme nennen wir »introjizierte Mutter«.

Je heftiger wir auf einen anderen Menschen reagieren, desto stärker ist die Macht des unterdrückten Selbst. In unserem Beispiel ist Johannas heftige Reaktion ein deutlicher Hinweis auf die Existenz eines stark sinnlichen Selbst. Was für eine phantastische Möglichkeit hätte Johanna, diesen so elementaren Teil wiederzugewinnen, wenn sie den Grund für ihre starke negative Reaktion verstehen würde.

Eva arbeitet in einem Büro, und sie hasst ihre Chefin. Sie erlebt sie als herrisch, machthungrig und gefühllos. Eva hatte eine Mutter, auf die dieselbe Beschreibung zutrifft. Schon früh im Leben gelobte Eva, niemals so zu werden, und sie begann, die nach Macht und Herrschaft strebenden Teile in sich zu unterdrücken. Stattdessen kultivierte sie als Haupt-Selbste ihre einfühlsamen und liebevollen Fähigkeiten. Immer wenn Eva einem Menschen begegnete, der ihre unterdrückten Eigenschaften zeigte, wurde sie unerträglich reizbar und kritisch. Hätte Eva die Problematik der unterdrückten Selbste verstanden, hätte sie erkannt, dass sie nicht auf einen anderen Menschen, sondern auf einen Teil ihrer selbst reagierte. Sie hätte damit die Möglichkeit, die Herausforderung durch ihre Chefin für ihre eigene persönliche Entwicklung zu nutzen.

## Unterdrückte Selbste in der Beziehung

Wir haben bisher bereits eine Reihe von grundlegenden psychischen Gesetzen erörtert:

1. Jedem Haupt-Selbst, mit dem wir uns identifizieren, stehen ein oder mehrere unterdrückte Selbste mit gleich starker, aber entgegengesetzter Energie gegenüber.
2. Jedes unterdrückte oder verlorene Selbst wird auf Menschen oder auf Objekte projiziert.
3. Menschen und Dinge, die wir ablehnen, hassen und verurteilen oder umgekehrt, solche, die wir bewundern, sind exakte Repräsentanten dieser unterdrückten Selbste.
4. Aus dem 3. Gesetz folgt, dass jeder Mensch, den wir verurteilen, hassen oder bewundern, ein potenzieller Lehrer für uns ist, wenn wir erkennen, dass die Ursache unserer Reaktion ein eigenes unterdrücktes Selbst ist.
5. Solange ein Selbst in uns verborgen bleibt, werden wir genau diese spezifische Energie immer wieder anziehen. Wir werden immerzu auf Menschen treffen, die wir verurteilen, hassen und ablehnen, bis wir endlich erkennen, dass sie Spiegelbilder eigener Eigenschaften sind. Oder wir werden solchen Menschen begegnen, die wir phantastisch und unwiderstehlich finden und die in uns das Gefühl der Unzulänglichkeit und Minderwertigkeit auslösen. Dies funktioniert so lange, bis wir erkennen, dass diese Menschen uns lediglich eigene entfremdete Züge unseres Wesens zeigen.

## Einige Beispiele für unterdrückte Selbste in der Beziehung

Georg sah sich selbst als ehrlichen und gewissenhaften Geschäftsmann, hatte aber ausgeprägt unehrliche Eigenschaften in sich, die er stets verdrängte. Diese unterdrückte Unehrlichkeit brachte ihn dazu, sich an einem gewagten Unternehmen eines Gauners zu beteiligen, und Georg wurde so um eine größere Summe Geldes betrogen. Die Verleugnung seines eigenen »Psychopathen« (und wir alle besitzen solche Selbste) machte es für ihn sehr schwierig, diesen Zug bei seinem Geschäftspartner zu erkennen.

Georg konnte auch im Nachhinein schlecht zugeben, dass er hereingelegt worden war. Das Unterdrücken eigener unehrlicher Selbste ist einer der Gründe, warum viele Menschen so leicht betrogen werden können.

Stefan war ein Rechtsanwalt, der immer ein liebevoller Mensch sein wollte. Er lehnte die Vorstellung der Existenz des Bösen in der Welt völlig ab. Im Berufsleben wurde er mit stark kriminellen Elementen konfrontiert, die fast seine Karriere zerstörten.

Die Verleugnung von unehrlichen und kriminellen Anteilen hat sowohl Stefan als auch Georg in unangenehme Situationen geführt; und dies ist das Paradoxe an unterdrückten Selbsten: Wir fühlen uns genau zu den Menschen hingezogen, die diese für uns »inakzeptablen« Eigenschaften tragen. Dabei ist es gleichgültig, ob es sich um gute oder schlechte Eigenschaften handelt und trifft sowohl auf die Menschen zu, die wir bewundern, als auch auf jene, die wir verachten. Das Leben wird uns so lange mit Menschen konfrontieren, die unsere entfremdeten Selbste repräsentieren, bis wir damit beginnen, diese Selbste zurückzuerobern.

# Bindungsmuster in Beziehungen

Wenn zwei Menschen in einer festen Beziehung sowohl ihre bestimmenden als auch ihre unterdrückten Selbste kennen lernen, besteht die Möglichkeit, schwierige und sich wiederholende Konflikte effektiv zu bearbeiten. Betrachten wir einige Beispiele.

Harald und Jutta sind seit fünf Jahren verheiratet. Harald ist sorgfältig, rational, ordentlich und selbstbeherrscht. Seine unterdrückten Selbste sind der Gegenpol dieser Eigenschaften, die Jutta wiederum als Haupt-Selbste zur Verfügung hat. Sie ist unbekümmert. Es macht ihr nichts aus, wenn das Haus unordentlich ist. Sie lebt in den Tag hinein, ist gefühlsorientiert und sinnlich.

Harald und Jutta fühlten sich zu Beginn ihrer Beziehung leidenschaftlich zueinander hingezogen, aber jetzt kommt es immer häufiger zu Streitigkeiten. Sie haben zwei kleine Kinder, und Harald kann es nicht leiden, wenn er heimkommt und das Haus nicht aufgeräumt ist. Immer öfter kritisiert er Jutta. Warum kann sie keine Ordnung halten? Er ist reizbar und fängt an, sich eher als kritischer Vater denn als Ehemann und Partner zu verhalten.

Jutta geht in die Defensive. Sie fühlt sich wie in ihrem Elternhaus, wo der Vater ständig etwas an ihr auszusetzen hatte, weil ihr jeglicher Ordnungssinn fehlte. Da sie ihn niemals zufrieden stellen konnte, so sehr sie sich auch bemühte, hatte sie es schließlich aufgegeben.

Mit der Geburt ihres zweiten Kindes entwickelt sich ein neues Verhaltensmuster zwischen Harald und Jutta. Viele der Selbste, die Harald anfangs kess und süß fand, ärgern ihn nun. Er stellt fest, dass er sich zu anderen Frauen hingezoW n fühlt und spielt mit dem Gedanken, ein Verhältnis anzuv~ngen. Keiner von beiden weiß, was eigentlich los ist; sie sind unglücklich, enttäuscht und unfähig, ihren Konflikt kreativ zu lösen.

Aus der Sicht der unterdrückten Selbste erschließt sich uns ein Teil des Problems. Harald und Jutta haben ihre unterdrückten Selbste geheiratet, ohne dies zu erkennen oder zu verstehen. Nach unserer

Erfahrung ist dies durchaus typisch, und es ist eigentlich seltsam, dass Paare wie Harald und Jutta sich häufig miteinander und mit anderen darüber unterhalten, wie gegensätzlich sie in vielerlei Hinsicht sind. Solange die Bindungsmuster positiv bleiben, entstehen gewöhnlich keine großen Schwierigkeiten. Werden sie negativ, hört der Spaß auf und der Beziehungskrieg beginnt. Schauen wir uns das als Diagramm an:

Frau

Mutter 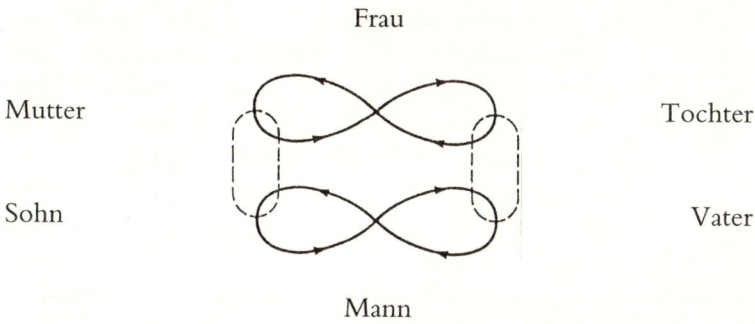 Tochter

Sohn Vater

Mann

*Beziehungsabläufe zwischen Mann und Frau*

In diesem Diagramm erkennen wir das grundlegende männlich-weibliche Bindungsmuster. Die Mutter-Seite der Frau verbindet sich mit der Sohn-Seite des Mannes (die M-S-Achse) und die Vater-Seite des Mannes verbindet sich mit der Tochter-Seite der Frau (die V-T-Achse). Dieses Bindungsmuster findet sich in allen heterosexuellen Beziehungen, solange sich Bewusstheit in irgendeiner Form noch nicht entwickelt hat. Es ist ein normaler und natürlicher Prozess, der nicht ausgeschaltet werden kann.
Dies wäre auch nicht erstrebenswert. Diese Muster beinhalten viel Bewegung und Vitalität, und sie sorgen für Wärme und gegenseitige Fürsorge. Problematisch daran ist, dass sie, wenn sie unbewusst bleiben, wahrscheinlich irgendwann negativ werden. Darüber hinaus bleiben den Partnern alle Möglichkeiten verschlossen, die sich nur zwischen *zwei Bewussten Ichs* entwickeln können.

In den ersten Jahren der Beziehung von Harald und Jutta spielten ihre Unterschiede keine Rolle, da das Bindungsmuster grundsätzlich positiv blieb. Erst mit den Kindern änderte sich etwas. Jutta und Harald fühlten sich überfordert und verletzlich, aber sie waren sich dieser Gefühle nicht bewusst. Jutta wurde noch etwas nachlässiger und mit zunehmendem Druck trat ihre Unaufmerksamkeit Kleinigkeiten gegenüber noch stärker hervor. Harald wiederum wurde besorgter wegen der zusätzlichen Verantwortung für das zweite Kind. Er begann, mehr zu arbeiten, um sein Gefühl der Verletzlichkeit auszugleichen. Je mehr Sorgen er sich wegen der finanziellen Situation machte, desto mehr musste er durch Ordnunghalten kompensieren. Je mehr er sich einschränkte, desto mehr fiel er von der Rolle des »Ehemanns« in die des »negativen Vaters«. Auch Jutta reagierte auf das Gefühl der Überforderung, indem sie in ihren Haupt-Selbsten Zuflucht suchte. Sie interessierte sich immer weniger für das, was um sie herum vorging. Auf diese Weise drängten sich beide immer tiefer in ihre Haupt-Selbste hinein, wobei es immer schwieriger wurde, den anderen anzunehmen, wie er war. Dies ist eine typische Entwicklung: Beide Partner neigen zu einer stärkeren Identifikation mit ihren bestimmenden Selbsten.

Zusammenfassend wollen wir diese Art der gegenseitigen Verstrickung als ein negatives Bindungsmuster bezeichnen. Der Begriff »Bindungsmuster« bezieht sich in der Beziehung speziell auf die Aktivierung von Eltern/Kind-Interaktionsmustern. Sie sind in allen Beziehungen normale und natürliche Konfigurationen. Sie können sich zwischen zwei beliebigen Menschen beiderlei Geschlechts entwickeln (Mann/Frau; Mann/Mann; Frau/Frau).

Der Katalysator für negative Bindungsmuster ist die Aktivierung der unterdrückten Verletzlichkeit. Im beschriebenen Fall führte die Geburt der Kinder dazu, dass sich Harald und Jutta überfordert und deswegen verletzlich fühlten.

Der Brennstoff für diese Bindungsmuster liegt im allgemeinen in der Wechselseitigkeit der unterdrückten Selbste der betroffenen Menschen. Diese Wechselseitigkeit entflammt die Verstrickungen in die negativen Aspekte der Bindungsmuster stets aufs Neue.

Um ein negatives Bindungsmuster in einer Beziehung zu analysieren, sollte man folgenden Fragen nachgehen:

1. Was war der Zündfunke oder Katalysator? Wie wurde die Verletzlichkeit der beiden Menschen aktiviert? Wo fühlen sie sich unsicher, überfordert oder anderweitig verletzlich?
2. Welches sind die unterdrückten Selbste, die jeder für den anderen trägt? Welcher Brennstoff hält das Feuer am Brennen?
3. Welches sind die Selbste, die tatsächlich in die Bindung verwickelt sind, das heißt, die Mutter- und Tochter-Selbste in der Frau und die Vater- und Sohn-Selbste im Mann?

Bei Jutta und Harald haben wir gesehen, dass der Katalysator die Verletzlichkeit war, die durch die Kinder und den damit verbundenen Druck deutlich wurde. Die unterdrückten Selbste lieferten dann den Brennstoff, um die negativen Bindungsmuster in Gang zu halten. Harald und Jutta waren in vielerlei Hinsicht extrem gegensätzlich. Er war geprägt durch seinen rationalen Verstand und den Zwang, alle Einzelheiten seines Lebens zu kontrollieren. Weil er sein Gefühl und seine eher lässigen Selbste unterdrückte, Jutta diese aber auslebte, wurde ihr lässiges Verhalten zu einem Brennstoff des Bindungsmusters. Der urteilende Vater in ihm wartete nur darauf, durch die äußeren Umstände in die Situation einbezogen zu werden. Umgekehrt geriet sein ängstlicher Sohn, der anfangs durch die Anforderungen der Vaterschaft aktiviert wurde, durch das Erscheinen von Juttas verurteilender Mutter nur noch mehr in Panik. Jutta ihrerseits unterdrückte ihr eher rationales und ordentliches Selbst und rühmte sich ihrer lässigen Einstellung zum Leben. Früher hatte Haralds Hang zur Genauigkeit in ihrer Beziehung etwas sehr Charmantes. Aber jetzt begann Juttas urteilende Mutter, sein Verhalten kritisch zu betrachten. Haralds Bedürfnis nach Kontrolle wurde zum wesentlichen Gegenstand der urteilenden Mutter und nährte ihren Teil des Bindungsmusters. Juttas sexuelles Interesse an Harald nahm ab. Als sein urteilender Vater zum Vorschein kam, wurde Jutta zunehmend wütend und rebellisch. Sie zog sich in ihr rebellisches Tochter-Selbst zurück, ähnlich wie sie es auch in der Beziehung zu ihrem eigenen, fordernden Vater getan hatte. Wir erkennen bei Jutta, wie ihre entfremdeten Selbste zum Brennstoff für ihre Mutter/Tochter-Seite wurden, die nur darauf gewartet hatten, in der Beziehung aktiviert zu werden.

Es ist interessant zu erkennen, dass unsere Bindungsmuster in Beziehungen sehr den Verhaltensmustern ähneln, die in der Vergangenheit die Beziehung zu unseren Eltern und Geschwistern ausmachten. Wir erschaffen uns unsere Vergangenheit buchstäblich noch einmal: die Situation, die wir mit unseren Eltern und/oder Geschwistern und sie mit uns hatten. Oder wir suchen das entgegengesetzte Extrem und rebellieren gegen die Art, wie unsere Familie mit uns umgegangen ist. In unserem Beispiel hatte Harald begonnen, Jutta in der Weise zu kritisieren und zu bewerten, wie einst sein Vater seine Mutter kritisiert und bewertet hatte. Jutta reagierte erst als verletzte und dann als rebellische Tochter, genau so, wie sie es bei ihrem eigenen Vater getan hatte. Die Bindungsproblematik entstand also zwischen dem urteilenden Vater in ihm und der rebellischen Tochter in ihr. Auf einer gewissen Ebene operiert immer auch das umgekehrte Muster, selbst wenn dies auf den ersten Blick nicht so leicht erkennbar ist. In unserem Beispiel war es Juttas urteilende Mutter, die sich mit Haralds ängstlichem Sohn verband, und zwar so, wie Haralds wirklicher Vater (der sehr streng war) mit diesem ängstlichen Sohn in Harald verbunden war, als Harald noch zu Hause lebte. Im Diagramm dargestellt würde das etwa so aussehen:

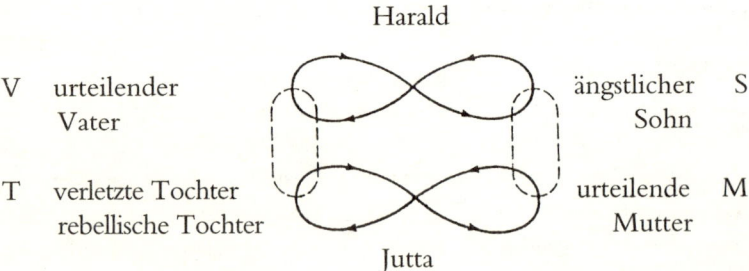

*Das negative Bindungsmuster zwischen Harald und Jutta*

38

Wir möchten betonen, dass Bindungsmuster, wenn sie uns nicht bewusst sind, allen möglichen Kummer und Schaden verursachen können – aber wir haben glücklicherweise auch die Möglichkeit, anders mit ihnen umzugehen. *Negative Bindungsmuster sind oftmals der Hauptgrund für das Ende der romantischen Phase und des guten Sex in einer Beziehung.* Unserer Meinung nach sind sie eine wesentliche Ursache für viele Missverständnisse und Störungen in Liebesbeziehungen und Freundschaften.

Das Hauptanliegen dieses Buches ist es, Bindungsmuster verständlich zu machen. Sie wirken sich in vielen unserer Beziehungen aus, aber in unseren wichtigen und langfristigen Beziehungen sind sie von besonderer Bedeutung, denn dann werden sie noch viel existentieller und unangenehmer und motivieren uns dazu herauszufinden, was mit uns los ist. Wenn wir diese Bindungen verstehen lernen und ein Bewusstsein für ihre innere Dynamik entwickeln, können wir diese Informationen für unsere persönliche Weiterentwicklung nutzen. Auch wenn die Bindungsmuster deswegen nicht verschwinden, verlieren sie doch ihre vernichtende Wirkung. Erkennen wir sie, wächst das Verständnis füreinander und eröffnet die Chance, mit augenzwinkerndem Humor zu reagieren, wo sonst Wut und Zorn herrschten.

## Der Bewusstseinsprozess

Wenn wir von persönlichem Wachstum sprechen, möchten wir dies gern als einen Bewusstseinsprozess verstanden wissen; manchmal reden wir auch von der »Evolution des Bewusstseins«. Die Vorstellung, dass es sich um einen Prozess handelt, ist ein sehr wichtiger Teil unseres Verstehens und Denkens. Bewusstsein ist kein statisches Etwas; man wird niemals »bewusst«. Man befindet sich immer in dem Prozess, bewusster zu werden. Welches sind die Elemente, die diesen Prozess konstituieren? Wir unterscheiden drei verschiedene Ebenen der Aktivität, die für unser Verständnis von Bewusstsein unentbehrlich sind. Die hier aufgeführte Reihenfolge bedeutet nicht, dass eine Ebene besser oder wichtiger als die andere ist. Die Ebenen dienen ausschließlich der besseren Erläuterung.

## Ebene 1:
## Bewusstheit

Die Bewusstheitsebene ist das, was viele Menschen meinen, wenn sie von Bewusstsein sprechen. Sie wird häufig der neutrale »Beobachter« genannt. Bewusstheit verleiht uns die Fähigkeit, aus einer gewissen Distanz heraus unseren Verstand, unsere Gefühle, unseren Körper und unsere Spiritualität in einer unparteiischen und leidenschaftlosen Weise zu betrachten. Auf der Bewusstheitsebene gibt es keinerlei Betroffenheit darüber, welche Folgen bestimmte Dinge oder Geschehnisse haben werden. Es ist weder ein Gefühlszustand noch ein rationaler Zustand und hat nichts mit Steuerung oder Kontrolle zu tun. Wenn wir beide uns zum Beispiel im Augenblick des Schreibens auf der Bewusstheitsebene befinden, müssen wir uns nicht mit unseren Ideen identifizieren, weil unsere Bewusstheit von diesen Ideen und unseren Gefühlen völlig losgelöst ist. Wir brauchen Ihnen daher unsere Ideen nicht aufzudrängen und können mehr auf die Klarheit der Darstellung achten, als uns damit zu beschäftigen, wie die Ideen wohl ankommen werden. Das befreit uns von den negativen Aspekten unserer »inneren Kritiker«, »Perfektionisten« und »Schmeichler«, und so können wir überhaupt erst schreiben. Sie sehen an diesem Beispiel, welch wunderbare Gabe Bewusstheit ist und werden verstehen, warum sie das eigentliche Ziel so vieler spiritueller und meditativer Schulen ist.
Die Bewusstheitsebene des Bewusstseins ermöglicht jedem, in einem bestimmten Moment Zeuge dessen zu sein, was geschieht. Wir müssen aber verstehen, dass von dieser Bewusstheitsebene keine Handlungen ausgehen können. Weil sie nicht an Ergebnissen interessiert ist, sondern ausschließlich als Beobachter fungiert, müssen sich andere Teile in uns um die Informationen kümmern, die uns durch unsere Bewusstheit zufließen.

## Ebene 2:
## Die Erfahrung der verschiedenen Selbste

Der zweite Aspekt in unserer Definition von Bewusstsein hat mit Erfahrung zu tun. Wir haben gesehen, dass Bewusstheit einen Beobachterstatuâ Bohne intellektuelles oder emotionales Engagement hat. Eine umfassende Definition des Bewusstseins muss auch die Erfahrung mit unseren unterschiedlichen Selbsten und deren Erfahrungen mit der Umwelt einschließen. Ohne diese Erfahrungen würden wir unser Gefühl dafür verlieren, wer wir in dieser Welt sind, und wir könnten die Faszination und Intensität des Lebens nicht wahrnehmen.

Vielleicht machen wir beispielsweise eine Erfahrung mit unserem Zorn oder unserer Eifersucht, unserer Liebe oder unserem Stolz oder mit religiöser Ekstase oder anderen emotionalen Reaktionen. Wenn wir uns der Dinge nur *bewusst* wären, würden wir unsere direkte Beziehung zu der enormen Vielfalt von möglichen Erfahrungen verlieren. Wenn wir nur *erfahren* würden, ohne Bewusstheit, dann würden wir uns stets mit unseren Erfahrungen identifizieren und könnten uns nicht von ihnen distanzieren. Wir würden wahrscheinlich in unseren Gefühlen ertrinken.

Nehmen wir zum Beispiel Joachim, der während einer Party eifersüchtig auf seine Freundin ist. Wenn Joachim die Eifersucht loswerden will, indem er sich dieses Gefühl »bewusst« macht, beraubt er sich der Möglichkeit, Eifersucht wirklich zu erfahren. Wenn er sich also auf die Bewusstheitsebene begibt und die Wut »transzendiert« oder dies auch nur versucht, verliert er die Kraft und Vitalität dieses bedeutsamen Gefühls. Wenn er andererseits eifersüchtig und ärgerlich bleibt, ohne seine Bewusstheit einzuschalten, bleibt er in der Erfahrung der Eifersucht gefangen, ohne jede Möglichkeit, sein Verhalten zu beeinflussen oder zu ändern. Wie er schließlich mit seiner Wut umgeht, muss er selbst herausfinden. Jeder von uns muss lernen, alle Selbste anzunehmen. Indem wir immer wieder von unseren Erfahrungen lernen und unsere vielen Selbste akzeptieren, werden wir begreifen, dass das Leben mehr Möglichkeiten bietet, als wir je für möglich gehalten hätten.

Bewusstheit und Erfahrung sind deswegen zwei untrennbare Partner bei unserer Betrachtung des Bewusstseinsprozesses. Jeder dieser Partner hat seine Aufgaben; zusammen bringen sie uns großen Reichtum. Aber selbst beide zusammengenommen sind noch nicht ausreichend. Es wird noch ein dritter Partner in dieser Arbeitsgemeinschaft gebraucht. Denn wer oder was wird all die Informationen und Erfahrungen auswerten? Wer oder was wird sich all diese Bewusstheit und Erfahrung zunutze machen und entscheiden, was damit zu tun ist? Dies führt uns zu Ebene 3 unserer Definiton der Bewusstseinsprozesse.

## Ebene 3:
## Das Bewusste Ich

Die Vorstellung vom Ich existiert seit beträchtlicher Zeit. Ursprünglich wurde das Ich als die Exekutive der Psyche definiert, als handelnder Anteil und Entscheidungsträger. Vom Standpunkt eines Individuums aus, das eher auf das rationale Selbst ausgerichtet ist, erscheint die Vorstellung von einem Ich, das seine Wahl trifft und Entscheidungen ausführt, sehr attraktiv. Für das Leben eines Menschen muss irgendjemand verantwortlich sein. Anderenfalls wäre es so, als führe man in einem Auto mit einer riesigen Schar von Selbsten, die alle um das Lenkrad kämpfen. Aus historischer Sicht ist es Aufgabe des Ichs, Verantwortung zu tragen und das Steuer des Lebens fest in der Hand zu halten.

Wenn wir zum ersten Mal mit den verschiedenen Selbsten von Menschen arbeiten, stellen wir fest, dass ihr Ich im Wesentlichen aus dem Selbst oder den Selbsten besteht, mit denen sie sich zu diesem Zeitpunkt identifizieren: Dies nennen wir das *Funktions-Ich*. Wenn Sie in einer Familie aufgewachsen sind, in der Rationalität einen hohen Stellenwert hatte, dann ist das, was Sie als Ihr Ich ansehen, im Wesentlichen Ihr rationales Selbst. Wenn Sie sich dieser Tatsache nicht bewusst sind, haben Sie das angenehme Gefühl, dass Sie all Ihre Entscheidungen aus einer klaren Wahl und einem freien Willen heraus treffen – während in Wirklichkeit Ihr rationales Selbst all Ihre Entscheidungen unter dem Deckmantel eines Ichs trifft, nämlich des zu diesem Zeitpunkt bestimmenden Ichs, das wir wie gesagt *Funktions-Ich* nennen.

Was wir Ihnen jetzt vorschlagen, ist das Konzept eines Ichs, das sich fortwährend verändert. Es nimmt unermüdlich die Informationen auf, die ihm die Bewusstheitsebene des Bewusstseins liefert. Es ist ständig mit den Erfahrungen der verschiedenen Selbste in uns beschäftigt und damit, wie diese Selbste auf die Außenwelt reagieren und wie sie die Eindrücke aus der Umwelt erfahren. Wir nennen dies das *Bewusste Ich*. Es ist wichtig zu verstehen, dass wir uns stets auf einen *Prozess* und nicht auf irgendeine *Instanz* beziehen, wenn wir diesen Ausdruck verwenden. Es gibt kein *Bewusstes Ich* als *Instanz*. Es gibt nur ein individuelles Ich, das versucht, den ständigen Input von Bewusstheit und Erfahrung auszuwerten, umso besser in der Lage zu sein, eine effektive Wahl zu treffen. Auf diese Weise hilft uns ein immer bewusster werdendes Ich, jung und lebendig zu bleiben; es erlaubt uns, uns weiterzuentwickeln und Entscheidungen zu treffen.

Das *Bewusste Ich* besitzt eine weitere wichtige Eigenschaft. Es hat die Fähigkeit, die unterschiedlichen Selbste zu akzeptieren und Spannung zwischen ihnen auszuhalten. Tatsächlich hat nur ein *Bewusstes Ich* die Fähigkeit dazu. Schauen wir uns an, wie das geht. Marie ist 33 Jahre alt und Mutter von drei Kindern. Sie ist glücklich verheiratet und genießt ihr Familienleben. Allerdings leidet sie unter Migräne. Ihre Nächte sind zunehmend unruhiger geworden und sie erinnert sich an Träume, in denen sie von finsteren Gestalten gejagt wird. Schließlich sucht sie Hilfe bei einem Therapeuten, um diesen Zustand zu verändern.

Früher war Marie eine begabte Studentin und hatte bereits den Hauptteil ihres Studiums abgeschlossen, als sie ihren Ehemann kennen lernte. Sie heirateten, obwohl Marie einige Bedenken hatte, ihre Karriere aufzugeben. Großen Einfluss auf Maries Entscheidung hatte ihre Mutter, die ihr zuredete, doch zu heiraten und eine Familie zu gründen. Dies passte gut zu dem Teil in Marie, der die Herausforderung des Examens und all dessen, was mit der Prüfung zusammenhing, fürchtete. Der Teil in ihr, der die Karriere anstrebte, ging in den Untergrund. So musste sie die Spannung von Gegensätzen nicht länger ertragen.

Aus unserer Sicht geht es nicht um die Entscheidung, was man im Leben tun soll. Die Frage ist vielmehr, ob wir die Spannung der Gegensätze in uns ertragen können, ganz gleich, welchen Weg wir einschlagen. In Maries Fall würde dies bedeuten, dass sie die Verbindung zu der Stimme in ihr, die die Karriere anstrebte, aufrecht erhält. Stattdessen war ihre Entscheidung für die Heirat nicht nur die Antwort auf die Frage, ob sie den Mann, den sie liebte, heiraten soll. Es war auch eine Lösung für ihren Konflikt bezüglich ihres Berufslebens – ein zeitweiliger Ausweg jedenfalls. Sowohl Marie als auch ihr Mann wollten Kinder, und nun, zehn Jahre später, hatten sie drei. Marie war eine gute Mutter und mit der Zeit fühlte sie sich in ihrer Rolle als Mutter immer wohler und identifizierte sich voll mit dieser Rolle. Die Selbste, die in ihr während ihres Studiums aktiv waren und sich zum Ziel gesetzt hatten, Sozialarbeiterin zu werden, verschwanden nach und nach aus ihrem Bewusstsein. Schließlich wurden sie zu verlorenen Selbsten. Maries Ich hatte sich nun völlig mit den Selbsten identifiziert, die mit ihrem Muttersein verbunden waren. Diese Selbste wurden zu ihrem *Funktions-Ich*.

Eine andere Gruppe von Selbsten scheint zu dieser Zeit ebenfalls verloren gegangen zu sein. Marie berichtete, dass die sexuelle Beziehung in ihrer Ehe nahezu völlig eingeschlafen sei, obwohl sie rasch hervorhob, dass dies weder für sie noch für ihren Mann ein Problem war. Es schien nichts zu bedeuten. Sie waren sehr glücklich mit ihrer Familie, die ihnen viel Freude und Geborgenheit brachte. Sie führten genau das Leben, von dem sie immer geträumt hatten.

Marie war intelligent und in der Lage zu erkennen, in welchem Ausmaß die nicht-mütterlichen Selbste in ihr ausgeschaltet oder verloren gegangen waren. Und als sich die Bewusstheitsebene zu entwickeln begann, erkannte sie das Ausmaß, in welchem ihr Ich sich mit der Mutterrolle identifiziert hatte. Im gleichen Maß, wie sich ihr Ich von der Mutterrolle löste, begann sie sich ganz neuer Gefühle und Gedanken bewusst zu werden. Sie erkannte, wie oft sie wütend auf ihre Kinder war. Sie wurde sich eines Teils in ihr bewusst, der alles vergessen und einfach für ein Jahr nach Griechenland gehen wollte. Sie erkannte, wie leblos ihre Ehe geworden war, und plötzlich wurde Sexualität wieder sehr wichtig für sie. Sie wurde sich des Teiles in ihr bewusst, der sich nach einem Berufsleben sehnte und der es leid war, die Tage zu Hause zu verbringen, die Kinder zur Schule zu fahren und Essen zu kochen.

Marie hatte tatsächlich damit begonnen, ein *Bewusstes Ich* zu entwickeln, und war nun fähig, zwei sehr gegensätzliche und mächtige Systeme von Selbsten anzunehmen. Ein System wollte, dass sie zu Hause blieb, ihre Kinder erzog und ihnen möglichst viel Fürsorge zukommen ließ. Dieser Teil sagte zu ihr: »Zu viele Frauen stellen eine Karriere über das Wohl der Kinder, und es sind immer die Kinder, die die Rechnung dafür zahlen. Dein Vater hat dich verlassen, als du noch ziemlich klein warst, und deine Mutter musste arbeiten gehen: Du weißt, wie weh es tut, wenn die Mutter nicht zu Hause ist.« Auf der anderen Seite des Konfliktes protestierte die Opposition: »Wir sind tödlich gelangweilt von diesem stupiden Leben, das du da führst. Du hast ganze acht Jahre investiert, Mutter zu sein, jetzt ist es Zeit für etwas Abwechslung. Wir sagen dir nicht, dass du die Kinder loswerden sollst; wir sagen nur, dass du anfangen sollst, unsere Stimmen ernst zu nehmen und über unsere Gefühle und Bedürfnisse nachzudenken. Anderenfalls werden wir dich fix und fertig machen, und du wirst dann vom Krankenbett aus gezwungen sein, dich mit uns zu beschäftigen. Wir können das so nicht länger aushalten.«

Wie geht Marie mit diesem Konflikt um? Sie lernt, ihn zu tragen, und sie lernt, mit diesen Gegensätzen zu leben. Sie muss sich von *beiden* Seiten *lösen* und lernen, beide Arten von Energie in ihrem Leben zu nutzen. In ihr leben zwei völlig gegensätzliche Menschen und sie muss dazu fähig sein, ihre Arme auszubreiten und beide zu umarmen. Sie muss lernen, wie man mit Unbehagen *lebt*, wie man *schwitzt*. Denn Gegensätze zu umarmen, bedeutet harte Arbeit, und die kostet nun einmal Schweiß. Je größer die Macht des *Bewussten Ichs*, desto härter ist die Arbeit. Und nur ein *Bewusstes Ich* kann lernen, mit scheinbar nicht zu vereinbarenden Gegensätzen zu leben.

Lassen Sie uns zu den drei Ebenen unserer Definition des Bewusstseins zurückkehren. Wir haben die Bewusstheit, die Erfahrung der verschiedenen Energien und Selbste und ein Ich, das sich in einem fortlaufenden Prozess der Bewusstwerdung befindet und ständig Erfahrungen auswertet, um effektivere Entscheidungen treffen zu können. Wenn wir diese Definition ernst nehmen, hat das weitreichende Konsequenzen. Es bedeutet zum Beispiel, dass wir so, wie wir sind, in Ordnung sind, solange wir diese Bedingungen erfüllen. Wenn Marie zum Beispiel auf ihre Kinder böse ist und sich dessen bewusst ist und ein Ich besitzt, das die Erfahrung auszuwerten weiß, dann ist dies ein Bewusstseinsprozess.

Viele Menschen, die an Bewusstseinsprozessen interessiert sind und ihre persönliche Entwicklung vorantreiben möchten, haben ein Konzept im Kopf, wie sie im Leben sein sollten. Für viele ist ein Zustand der Ruhe und Bewusstheit erstrebenswert. Wenn sie starke, affektive Zustände wie Eifersucht oder Wut erfahren, kommt es oft vor, dass sie sich schuldig fühlen, weil dies keine ruhigen oder bewussten Gefühle sind. Eine innere Stimme kritisiert sie dann dafür, dass sie so gefühlt haben. Wenn jedoch keine Notwendigkeit für diese Art von Perfektion besteht, wie dies bei unserer Betrachtungsweise des Bewusstseinsprozesses der Fall ist, dann wird der innere Kritiker besänftigt und wir können die Dinge so annehmen, wie sie im Moment gerade sind.

## Das Ich und die Frage der Hingabe

Für Menschen, die sich auf den spirituellen Weg begeben haben, ist das Konzept vom Ich (»Ego«) eine unangenehme Vorstellung. Das »Ich« wird für weltlich, stolz, rational, arrogant, machtorientiert und für ungeeignet gehalten, irgendeiner spirituellen Lebensweise gerecht zu werden. So wird in vielen Lehren gefordert, dass die Menschen ihr Ich aufgeben sollten.

Aus unserer Sicht bezieht sich diese Vorstellung von einem Ich, das die spirituelle Erfahrung verhindert, allein auf das *Funktions-*, nicht jedoch auf das *Bewusste Ich*. Das, was als »Ich« oder »Ego« bezeichnet wird, ist nichts anderes als das System der Haupt-Selbste, mit denen sich das Ich identifiziert hat. Weil diese Haupt-Selbste seit Jahrhunderten weitgehend mit Rationalität gleichgesetzt wurden, ist es nicht verwunderlich, dass ein Ich, das sich mit diesen Selbsten identifiziert, alles Nicht-Rationale ablehnt und deshalb auf jedem spirituellen Weg hinderlich sein würde. Es ist somit ganz und gar verständlich, warum spirituell orientierte Menschen den Begriff des Ichs als zu begrenzend ablehnen.

Des weiteren existiert bei diesen Menschen das Gefühl, dass die Identifikation mit dem Ich in eine Sackgasse führt und von den spirituellen Ursprüngen wegführt. Diesem Argument liegt der Gedanke zugrunde, dass das Ich einem tieferen Teil in uns Platz machen muss, der weniger an weltlichen Dingen interessiert ist. Außerdem stört das Ich die Fähigkeit, Göttlichkeit zu erfahren. Das tiefere Selbst soll zunehmend die treibende Kraft im Leben werden und während dieses Prozesses sollte das Ich allmählich seine Rolle aufgeben und in Vergessenheit geraten.

Worüber wir im Zusammenhang mit unserer Definition des Bewusstseinsprozesses reden, ist das *Bewusste Ich*. Aufgabe dieses *Bewussten Ichs* ist es, all die verschiedenen Selbste zu umarmen, ohne sich jedoch mit irgendeinem von ihnen zu identifizieren. Nur ein *Bewusstes Ich* kann dies. Ein *Bewusstes Ich* widmet sich dem Prozess der Entwicklung von Bewusstsein. Es akzeptiert die heilige (und heilende) Pflicht, sich auf all die verschiedenen Energiekonstellationen, die uns als Menschen ausmachen, einzuschwingen, sie zu koordinieren und auszubalancieren. Da dies nun aber ein Prozess ist und es − soweit wir dies übersehen können − keinen letzten Endzustand des Bewusstseins gibt, gibt sich das *Bewusste Ich* diesem Prozess hin.

Da das *Bewusste Ich* dem *Prozess* des Bewusstseins verpflichtet ist, ist es offen für die ganze Bandbreite möglicher Erfahrungen. Es umarmt sie alle, positive und negative, »akzeptable« wie »inakzeptable«, ohne mit einer bestimmten Erfahrungsweise verheiratet zu sein.

Die Hingabe des *Bewussten Ichs* an den Prozess der Bewusstseinsentwicklung hat bestimmte Konsequenzen. Es bedeutet, dass wir es uns nicht aussuchen können, was wir annehmen oder nicht. Ein *Bewusstes Ich* kann zwar *wählen*, wie es die verschiedenen Energien letztendlich umsetzt. Es gibt aber keine Wahl bezüglich seiner Bereitschaft, sie alle anzunehmen. Wahlmöglichkeit besteht bei den nachfolgenden Handlungen, nicht beim Annehmen selbst. Einen Teil anzunehmen bedeutet nicht, wie dieser Teil zu werden und sich gleich mit ihm zu identifizieren. Es bedeutet vielmehr, diesen Teil zu ehren, so wie man einen Gott oder eine Göttin ehren würde. Unserer Ansicht nach strebt das *Bewusste Ich* danach, all die verschiedenen Selbste und all die Energien so zu ehren, als ob sie Götter oder Göttinnen wären.

Wir könnten nun versuchen, dieser neuen Art der Hingabe einen Namen zu geben; und wir sind uns sicher, dass es sich hierbei um eine neue Form von Hingabe handelt, eine, die neue Menschen hervorbringen wird. Man könnte sagen, dass die Hingabe an den Prozess selbst und der Anspruch, all die Selbste annehmen zu lernen, eine Hingabe an den Geist[2] bedeutet. Wir könnten sogar sagen, dass dieser Hingabe eine viel komplexere und umfassendere Vorstellung von Geist zugrunde liegt als alles, was wir bisher gekannt haben. Wir könnten es als Hingabe an eine Intelligenz begreifen, die im Unbewussten selbst lebt und deren Ziel die Evolution des menschlichen Bewusstseins ist. Wir könnten sagen, dass es alles eben Beschriebene auf einmal ist.

Wenn wir uns dem Bewusstseinsprozess hingeben möchten, sollten wir uns ihm in all seiner Komplexität und Widersprüchlichkeit hingeben. Wenn wir den Anspruch haben, liebende Menschen zu sein, müssen wir lernen, auch die Wölfe und Löwen und Schlangen und Drachen in uns, auch unsere Dummheit, Reizbarkeit und Schwäche, Verletzlichkeit und Finsternis genauso zu lieben, wie wir unsere liebevollen und rationalen, kompetenten, einfühlsamen und hellen Selbste lieben. Sich die Achtung aller in uns existierenden Energiesysteme zum Ziel zu setzen, ist ein höchst andächtiger Akt. Und wie auch immer der Name lauten mag, es handelt sich hierbei um eine neue Art der Hingabe und eine neue Art des Erwachens. Es ist diese besondere Hingabe und diese Art des Prozesses, die uns öffnen für die Beziehung als einem der machtvollsten Lehrmeister.

Wenden wir uns nun dem elementarsten Aspekt dieses Lernprozesses zu, dem des verletzlichen inneren Kindes, das wir als Tor zu unserer individuellen und zugleich universellen Seele verstehen.

# Verletzlichkeit: Der Schlüssel zur Nähe in der Beziehung

Wie wir bereits im vorigen Kapitel deutlich gemacht haben, zielt die gesamte Entwicklung der Persönlichkeit oder der Haupt-Selbste darauf ab, uns vor Verletzungen zu schützen. Wenn wir im nächsten Kapitel über das Verliebtsein sprechen, werden wir zeigen, wie es dem verletzlichen Kind als Träger der Verletzlichkeit möglich ist, in dieser besonderen Zeit auch ohne den üblichen Schutz der Haupt-Selbste an die Oberfläche zu kommen und mit einem anderen Menschen in intensiven Kontakt zu treten.

Die Fähigkeit, verletzlich zu sein, alle auftretenden Gefühle, jeden Gedanken und jede Reaktion zuzulassen und sie alle zu mögen, macht das Verliebtsein zu einer wunderbaren Erfahrung. Durch die Verletzlichkeit des Einzelnen wird Intimität in der Beziehung möglich, und umgekehrt ist es eben diese Verletzlichkeit und der scheinbare Mangel an Macht, wovor sich die Haupt-Selbste in einer Beziehung am meisten fürchten.

Doch so wie Nähe in der Beziehung erst ermöglicht wird, wenn wir Verletzlichkeit zulassen, zerstört der Versuch, diese Verletzlichkeit zu vermeiden, später die Intimität. Über die Jahre hinweg haben wir sowohl bei uns selbst wie bei den Beziehungen in unserem Bekanntenkreis die Erfahrung gemacht, dass das Abschirmen der Verletzlichkeit der Katalysator aller Bindungsmuster ist und dass diese wiederum wirkliche Intimität zerstören. Wenn wir das verletzliche Kind in uns verstecken, schenken wir ihm nicht genügend Beachtung. Da es für diesen Teil in uns unabdingbar ist, angemessene Zuwendung zu erhalten, wird es sich woanders danach umsehen und fixiert sich auf Leute in unserem Umfeld, von denen es sich die fehlende Zuwendung erhofft. Wir sind uns dieses Vorgangs nicht bewusst, wenn wir nichts von unserer Verletzlichkeit wissen. Automatisch und unbewusst werden wir immer wieder in mächtige Eltern-Kind-Bindungen hineingezogen. Manchmal erzeugen diese Bindungen ein positives, manchmal ein negatives Gefühl.

Obwohl wir bereits im ersten Kapitel auf Bindungsmuster eingegangen sind, werden wir ihnen auch in den folgenden Kapiteln noch viel Platz einräumen, da sie in einer Beziehung von größter Bedeutung sind. Wie könnte eine Verleugnung der Verletzlichkeit und das sich daraus ergebende Bindungsmuster aussehen?

Angenommen, Leo und Laura fahren zum Essen. Die Nacht ist dunkel und stürmisch, und die Straße schlängelt sich am Rand einer Klippe entlang. Wie üblich fährt Leo. Aber heute ist er müde, sein Tag war anstrengend und er fühlt sich unwohl, weiß aber nicht, warum. Er fragt Laura aus, was sie den Tag über gemacht hat, und wird besonders gereizt, als er herausfindet, dass sie zwei Stunden mit einer Freundin zu Mittag gegessen hat. Schließlich schreit er sie an: »Warum kümmerst du dich nicht um deine Arbeit, warum vertrödelst du die Zeit beim Mittagessen, wo doch unsere Steuererklärung noch nicht fertig ist?« Und schon ist es passiert. Der Abend, der eigentlich entspannend und angenehm werden sollte, wird zu einer nervenaufreibenden Angelegenheit; beide fühlen sich schlecht, und keiner weiß, was eigentlich geschehen ist.

Was tatsächlich geschehen ist, lässt sich folgendermaßen beschreiben: Leo hat seine innere Verletzlichkeit verleugnet und den Wunsch seines inneren Kindes nach einer Ruhepause unterdrückt. Sein bedürftiges Kind hat sich automatisch und unbewusst an Laura gewendet. Dieses Kind verlangt von ihr, sich um Leo zu kümmern, auch wenn dies Leo selbst gar nicht bewusst ist. Da Laura nicht gleich reagiert, wird in Leo die Energie des urteilenden Vaters aktiviert. Er fragt sie aus und kritisiert sie. Er wirft ihr die unerledigte Steuererklärung vor, aber eigentlich geht es darum, dass sie die Bedürfnisse seines verletzlichen Kindes nicht erfüllt hat.

Wie würde diese Situation aussehen, wenn Leo sich der Bedürfnisse seines verletzlichen Kindes *bewusst* wäre und er zwischen verschiedenen Verhaltensweisen wählen könnte? Leo wäre mit seiner

Verletzlichkeit in Berührung: Er wüsste, dass er müde und gestresst ist und könnte seine Handlungen somit über sein *Bewusstes Ich* steuern. Er könnte den Vorschlag machen, dass Laura den Wagen fährt, damit er sich ausruhen kann. Er könnte vorschlagen, dass sie ihr ursprüngliches Ziel aufgeben und in ein nähergelegenes Lokal gehen, oder er könnte ganz einfach die Gelegenheit, allein mit ihr im Auto zu sein, dazu nutzen, über sein Unwohlsein und seine Erschöpfung zu reden. So würde er sich direkt mit seiner eigenen Empfindsamkeit befassen und Verantwortung für sein inneres verletzliches Kind übernehmen.

Wenn wir uns aus unserem *Bewussten Ich* heraus um unser inneres Kind kümmern, verleiht uns das ein kraftvolles Gefühl innerer Stärke. Es bedeutet in unseren Augen einen echten Zugewinn an Energie. Wenn das *Bewusste Ich* sich um die Belange des verletzlichen Kindes kümmert, brauchen wir uns außerdem nicht länger auf die automatischen Schutzmechanismen der Haupt-Selbste zu verlassen, auch wenn uns das bisher vielleicht ein Gefühl von Sicherheit gegeben hat. Ebenso unnötig ist es dann, dass wir anderen die Aufgabe zuschieben, sich unseres verletzlichen Kindes anzunehmen. Es ist unerlässlich, zu wissen, dass jeder von uns letztendlich selbst dafür verantwortlich ist, das verletzliche Kind in seinem Innern mit eigener elterlicher Achtsamkeit zu umsorgen. Wenn wir unserer eigenen Verletzlichkeit genügend Aufmerksamkeit zuwenden, sind wir zu tiefen und engagierten Beziehungen zu anderen Menschen in der Lage. Wenn wir unser verletzliches Kind nicht angemessen pflegen, wird es diese Pflege bei anderen suchen und sich unbewusst an den fürsorglichen Persönlichkeitsanteil des Betreffenden binden. Um wirkliche Verantwortung für das verletzliche Kind zu übernehmen, müssen wir verstehen, wie es in uns arbeitet und welche Wirkungen es hat.

# Das verletzliche Kind

Verletzlichkeit gilt in unserer männlich geprägten Kultur als etwas sehr Negatives. Sie wird als weibliche Eigenschaft betrachtet. Für einen Mann oder einen wirklich erfolgreichen und bewundernswerten Menschen gilt sie als völlig inakzeptabel. Von spirituell orientierten Menschen wird Verletzlichkeit häufig als mangelndes Vertrauen des Einzelnen in den spirituellen Pfad und als großes Hindernis für persönliches Wachstum und Transformation angesehen. Und in der Tat kann ein Mensch, der seine Verletzlichkeit nicht bewusst angenommen hat, sondern sich automatisch mit ihr identifiziert, von seinen Mitmenschen in die Rolle des Opfers gedrängt werden.

Wir alle sind bereits Menschen begegnet, die ihre Verletzlichkeit deutlich nach außen zeigen. Sie reagieren mit einem Übermaß an Sensibilität und sind nicht in der Lage, sich selbst zu schützen oder ihre Bedürfnisse angemessen zu befriedigen. Sie sind letztlich immer Opfer, werden ständig von anderen Leuten verletzt oder ausgebeutet. Sie sind sich ihrer eigenen Macht nicht bewusst und haben daher auch keine Macht in der Welt.

Wir meinen nicht, dass es gut ist, die eigene Verletzlichkeit über alles zu erheben, aber wir möchten kategorisch feststellen, dass die Bewusstheit des Einzelnen für die eigene Verletzlichkeit absolut notwendig ist, damit eine Beziehung lebendig und intim bleibt, wächst und an Tiefe gewinnt. Das *Bewusste Ich* muss sich der Gefühle, Wahrnehmungen und Bedürfnisse des verletzlichen Kindes bewusst sein, um zu einer wirklich intimen Beziehung fähig zu sein. Es ist dieses Kind, das die tiefsten Gefühle in unseren Herzen spürt und diese auch tief in den Herzen anderer erkennen kann. Es stellt einen fühlbaren Kontakt her. Es schafft eine äußerst angenehme körperliche Wärme zwischen zwei Menschen. Dieses Kind lässt sich nicht durch Worte oder Vernunft täuschen, denn es reagiert direkt auf Energien oder Gefühle. Es ist unglaublich sensibel für die leisesten Anzeichen von Ablehnung oder Abwendung; aus Angst vor beiden neigt es zu panischen Reaktionen.

Wenn wir keinen Zugang zu unserer Verletzlichkeit finden, wird unser Leben von den Haupt-Selbsten bestimmt, die wiederum zu den Haupt-Selbsten anderer Menschen in Beziehung stehen. So sind wir zwar gut geschützt, aber einsam. Das Traurige an diesem Zustand kommt sehr schön in einem Traum zum Ausdruck, der uns einmal bei einem Workshop ziemlich nachdenklich erzählt wurde:»Hal griff in meine Tasche und nahm einen Gedichtband heraus. Er fing an, laut vorzulesen. Ich erinnere mich, dass ich erleichtert registrierte: Es sind nicht meine Gedichte. Das gab mir ein ›sicheres‹, aber auch ein trauriges Gefühl. Da meine Verletzlichkeit nicht enthüllt wurde, konnte man mich nicht ablehnen, aber auch nicht wirklich akzeptieren.«

Das verletzliche Kind ist genau das Selbst in uns, welches unsere emotionale Realität verkörpert. Dieses Kind erinnert sich an all die Erfahrungen, die uns tief berührt oder uns großen Schmerz zugefügt haben. Seine Erinnerungen sind viel umfassender als diejenigen, die normalerweise den Haupt-Selbsten zur Verfügung stehen. Oftmals erinnert es sich vollständig an bestimmte traumatische Erlebnisse, die ansonsten verdrängt sind.

Das Kind erinnert sich auch an schöne und liebevolle Erfahrungen. Lydias verletzliches Kind zum Beispiel konnte noch all die Kirchenlieder singen, die sie vor vielen Jahren zusammen mit ihrer geliebten, inzwischen jedoch lange verstorbenen Großmutter gesungen hatte. Der Verlust der Großmutter war so schmerzlich und das Zusammenleben mit einer emotional zurückhaltenden Mutter so unangenehm, dass Lydias verletzliches Kind nach dem Tod ihrer Großmutter vollständig verloren ging. Ein kühles, rationales und urteilendes Mutter-Selbst übernahm die Kontrolle und begrub ihre Verletzlichkeit vollständig. Mit einem solchen Haupt-Selbst fühlte Lydia stets Verwirrung und Unbehagen, immer wenn sie Kirchenlieder hörte und sie verächtlich über diejenigen sprach, die sie sangen. Sie gab sich große Mühe, jeden Kontakt mit »fundamentalistischen Christen«, wie sie sie nannte, zu vermeiden, und sogar Sonntage waren ihr ein Greuel.

Als wir mit Lydia über unterdrückte Selbste sprachen, reagierte sie sehr skeptisch auf die Vermutung, sie könnte irgendetwas unterdrückt haben, das mit Kirchenliedern zu tun hat. Die ganze Sache kam ihr ziemlich verrückt vor. Später aber, als wir mit ihrem verletzlichen Kind in Kontakt traten, erinnerte sich das Kind Lydia tränenreich an den großen Frieden und das Glück, welche sie als junges Mädchen erfahren hatte, wenn ihre Großmutter sonntags auf dem Klavier spielte und sie zusammen Kirchenlieder sangen. Als Lydia einmal erkannt hatte, dass tatsächlich etwas verloren gegangen war, das mit den Kirchenliedern in Zusammenhang stand, konnte das innere Kind ihr etwas von dem Glück und der Wärme ihrer Kindheit und der Erinnerung an das Singen mit ihrer geliebten Großmutter zurückgeben. Außerdem war Lydia von einem *Funktions-Ich*, das von ihrem kritischen Mutter-Selbst dominiert war, zu einem *Bewussten Ich* übergegangen und hatte somit zum ersten Mal Zugang zu ihrem inneren Kind.

## Die Unterdrückung des verletzlichen Kindes

Die meisten Menschen lernen bereits früh im Leben, ihre Verletzlichkeit zu verleugnen oder zu unterdrücken. Stattdessen identifizieren wir uns mit anderen Selbsten, die uns mehr Macht geben, um mit unserer Umgebung klarzukommen. Es bedarf einer besonderen Beziehung − sei es eine große Liebe, eine therapeutische Beziehung, die Begegnung mit einem spirituellen Meister oder eine sehr tiefe Freundschaft −, in der die Möglichkeit entsteht, etwas von diesem hochsensiblen verletzlichen Kind zu erfahren, das tief in unserem Innern lebt.

Während unserer vielen Reisen um die ganze Welt hatten wir das Glück, viele schöne empfindsame Kinder in Menschen kennenzulernen. Es ist erstaunlich zu sehen, wie ähnlich sie sich trotz großer kultureller Unterschiede sind. Wie vernachlässigt diese empfindsamen Kinder sind, weil wir sie ganz aus unserem Leben herausgedrängt, sie still gemacht haben, um uns vor weiteren Verletzungen und Schmerzen zu schützen, zeigt sich oft sehr anschaulich in den Träumen, die wir haben, kurz nachdem uns die Existenz des inneren Kindes zum ersten Mal bewusst geworden ist. Nichts veranschaulicht das Ausmaß der Unterdrückung und Vernachlässigung so gut wie diese Träume, die uns in den USA, ebenso wie in Australien, Israel, England, Irland, Wales, der Schweiz und Holland begegnet sind.

Der folgende Traum schildert Martins Verleugnungsprozess recht deutlich. Martin erlebt seine Zartheit als etwas Hässliches, Verachtenswertes, und vor allem als etwas, das ihn daran hindert, eine reife Beziehung einzugehen:

Ich kam in ein Zimmer, in dem ein großes, mit weißen Betttüchern bedecktes Doppelbett stand. Ich hatte die Absicht, mich hineinzulegen. Neben dem großen sah ich ein kleines Bett, auf dem ein ganzer Berg weißer Betttücher lag, woraus ein kleiner Haarbüschel hervorschaute. Ich ging hin, um nachzuschauen, und sah ein hässliches kleines Kind, 4 oder 5 Jahre alt. Ich wollte nicht in seine Nähe kommen, und es ärgerte mich. Ich hatte das Gefühl, es würde mich davon abhalten, mich in das große Doppelbett zu legen.

Martin verspürte einen derartigen Widerwillen gegen seine eigene Verletzlichkeit, dass er damit nicht in Berührung kommen wollte. Er hatte sich stark mit seinen ambitionierten Selbsten identifiziert und sich so sehr in seine Arbeit gestürzt, dass er schließlich krank wurde. Nur durch seine Krankheit konnte Martins Verletzlichkeit zum Ausdruck kommen, und nur in krankem Zustand konnte er sich zugestehen, umsorgt zu werden. Er stellte fest, dass er die Zeit seiner Genesung sehr genoss, weil ihm zum ersten Mal von seinem überaktiven Antreiber erlaubt wurde, innezuhalten und sich auszuruhen.

Menschen wie Martin reagieren bei der ersten Begegnung mit ihrem verletzlichen Kind stark negativ. Peter erlebte seine Verletzlichkeit genau wie Martin. Nachdem er das erste Mal mit ihr in Kontakt gekommen war, hatte er folgenden Traum:

Ich bin auf einem Hausboot. Ich weiß, dass dies das Leben ist, das ich mir selbst geschaffen habe, und ich bin glücklich damit. Ich mag es, stark und unabhängig zu sein. Bei dem Gedanken, dass ich meine Lebensweise auf keinen Fall ändern möchte, sehe ich zwei Männer: einen großen starken Mann und einen kleineren, der nackt ist und einen schönen Körper hat. Der große sagt dem anderen, er soll laufen. Als dieser zu laufen beginnt, deformiert sich sein schöner Körper. Dann bekommt er einen Herzanfall. Er läuft weiter, wie es ihm befohlen wurde, doch dann fühlt er sich krank und gibt auf. Ich denke jetzt, dass er vielleicht zu krank ist, um weiterleben zu können.

In diesem Traum erhält Peter ein objektives Bild seiner Reaktion auf die Entdeckung seiner Verletzlichkeit. Seine dominierende Macht-Seite in der Gestalt eines starken Antreibers verteidigt ihre Vorrangstellung. Sie will der neuentdeckten, weniger mächtigen, aber schönen Seite nicht erlauben, ihr Leben ungestört zu leben. Im Prozess der Verdrängung treibt das mächtige Selbst diesen weniger mächtigen Teil so lange an, bis er fast vollständig zerstört ist. Der Antreiber jagt Peter gnadenlos durchs Leben und hält dabei andere Menschen auf sichere Distanz. Er hat absolut keine Zeit für andere.

## Voice Dialogue:
## Den Zugang zum verletzlichen Kind finden

Im Unterschied zu den oben angeführten Beispielen gibt es auch Menschen, die das innere Kind mit tiefer Liebe und viel Freude annehmen. Während einer unserer Workshops führten wir das Thema »Verletzlichkeit« ein und demonstrierten dann die Voice-Dialogue-Methode, indem wir von der Gruppe mit dem verletzlichen Kind eines Gruppenmitglieds sprachen. Dadurch wurde das innere Kind in vielen anderen Gruppenmitgliedern aktiviert. In dieser Nacht träumte Anne, eine Workshop-Teilnehmerin, die glaubte, mit ihrem inneren Kind in Kontakt gekommen zu sein, dass ihr »großes« Kind in Schwierigkeiten sei:

Als ich hörte, wo das Kind war, ging ich, um es abzuholen. Eine Frau zeigte mir ein großes dickes Baby, dessen Körper mit Heftpflastern überdeckt war. Sie sagte mir: »Wir haben uns um den körperlichen Zustand des Kindes nicht sonderlich Sorgen gemacht. Wir wussten nur nicht, wo das Kind hingehört. Es hat die ganze Zeit hier herumgelungert.« Ich antwortete: »Aber das verstehe ich nicht, denn es war die ganze Zeit bei mir.« Da wusste ich, dass ich es mitnehmen und herausfinden musste, warum es versucht hatte, von mir wegzukommen. Mir wurde klar, dass ich mit ihm reden musste und dass es große Angst davor hatte, allein gelassen zu werden.

Anne bat daraufhin um eine Voice-Dialogue-Sitzung, um in engeren Kontakt mit ihrem verletzlichen Kind zu kommen. Dabei begegnete sie einem rührenden und äußerst sensiblen kleinen Mädchen, das bis dahin viel Schmerz erfahren hatte. Es schien, dass Anne mit anderen Aspekten ihres kindhaften Wesens in Berührung war – ihren magischen, süßen, phantasievollen, spielerischen Teilen –, aber nicht mit dem verletzlichen und bedürftigen Selbst. Wir geben im folgenden einen kurzen Ausschnitt der Interaktion wieder, um zu zeigen, wie sich ein verletzliches Kind anhört.

Therapeut *(zu Anne)*: Ich möchte mit deinem kleinen Mädchen sprechen, mit dem, das Angst hat, nicht mit dem spielerischen, das gerade schon mit uns gesprochen hat.

Anne, die bereits Erfahrung mit Voice Dialogue hat, geht zu einem anderen Stuhl und dreht den anderen Leuten, die sie beobachten, den Rücken zu.

Kind: *(schaut zum Therapeuten auf und spricht nicht)*
Therapeut: Es ist nicht leicht zu sprechen, hmm?
Kind: *(nickt mit dem Kopf und sagt nichts, bleibt aber in Augenkontakt)*
Therapeut: Okay, du brauchst nichts zu sagen; ich sitze einfach hier und leiste dir Gesellschaft. Möchtest du, dass ich weiter zu dir spreche?
Kind: *(nickt wieder)*
Therapeut: Gut. Du schaust aus, als ob du noch ganz klein wärst. Anne ist schon recht erwachsen, und sie weiß immer, was sie sagen soll und was sie tun muss, damit sich die anderen gut mit ihr fühlen. Aber du bist anders, nicht? *(Kind nickt wieder)* Du bist eher ruhig, stimmt's?
Kind: Ich bin ruhig. Lärm macht mir Angst. Große Leute machen mir Angst. Mit dir ist es gut; du sprichst so sanft. Aber ich kann die anderen Leute nicht anschauen. Sie machen mir Angst.
Therapeut: *(nickt und schweigt, weil das Kind spricht)*
Kind: Meine Mami hat mir viel Angst gemacht. Ich hatte viel Angst, als ich klein war, weil es so laut war. Ich mag's still. Meine Ohren tun mir weh, wenn es laut ist. Auch mein Herz klopft dann ganz wild.

An dieser Stelle geht der Therapeut dazu über, Annes Kindheit näher zu erkunden. Die Interaktion ist von großer emotionaler Intensität. Zunächst ist das verletzliche Kind recht verspannt und umklammert seine Knie; sie schaut aufmerksam in die Augen des Therapeuten, ob sie Zeichen von Ablehnung oder Unaufmerksamkeit entdeckt. Sie reagiert äußerst sensibel auf jede Art von Ablenkung. Erst als sie von Begebenheiten erzählt, die ihr während Annes Kindheit Angst gemacht haben, lösen sich ihre Arme. Die Situation ist sehr bewegend, als verschüttete emotionale Erinnerungen aufbrechen. Dann, nachdem eine ganze Weile vergangen ist, wenden sie sich wieder der Gegenwart zu.

Therapeut *(beginnt mit der Frage, welche Dinge in Annes gegenwärtigem Leben das Kind stören):* Du magst es also nicht, wenn viel Lärm ist, und du reagierst empfindlich, wenn Leute wütend oder roh sind. Was sonst magst du in Annes derzeitigem Leben nicht?

Kind: Ich mag es, wenn ich in meinem eigenen Zimmer bin und die Tür zu ist. Dann mache ich sie auf und lasse immer nur einen von meinen Freunden herein. Sie schließt ihre Tür niemals zu. Ich mag es nicht, wenn sie ihre Tür offen lässt und die anderen dauernd hereinkommen. Ich mag es nicht, wenn sie ihr Zimmer in Unordnung bringen. Ich möchte nur Erwachsene dort haben, weil sie ruhig sind und nichts in Unordnung bringen.

Therapeut: Das verstehe ich. Du magst es also nicht, wenn viele andere Kinder da sind.

Kind: Nein. Ich mag ihr Enkelkind, aber all die anderen Kinder, um die sie sich kümmert, mag ich nicht. Ich will, dass sie sich nur um mich kümmert. Ich habe genug davon, dass sie sich um alle anderen kümmert. Sie hat mir versprochen, dass wir zusammen Spaß haben und dass sie aufhört, sich um alle anderen zu sorgen, wenn ihre eigenen Kinder erwachsen sind. Jetzt ist es genug. Ich möchte, dass sie Zeit mit mir verbringt und mir schöne Sachen kauft und meine Haare bürstet und mich einfach allein dasitzen und aus dem Fenster die Bäume anschauen und träumen und nichts tun lässt. Und ich will singen.

Ich mag ihre Tochter. Ich möchte mit ihr spazieren gehen und rumsitzen und keine Besorgungen machen und nicht über wichtige Sachen reden. Und ich mag es nicht, wenn ihr die Leute ihre Kinder zum Aufpassen bringen und dann ausgehen und Spaß haben. Und ich bekomme Angst, wenn die Leute sich über sie ärgern, wenn sie zu beschäftigt ist, um auf die Kinder aufzupassen.

Ich habe kein gutes Gefühl, wenn Leute sie nicht mögen. Dann fühle ich mich schrecklich. Ich möchte, dass alle sie mögen. Aber ich möchte trotzdem, dass sie ihnen sagt, sie sollen selbst auf ihre Kinder aufpassen! Auch wenn sie böse auf sie werden. Sie ist nicht ihre Mami.

Der Therapeut spricht noch ungefähr zwei Stunden lang mit Annes Kind, und das Kind wird immer entspannter. Es blüht buchstäblich auf. Anne beginnt wie jeder, der dieser Voice-Dialogue-Sitzung beigewohnt hat, dieses Kind zu mögen. An diesem Abend hat Anne einen zweiten Traum:

Erst träumte ich, dass mein »großes« Kind fest umwickelt dalag. Im nächsten Augenblick sah ich, wie es von den Wickeln befreit und schön, mit seinem blonden Haar auf dem Kissen lag. Ich liebte dieses Kind innig und wollte, dass es nicht nur schön, sondern auch glücklich ist. Ich wachte auf und fühlte mich sehr glücklich.

Die Entdeckung ihres verletzlichen Kindes bedeutete für Anne sehr viel. Sie liebte es und nahm es als eine willkommene und schöne Erweiterung ihres Lebens an, wie ihr Traum zeigt. Sofort begann sie, dem Kind Beachtung zu schenken und auf seine Bedürfnisse einzugehen, anstatt automatisch die Bedürfnisse fremder Leute zu erfüllen und ihre eigenen zu ignorieren, wie sie es bisher getan hatte.

## Das vernachlässigte Kind

Wir haben viele Träume gesammelt, die die Vernachlässigung des verletzlichen Kindes veranschaulichen. Träume von Menschen, die zu unseren Workshops gekommen waren und gerade begannen, sich dieses Teils ihrer selbst bewusst zu werden. Ihr Unbewusstes griff diesen Prozess auf und zeigte ihnen deutlich, wie sie ihre Verletzlichkeit in der Vergangenheit unterdrückt hatten.
Viele von diesen Träumen haben ein verwandtes Thema. Die Träumer gehen aus dem Haus, um zu arbeiten, zu spielen oder um andere zu besuchen und bemerken plötzlich, dass sie das Kind oder die Kinder vergessen haben, die ihnen anvertraut waren. In all diesen Fällen erlebt der Träumer ein Panikgefühl und den Drang, dem Kind wieder zu begegnen, verbunden mit der inständigen Hoffnung, dass es nicht gestorben sei oder einen bleibenden Schaden erlitten habe. Dem Kind geht es gewöhnlich schlecht – es ist hungrig,

frierend, vernachlässigt, schmutzig, verängstigt oder krank. In einem dieser Träume ist das Kind in ein kleines Tier verwandelt worden. Glücklicherweise ist es gewöhnlich nicht tot, und in den meisten Fällen gibt es Hoffnung, dass es sich wieder erholt. Marias Traum ist typisch für diese Kategorie:

Ich bin in einem Hotelzimmer, in einer oberen Etage. Es ist warm, bequem und luxuriös. Ich höre ein leises Wimmern und schaue hinaus auf einen schmalen Balkon. Dort steht ein kleines Kind, das sehr lange Zeit auf diesem Balkon gestanden haben muss. Draußen ist es kalt und verregnet, und das Kind friert. Ich fühle mich schrecklich, weil ich weiß, dass ich die Verantwortung trage und es vergessen habe.

Maria ist eine anspruchsvolle, wohlhabende junge Frau, die ihr luxuriöses Leben genießt. Seit ihrer frühen Kindheit war sie jedoch von ihrer Verletzlichkeit abgeschnitten. Verletzlichkeit lässt uns eben nicht klug und elegant erscheinen – und etwas anderes war in ihrem Milieu nicht gefragt. Sie lernte also, ihr Leben »hoch oben« und anspruchsvoll zu leben, und ihr inneres Kind blieb frierend draußen auf dem Balkon zurück.

Manchmal werden unsere verletzlichen Selbste auf einen »zweiten Platz« verwiesen, weil sie nicht so aufregend wie unsere Haupt-Selbste sind. Sie werden zunächst übersehen, von unseren bestimmenden Selbsten beiseite geschoben und schließlich vollständig verdrängt. Nachdem Mandy bei einem Vortrag mit dem Konzept der Verletzlichkeit vertraut gemacht wurde, hatte sie folgenden Traum:

Alle meine Selbste befinden sich in einem großen Raum und amüsieren sich gut. Sie versuchen alle, meine Aufmerksamkeit zu erlangen; sie sind anregend und unterhaltsam aufgelegt und haben viel Spaß. Es ist toll, mit ihnen zusammen zu sein. Weit abseits steht ein kleines Kind, das nach mir ruft und sagt: »Bitte vergiss mich.«

Dieser Traum vermittelt deutlich, wie leicht uns die Haupt-Selbste davon ablenken, die verletzlichen, empfindlichen Selbste wahrzunehmen. Nachdem sie dem Vortrag über Verletzlichkeit zugehört hat, bemerkt Mandy plötzlich ihr eigenes empfindsames Kind, das bis jetzt unbemerkt in einer Ecke gestanden hat.

# Die Widerstandsfähigkeit des inneren Kindes

Das verletzliche Kind scheint klein und schwach zu sein, aber wir haben herausgefunden, dass es im täglichen Leben eine erstaunlich machtvolle Rolle spielt. Je besser jemand sein inneres Kind kennt und je mehr es in das tägliche Leben integriert wird, desto bewusster wird sein Verhalten. Wir haben die Erfahrung gemacht, dass in den meisten Fällen, in denen Menschen versucht haben, mit diesem Kind in Kontakt zu treten, es durchaus bereit ist, angehört zu werden, selbst wenn es ein Leben lang völlig ignoriert wurde. Es hat sich trotz oft jahrelanger Vernachlässigung als überraschend widerstandsfähig erwiesen.

Wo ein ernsthafter emotionaler Schaden eingetreten ist, bedarf dieses Kind der Heilung, wahrscheinlich ist sogar eine umfassende Psychotherapie erforderlich. Ist dieses innere Kind jedoch unter gewöhnlichen Umständen unterdrückt worden, so erholt es sich meist rasch und offenbart bald seinen Reichtum.

Die Robustheit des verletzlichen Kindes zeigt sich zum Beispiel deutlich in Arthurs Traum. Nachdem er mit dem Begriff der Verletzlichkeit vertraut gemacht worden war, träumte er:

Da war ein Baby, das in einem Baum saß, weinte und heruntergeholt werden wollte. Ich hatte zu viel Angst, um hinaufzuklettern und es zu holen. Das Kind hörte nicht auf, nach mir zu schreien, doch weder ich noch einer der anwesenden Leute wollten es holen. Schließlich fiel es vom Baum. Ich fühlte mich schuldig, weil ich nichts unternommen hatte, und lief hin, um nachzusehen, ob dem Kind nichts fehlte. Seine Füße waren verwundet, aber sonst ging es ihm gut. Ich nahm es in meine Arme und tröstete es.

In diesem Traum hilft das Unbewusste Arthur, zu seinem inneren Kind zu gelangen. Er identifiziert sich zwar noch immer mit seinen Haupt-Selbsten, deren Lebensziel darin besteht, die unbeherrschten Impulse des verletzlichen Kindes aus seinem Leben zu verbannen. Doch wenn der Kontakt erst einmal hergestellt ist, besteht die Chance für das *Bewusste Ich*, die Führung zu übernehmen und das verletzliche Kind zu trösten und sich angemessen um es zu kümmern.

Wiederholte Träume über vernachlässigte Babys und Kinder sind oft Zeichen einer unterdrückten Verletzlichkeit. Mildred, die immer wieder Träume dieser Art hatte, fing an, ihre Verletzlichkeit ernst zu nehmen. Sie experimentierte mit verschiedenen psychologischen und spirituellen Methoden und lernte mittels ihres *Bewussten Ichs*, sich angemessen um ihr verletzliches Kind zu kümmern. Über spätere Träume erzählte sie:»Ich habe eine Veränderung in meinen Träumen bemerkt. Ich habe zwar immer noch ein Baby, das ich vergessen habe. Ich träumte oft, dass ich es in einem Regal gelassen habe, dann in Panik verfiel, es suchte und halbverhungert auffand. Diese Träume wiederholten sich, doch jedesmal ging es dem Baby etwas besser. Das letzte Mal habe ich geträumt, dass ich es an meiner Brust stillte, und es war dick und glücklich.« Diese Träume zeigen, wie Mildreds Bewusstseinsveränderung und die neue Art, in der sie ihre Verletzlichkeit respektiert, zur allmählichen Heilung ihres verletzlichen Kindes geführt haben.

## Sich des verletzlichen Kindes annehmen

Ist das verletzliche Kind erst einmal entdeckt und die Verletzlichkeit in Beziehungen zum Thema geworden, besteht die Chance für Veränderung und Wachstum. Wir empfehlen sehr, das verletzliche Kind direkt, zum Beispiel durch die *Voice-Dialogue-Methode*, anzusprechen. Wir haben diese Methode in diesem Kapitel nur kurz beschrieben. Eine ausführliche Darstellung findet sich in unserem Buch *Du bist viele*. Jedoch ist jede Vorgehensweise, die den Einzelnen befähigt, mit seinem verletzlichen Kind Kontakt aufzunehmen oder sich seiner Verletzlichkeit bewusst zu werden, von großer Hilfe. Lucia Capacchione hat eine Technik des Tagebuchschreibens mit der nichtdominanten Hand entwickelt[3], die sich als ein ausgezeichneter Weg erwiesen hat, Zugang zu seinem verletzlichen Kind zu finden. Wie auch immer die Kontaktaufnahme geschehen mag, wichtig ist, sich bewusst zu werden, wie es dem inneren Kind geht, damit das *Bewusste Ich* diese Information nutzen kann und sich angemessen um dieses verletzliche Kind kümmert.

Dieser letzte Punkt ist so wichtig, dass wir ihn wiederholen möchten:

Das verletzliche Kind zu unterdrücken bedeutet: Wir widmen uns ihm nicht genug. Unterdrückung bedeutet jedoch nicht, dass dieses Kind gänzlich verschwindet! Da es für das Kind notwendig ist, Zuwendung zu erhalten, sucht es diese woanders, geht Bindungen zu anderen ein und verlangt von ihnen die Zuwendung, die wir ihm versagen. Wir werden uns dieses Vorgangs nicht bewusst, da wir nichts von unserer Verletzlichkeit wissen. Völlig unbewusst werden wir so immer wieder automatisch mit allen möglichen Menschen, vor allem aber mit unseren Liebespartnern in starke Eltern-Kind-Beziehungen hineingezogen.

In unserem Alltag finden wir viele Beispiele für diese Art von Bindungsmuster. Weit verbreitet ist der energische, berufstätige Mann, der jedem als verantwortlicher Vater erscheint, stets verfügbar ist, um anderen zu helfen und sich um deren Schwächen zu kümmern. Wenn er sich seiner eigenen Verletzlichkeit nicht bewusst ist, wird er sich stark an jemanden binden, der ihm die gleiche Zuwendung bietet, die er anderen gibt. Diese umsorgende Person ist womöglich die liebende Gattin – häufig ist es aber auch eine Sekretärin. Diese Bindung ist besonders intensiv, wenn der Mann außerhalb seiner Berufsrolle eher schüchtern ist oder sich bei bestimmten Arbeitsabläufen im Büro inkompetent fühlt. Er fühlt sich hilflos, wenn seine Sekretärin für einen Tag nicht im Büro ist, denn er ist darauf angewiesen, dass sie all die Dinge regelt, vor denen er zurückschreckt, wie zum Beispiel Angestellte anzuweisen oder die Finanzen zu verwalten.

Wenn diese Bindung besonders stark und unbewusst ist, was sehr oft vorkommt, dann ist dieser Mann, der sonst jedem Außenstehenden ein starker, unterstützender Vater ist, der inkompetente und unterwürfige Sohn der umsorgenden und leitenden Mutter.

Wenn so eine Bindung erst einmal etabliert ist, kann die Ersatz-Fürsorgerin im Büro machen, was sie will, und er hat nicht die Macht, sie daran zu hindern. Denn er hat Angst, sie zu verlieren, und ist nicht in der Lage, sie darum zu bitten, problematische Verhaltensweisen zu ändern. Da diese Frau nicht aus einem *Bewussten Ich*, sondern aus ihrem organisierenden Mutter-Selbst heraus handelt, kann sie sich zu einer Tyrannin im Büro entwickeln. Viele starke Frauen lassen sich auf eine unglückliche Liebesbeziehung nach der anderen ein. Auf ihrer Suche nach einer liebevollen und erfüllenden Beziehung werden sie immer wieder enttäuscht. Nach unserer Erfahrung ist auch dies oft das Resultat einer unterdrückten Verletzlichkeit. Da starke Frauen sich ihres verletzlichen Kindes meist nicht bewusst sind, bindet sie dieses an einen Mann nach dem anderen, in der Hoffnung, seine Bedürfnisse zu befriedigen. Die bestimmenden Selbste solcher Frauen sind stark und unabhängig. Sie wären erschreckt, wenn sie feststellen müssten, dass sich unter der »Powerfrau« ein höchst empfindsames kleines Mädchen verbirgt. Ohne dieses Bewusstsein gibt es aber für eine starke und ansonsten sensible Frau keine Möglichkeit, etwas über ihr inneres Kind zu erfahren, es zu respektieren, für es einzutreten und seinen Bedürfnissen gerecht zu werden. Ihr vernachlässigtes, bedürftiges Kind sucht bei anderen nach Verständnis und bindet sich an einen Mann, von dem sie sich erhofft, dass er sie vollständig versteht, ihre Sehnsucht stillt und sie glücklich macht. Da jedoch niemand außer ihr selbst auf ihre Verletzlichkeit achten kann, wird sie sich immer wieder als Tochter voller Erwartung an Männer binden, um dann von jedem aufs Neue enttäuscht zu werden.

Problematisch wird es auch, wenn genau das Gegenteil passiert, wenn ein Mensch sein verletzliches Kind kennt und sich vollständig mit ihm identifiziert. Für solche Menschen ist Verletzlichkeit das bestimmende Selbst-System, die Macht-Selbste sind verdrängt und das persönliche Elend ist vorprogrammiert. Denn auf diejenigen, die sich vollständig mit ihrer Verletzlichkeit identifizieren, wartet eine endlose Reihe von Bindungen, in denen sie erfolgreich die Opferrolle einnehmen. Solche Menschen nehmen Stärke immer nur im anderen wahr und von diesem machen sie sich vollständig abhängig. Auch wenn es einmal eine Phase geben sollte, in der die Bindung an den guten Elternteil von Freunden und Geliebten da ist, so ist diese gewöhnlich nicht von Dauer. Denn der schlechte Elternteil in ihnen verlangt anschließend die Bezahlung für alles, was der gute Elternteil gegeben hat. Dies verursacht viel Leid und das schreckliche Gefühl des Betrogenwerdens.

Wenn ein Mensch sein verletzliches Kind kennen lernt, sollte er immer daran denken, dass es ebenso falsch ist, allen Gefühlen des verletzlichen Kindes nachzugeben, wie es zu ignorieren. Um für das Kind zu sorgen, bedarf es eines *erwachsenen* Menschen, eines *Bewussten Ichs*, das bewusste Entscheidungen trifft und dabei die Bedürfnisse des Kindes berücksichtigt. Dieses Ich darf jedoch nicht mit diesen Bedürfnissen identifiziert sein oder von den Ängsten und Empfindlichkeiten des Kindes gesteuert werden. Dann hätte man nämlich die Rolle des Elternteils übernommen, der angesichts eines weinenden Kindes so sehr mitfühlt, dass er mit ihm weint. Dieser Elternteil ist unfähig, dem Kind eine andere Perspektive anzubieten, und er weiß nicht, wie das Kind sich selbst um seinen Schmerz kümmern könnte. Der Elternteil ist in der gleichen Lage wie das Kind, und für beide gibt es keinen Ausweg. Beide müssen leiden, bis jemand von außen eingreift.

Die Frage ist also, wie wir uns gut um unsere inneren Kinder kümmern können. Der wichtigste Schritt ist, ihre Anwesenheit zu erkennen und Bewusstheit für ihre besondere Persönlichkeit, ihre Bedürfnisse und ihre Reaktionen zu entwickeln. Sobald wir das Kind mit seinen Bedürfnissen und Gefühlen wahrnehmen, sind wir auch in der Lage, mit ihnen umzugehen.

Wir müssen lernen, uns von unseren verletzlichen Selbsten so weit zu distanzieren, dass wir Situationen, in denen sie betroffen sind, realistisch einschätzen können. Erst dann können wir objektiv für unsere verletzlichen Aspekte eintreten, anstatt sie sich selbst zu überlassen.

Die Fähigkeit, die Bedürfnisse und Gefühle des verletzlichen Kindes objektiv einzuschätzen, bedeutet einen echten Zuwachs an persönlicher Stärke. Mit dieser Stärke können Sie eine wirklich intime Beziehung zu einem anderen Menschen eingehen, ohne in die Fallstricke der automatischen Bindungsmuster zu geraten, und Sie könnten sich wieder daraus befreien, falls diese sich schon gebildet haben.

Aufgrund unserer Arbeit haben wir erfahren, dass viele Menschen die verschiedensten Möglichkeiten entwickelt haben, um auf ihre verletzlichen Selbste zu achten. Für die meisten von uns ist die beste Lösung, Menschen zu kennen, die wir lieben und bei denen wir uns geborgen fühlen. So erhalten unsere inneren Kinder Zuwendung aus unterschiedlichen Quellen und haben stets einen Platz, an dem sie willkommen sind. Weiterhin ist es für die meisten verletzlichen Kinder wichtig, einen eigenen Freiraum zu haben, wie klein auch immer er sein mag. Diesen Platz sollte das Kind schön finden, und es sollte sich dort geborgen fühlen.

Es ist ein faszinierendes Erlebnis, direkt mit dem verletzlichen Kind zu sprechen und sich dann zu überlegen, wie man seinen aktuellen Bedürfnissen nachkommt. Es sind oft nur Kleinigkeiten und vermeintlich unwichtige Dinge, die für unser inneres Kind aber eine große Bedeutung haben.

Wenn jemand zum Beispiel vor einer langen Reise Angst hat, gibt es vielleicht etwas Bestimmtes, das er mitnehmen kann und das die Reise angenehmer macht. Wir kennen Menschen, die mit Schmusekissen, Lieblingsbüchern, Stofftieren, Räucherstäbchen und Kristallen oder Fotos ihrer Familie reisen. Eine Frau, die ihre erste Geschäftsreise alleine unternahm, fühlte, dass ihr inneres Kind Angst hatte, solo in einem Restaurant zu essen. Sie war sehr erleichtert, als sie herausfand, dass sie in ihrem Zimmer fernsehen und ihr Essen über den Zimmerservice bestellen konnte. Ein Mann, der gerade geschieden war, entdeckte, dass seinem verletzlichen Kind der abendliche Kochgeruch fehlte. Also begann er, seine Mahlzeiten zu Hause zuzubereiten und seinen Kühlschrank immer gefüllt zu haben, damit sein inneres Kind sich nicht so verlassen fühlte.

Es gibt viele Arten, wie wir auf unsere verletzlichen Kinder achten können. Doch zunächst müssen wir lernen, sie wahrzunehmen, sie zu respektieren und ihre Reaktionen ernst zu nehmen – *ohne ihnen zu erlauben, uns oder unsere Mitmenschen zu tyrannisieren.* Wir sollten ihnen gute Eltern sein, sie wertschätzen und ihnen helfen, ihre Ängste zu überwinden, wenn dies nötig ist. Das heißt nicht, zu versuchen, sie zu Erwachsenen zu machen. Das verletzliche Kind bleibt für immer ein Kind! Jeder von uns muss sein inneres Kind kennen lernen und sich auf seine individuelle Art darum kümmern. Nachdem der Kontakt mit ihm hergestellt ist, unterstützt das Kind oft von selbst diesen Prozess. Es erscheint oft in Träumen, um uns Hinweise auf seine Bedürfnisse zu geben.

Holger wusste nichts von seinem verletzlichen Kind und hatte zugelassen, dass sein Leben von dem Drang bestimmt wurde, erfolgreich zu sein und andere zu beeindrucken, obwohl seine Tendenz zu Überarbeitung auf Kosten seines Körpers ging und seine permanente Anspannung ihn auf Dauer krank machte. Als er mit seinem verletzlichen Kind in Kontakt kam, beschloss er, ihm mehr Aufmerksamkeit zu schenken und seine Bedürfnisse ernst zu nehmen. Er träumte Folgendes:

Ein Kind kam in mein Haus, ein Kind, von dem ich wusste, dass es mit mir verwandt war. Ich wusste, dass es allein über eine sehr befahrene Straße gekommen war und ich sagte ihm: »Du darfst nie wieder ohne Begleitung zu mir kommen.« Das Kind hatte wirklich sein Leben riskiert, um zu mir zu kommen.

Damit hat eine große Veränderung in Holgers Leben stattgefunden. Holgers Unbewusstes hat die Verantwortung erkannt und angefangen, ihn im Traum über sein Kind und die Risiken, denen es ausgesetzt ist, aufzuklären. Holger wurde klar, dass seine Gleichgültigkeit gegenüber seiner Gesundheit gefährlich für ihn war, und er beschloss, mit seinem Körper besser umzugehen.

Bevor Anke ihr inneres Kind kennen gelernt hatte, war sie sehr mutig. Sie traute sich alles zu, lachte über Gefahren und über die Ängste anderer. Als sie Kontakt zu ihrem inneren Kind aufnahm, wurde sich Anke allmählich bewusst, dass es mit ihrem waghalsigen Verhalten ganz und gar nicht glücklich war, dass es sich nach mehr Achtsamkeit sehnte, insbesondere wenn es um Ankes Gefühlsleben ging. Obwohl Anke bereit war, in ihren Beziehungen »durchs

Feuer zu gehen«, hatte ihr Kind andere Vorstellungen. Nachdem sie anfing, das Kind ernster zu nehmen, übermittelte ein Traum Anke folgende Botschaft:

Ich (Anke) war größer und trug einen langen Rock. Ich war eine klassische mütterliche Gestalt, lebte in einem schönen Haus im Wald, inmitten vieler Gärten. Mein Haus brannte und ich ging hinein, um das Baby zu holen, das dort schlief. Ich nahm es auf meinen Arm und erkannte, dass der Feuerring das Baby verbrennen würde, obwohl ich selbst durch ihn hindurchgehen konnte. Also entschied ich mich, innerhalb des Feuerrings zu bleiben. Ich fand ein kristallklares Schwimmbecken und ging mit dem Baby hinein. Es schlief friedlich weiter, während ich darauf wartete, dass das Feuer erlosch. Plötzlich bemerkte ich, dass das Feuer nichts zerstört hatte. Ich war sehr erstaunt.

Wenn man sich in einer Beziehung so aufmerksam um das Kind bemüht, bleibt Zeit, in der man still dasitzen und an seiner inneren Situation arbeiten kann, bis so viel Bewusstheit entstanden ist, dass ein höherer Grad an Klarheit erreicht wird und das *Bewusste Ich* den richtigen Weg findet. Das Feuer kann dann niederbrennen, ohne Schaden anzurichten. Erst wenn man sich gedankenlos über das Anliegen des Kindes hinwegsetzt (das Feuer einfach durchschreitet, ohne Rücksicht auf die mögliche Gefährdung des Kindes), werden unsere bestimmenden, beschützenden Selbste in Alarm versetzt und die Bindungsmuster aktiviert. Wenn die negativen Muster dann aber erst einmal ablaufen, richtet das Feuer Schaden an.

## Wie das unpersönliche Selbst das verletzliche Kind schützen kann

Einer der wichtigsten Aspekte beim Beschützen des verletzlichen Kindes ist das unpersönliche, objektive Selbst. Dieses Selbst verfügt über klare Denkstrukturen und ist auch angesichts der Bedürfnisse oder emotionalen Reaktionen anderer direkt und leidenschaftslos. In unserer Kultur haben Frauen *häufig* keinen Zugang zu diesem Selbst, während Männer häufig seine Stärke nutzen. Den Frauen wurde gewöhnlich ihre Distanziertheit aberkannt – stattdessen wurden sie dazu ermutigt, allzeit emotional offen zu sein, auch wenn dies ihre Fähigkeit beeinträchtigte, eine Situation sachlich einzuschätzen, ihre eigenen Bedürfnisse und Grenzen zu erkennen und entschlossen zu handeln.

Für eine Frau ist es nicht ungewöhnlich, wenn sie in ihrem Beruf Autorität zeigt und in ihrem Privatbereich unfähig ist, diese zu nutzen. Wenn sie zum Beispiel Lehrerin oder Therapeutin ist, wird sie ihre unpersönliche Energie dazu nutzen, um Schülern Grenzen zu setzen und mit den Ansprüchen ihres Klienten klar umzugehen. Dieselbe Frau kann gegenüber ihrem Mann oder ihren Kindern diese Fähigkeit vollständig verlieren und stattdessen ausschließlich auf Bedürfnisse und Gefühle des Mannes oder der Kinder reagieren, ohne auf sich selbst Rücksicht zu nehmen.

Susanne war eine solche Frau. Ihre Mutter war eine gestörte, wirklich bösartige Frau. Weil sie ihre Erziehungsaufgabe nicht wahrnehmen konnte, musste Susanne bereits mit fünf Jahren für die ganze Familie die Funktion der Mutter übernehmen. Sie verdrängte ihre eigene Verletzlichkeit und identifizierte sich vollständig mit ihrer »inneren Mutter«, die zu ihrem Haupt-Selbst wurde. Sie war immer bereit, sich mit viel Liebe und Verantwortungsbewusstsein um die verletzlichen Seiten der anderen zu kümmern. Für ihr eigenes Leben jedoch war es unerlässlich, distanzierter zu werden, um den Ansprüchen anderer an sie Grenzen zu setzen.

Nachdem Susanne daran gearbeitet hatte, die sachliche Seite ihrer Persönlichkeit zu entwickeln, hatte sie folgenden Traum:

Ich war in einem Haus mit vielen Kindern. Draußen war eine Gruppe großer, rauher Männer, die versuchten, hereinzukommen. Ich wollte wegrennen. In dem Haus war ein Vater, der war groß und stark. Er hatte ein Tischtuch über der Schulter. Er kümmerte sich um die Kinder. Er sagte diesen Rüpeln, sie sollten reinkommen, aber sie dürften den Kindern nicht wehtun. Ich hatte das Gefühl, dass der Vater die Dinge schon regeln würde.

Der Vater repräsentierte in diesem Traum Susannes neue Art, sich um die Kinder zu kümmern. Er konnte Susanne vor den »Rüpeln«

beschützen und brauchte dabei weder wegzurennen, noch musste er sie bekämpfen. Er konnte sich adäquat und mit großer Sachlichkeit mit ihnen auseinandersetzen und sowohl die rüpelhaften Männer als auch die Kinder im Zaum halten.

Sobald wir also das objektive Selbst entwickeln und uns von dem Bedürfnis lösen, alle Beziehungen immer warm, nah und umsorgend gestalten zu müssen, verfügen wir über eine wachsende Anzahl von Wahlmöglichkeiten in unserem Leben. Wir sind dann fähig, unsere Beziehungen – selbst die intimsten – mit einem gewissen Grad an Objektivität zu betrachten und unsere eigenen Bedürfnisse bei Entscheidungen mit zu berücksichtigen.

Ein gegensätzliches Beispiel ist die erfolgreiche Geschäftsfrau, die eine sehr gut entwickelte unpersönliche Seite hat und allen Situationen in ihrem Beruf begegnen kann, ohne ihre Gefühle anderen gegenüber dabei ins Spiel zu bringen. Ihre Beziehungen im Büro sind unangenehm, aber nicht persönlich. Sie unterliegt keinem inneren Drang, als Grundlage der Zusammenarbeit erst eine emotionale Beziehung zu schaffen, sie bedarf niemandes Liebe oder Zustimmung und kann sich deshalb zielstrebig ihrer Tätigkeit widmen.

Diese Frau kann in einer Liebesbeziehung, in der ihr verletzliches Kind einen intensiven gefühlvollen Kontakt braucht, durchaus den Schutz ihres unpersönlichen Geschäftsfrau-Selbsts, das im Beruf so gut funktioniert, verlieren. Wenn dies passiert, wird diese zielstrebige, selbstbewusste, unabhängige Frau von der Bedürftigkeit, den Ängsten und der Unbeholfenheit ihres verletzlichen Kindes überwältigt. Sie wird sich automatisch auf vielfältige, unbefriedigende Art binden, ja wahrscheinlich in ihrer Beziehung sogar in die Opferrolle geraten, da sie ihre unpersönliche Objektivität nicht zur Geltung bringen kann, wenn sie jemandem nahe sein möchte.

Obwohl Frauen sich traditionell mit persönlichen oder gefühlsbetonten Energien identifizieren und Männer traditionell zur Sachlichkeit neigen, ist in den letzten 20 Jahren ein Wandel eingetreten. Auch Männer werden heute dazu ermutigt, einfühlsam zu sein und ihre unpersönlichen Energien aus der Beziehung mehr herauszuhalten. Wir haben gesehen, dass es sehr hilfreich ist, einigen unpersönlichen Energien in der Liebesbeziehung einen Platz ein-zuräumen. Wir haben dieses Selbst sogar besonders betont, weil es in der Lage ist, das *Bewusste Ich* beim Beschützen und Umsorgen des verletzlichen Kindes zu unterstützen.

In diesem Kapitel haben wir die Wichtigkeit von Verletzlichkeit in Beziehungen aufgezeigt und den Leser mit dem verletzlichen inneren Kind vertraut gemacht. Wenn wir in einer Beziehung Tiefe und Dauerhaftigkeit erleben wollen, müssen wir eine be-wusste Beziehung zu diesem Kind aufnehmen und pflegen. Wir haben einige Beispiele gezeigt, wie Menschen das gelernt haben.

Im nächsten Kapitel, in dem wir weitere Beispiele anführen, wie wir aus Beziehungen lernen können, werden wir zeigen, wie die Verleugnung der Verletzlichkeit zu negativen Bindungsmustern führt, die Nähe unmöglich machen und eine Beziehung zu einer äußerst unangenehmen Erfahrung werden lassen. Doch zunächst wollen wir über die Anfangsphase der Beziehung, die Zeit der Verliebtheit, sprechen, in der sich das verletzliche Kind auf einmal glücklich und sicher fühlt.

# TEIL 2

# DIE LIEBE KOMMT,
# DIE LIEBE GEHT ...

Bindungsmuster erkennen und sich
aus ihren Verstrickungen lösen –
die Beziehung als Lernprozess

# Sich verlieben

Der Beginn einer Liebesbeziehung ist eine Zeit der Verzauberung: voll wunderbarer Gefühle, heftiger Aufregung und scheinbar unbegrenzter Möglichkeiten. Dies kann für jede Beziehung gelten, die uns im Innersten berührt. Es kann auf eine romantische Beziehung zutreffen, auf eine Freundschaft, eine Beziehung zu einem Lehrer, Therapeuten oder spirituellen Meister. Sogar innerhalb von Familien kann es diese wundervolle Zeit geben. Was geschieht, wenn sich jemand verliebt? Wir gehen davon aus, dass sich unsere Persönlichkeit aus vielen Selbsten zusammensetzt. Jeder von uns zeichnet sich jedoch durch eine spezielle Gruppe von Selbsten aus, die sein Verhalten in erster Linie bestimmen – eine Art Elitegruppe mit Führungsfunktion. Diese Gruppe von Selbsten konstituiert unsere Persönlichkeit als das, was nach außen für uns und jedermann sichtbar wird. Sie wird angeführt von dem Beschützer/Bewacher, einem Selbst, das sein ganzes Leben damit verbracht hat, ausfindig zu machen, wie man in der Welt zurechtkommt. Dieser Beschützer/Bewacher hat eine Verhaltensstruktur entwickelt, die den Anforderungen von Familie, Kultur und Subkultur gerecht wird, in die wir hineingewachsen sind. Um sich herum hat er eine Gruppe von Selbsten versammelt, die ihm bei seinen Bemühungen behilflich sind, ein Leben in Sicherheit zu führen; ein Leben, in dem wir uns reibungslos in unserer Umgebung einfügen und das von Menschen, die uns wichtig sind, gutgeheißen wird.

Die Gruppe von bestimmenden und handelnden Selbsten hilft, uns der Welt so anzupassen, dass unserem empfindlichen und verborgenen verletzlichen Kind ja nichts passiert. Um dies zu gewährleisten, verhält sich diese Gruppe von Selbsten in der Regel recht konservativ. An ihrer Spitze steht ein sehr vorsichtiger Beschützer/Bewacher, der ein wachsames Auge auf Familie, Freunde und Arbeitskollegen hat, um herauszufinden, welche Verhaltensweisen belohnt werden und welche vermieden werden sollten. Er hat um sich herum Selbste wie den Perfektionisten (der weiß, wie man es »am besten« macht), den Kritiker (der uns zeigt, wo wir den Idealvorstellungen des Perfektionisten nicht entsprechen), den Antreiber (der uns hilft, immer schneller in Aktion zu sein), die gute Mutter oder den lieben Vater (die sich vergewissern, dass wir uns um andere Menschen kümmern) und den Schmeichler (der sich so verhält, wie andere es von uns wünschen). Diese Selbste regeln, was wir tun oder lassen. Wir identifizieren uns mit diesen Selbsten; sie konstituieren unsere Persönlichkeit, wie wir und unsere Freunde sie sehen, ja wir denken, wir sind das, was diese Selbste sind.

Es gibt für jedes Haupt-Selbst ein Komplementär-Selbst, das unterdrückt oder aus dem Bewusstsein verdrängt wird. Wenn zum Beispiel unser Beschützer/Bewacher konservativ und vorsichtig ist, unterdrücken wir womöglich unseren Spieler oder unser fortschrittliches Selbst. Wenn wir uns mit unserer guten Mutter oder unserem lieben Vater identifizieren, unterdrücken wir vielleicht das egoistische Kind in uns. Wenn wir uns mit unserer vernünftigen, angepassten Seite identifizieren, werden wir vielleicht unser gefühlvolles Selbst unterdrücken. Unser verletzliches Kind, der Teil in uns, der unsere Verletzlichkeit und Empfindsamkeit verkörpert, wird nicht nur unterdrückt, sondern wird in der Regel an einem sicheren Ort versteckt gehalten – wie in einem Betonbunker –, der zehn Meter unter der Zementdecke des Kellers verborgen ist.

Wenn wir uns verlieben, wird dies alles auf den Kopf gestellt! Die meisten der vom Beschützer/Bewacher sorgfältig ausgearbeiteten Regeln werden außer Kraft gesetzt. Unser verletzliches Kind entflieht seinem »sicheren« Versteck und kommt heraus, um einen Blick auf die Welt zu werfen, die uns in dieser wundervollen Zeit so sicher und, immer wenn der geliebte Mensch in der Nähe ist, so überaus freundlich und einladend scheint. Die Gruppe der sonst unser Leben bestimmenden Selbste verliert ihre Macht, und die Tür ist offen für neue Selbste, die hervortreten wollen. Wir erleben eine Zeit voll Zauber und ohne die uns sonst eigene Vorsicht. Wir sind fähig, Dinge zu sehen und zu hören, von denen wir vorher nichts ahnten. Es ist, als wären wir in eine neue Welt eingetreten.

# Die neue Welt

Wenn wir uns verlieben, sei es in einen neuen Partner, einen Lehrer, einen Therapeuten oder in unser neugeborenes Baby, erscheint uns die Welt plötzlich voll neuer Möglichkeiten. Wir bemerken einen schönen Ausblick, wenn wir aus dem Fenster schauen – einfach weil unser Bewusstsein sich verändert hat. Freilich gab es das schöne Haus dort schon die ganze Zeit, doch wir haben es vorher nie wahrgenommen. Wir haben eine neue Liebe, und plötzlich beachten wir die Blumenläden in unserer Nachbarschaft. Unser Therapeut erzählt uns von der Bedeutsamkeit der Träume und wir stellen fest, dass wir jede Nacht träumen. Wir haben ein Baby und schon sieht die ganze Welt lebendig und verändert aus. Ein schönes Lied aus den Fünfzigern drückt dies ganz gut aus: »Die Vögel in der Luft hörte ich nie singen, ich hörte sie überhaupt nicht, bevor es dich gab!«

Die Welt ist tatsächlich neu für uns, weil wir sie buchstäblich mit neuen Augen wahrnehmen. Bisher lebten wir ein Leben, das von einer kleinen Gruppe von Haupt-Selbsten beherrscht war; wir nahmen die Welt durch ihre Augen, ihren Verstand und ihr Wertesystem wahr. Wir identifizierten uns mit ihnen und ihren Werten, und ihr Bezugssystem war auch das unsere. Nun, da wir uns verliebt haben, wird dieses ausbalancierte Kräfteverhältnis zerstört. Die Haupt-Selbste, die unser Leben beherrschten, haben an Macht verloren, weil unser Wohlergehen kaum bedroht ist. Im Moment sind wir nicht in Gefahr, verletzt zu werden, und unser verletzliches Kind fühlt sich mit dem geliebten Menschen glücklich und sicher. Wenn die Haupt-Selbste an Macht verlieren, treten die zurückgedrängten komplementären Selbste automatisch hervor. Sehen wir uns an, wie dies geschieht.

# Unsere Selbste verändern sich

Wenn wir uns verlieben, wird der Antreiber, der gewöhnlich unser Tempo bestimmt, beiseite geschoben. Plötzlich hat alles, was sonst so wichtig war, noch ein bisschen Zeit, während wir stundenlang telefonieren oder uns ein paar Minuten mehr für ein romantisches Abendessen oder die Suche nach einem passenden Geschenk für den geliebten Menschen nehmen. Vielleicht entdecken wir zu unserer großen Überraschung, dass wir in uns einen Träumer haben, der Stunden damit zubringen kann, in Phantasien zu schwelgen, oder einen Romantiker, der Gedichte liest, lange Spaziergänge macht, Sonnenuntergänge beobachtet und sich in ähnlich unproduktiven Tätigkeiten ergeht. Vielleicht entdecken wir sogar ein genießerisches Selbst, das es liebt, verschwenderisch viel Zeit und Geld für völlig unwichtige Dinge aufzuwenden.

Bevor sie Robert traf, war Susannes Antreiber der Manager in ihrem Leben und sie war sorgsam darauf bedacht, all ihre Zeit produktiv zu nutzen. Dann verliebte sie sich. Sie entscheidet sich nun, sich trotz ihres vollen Terminkalenders Zeit zu nehmen, um zum Friseur zu gehen, einzukaufen und sich die Nägel maniküren zu lassen. Sie gibt Geld für Parfüm aus und irgendwie findet sie Zeit, sich mit langen, heißen Bädern zu verwöhnen. Sie entdeckt ein luxusliebendes Selbst, das völlig unterdrückt und von ihrem stets eifrigen Antreiber aus dem Verkehr gezogen worden war. Bevor sie sich verliebte, war sie sich nicht im Geringsten bewusst, dass etwas in ihr diese Dinge genießen könnte.

Wenn wir richtig verliebt sind, scheint unser Kritiker, der bisher unser Auftreten und unsere Aktivitäten mit strengen Augen bewertet hat, plötzlich zu verschwinden. Stattdessen sehen wir nun unserer neuen Liebe in die Augen und sehen uns selbst in all unserer Schönheit widergespiegelt. In dieser magischen Zeit sind wir liebenswert und was immer wir auch tun, es ist genau richtig. Selbst unsere sonst eher unattraktiven Eigenarten werden reizvoll, wenn sie sich in den Augen von jemandem widerspiegeln, der uns bedingungslos liebt. In dem Maße, wie der Kritiker seine Macht verliert, steht es uns frei, schöpferisch zu sein, zu genießen, neue Dinge zu erforschen und unsere Gefühle auszuleben. Ohne diese kritische Präsenz in unserem Leben können wir kreativer und liebevoller werden – ganz zu schweigen davon, dass wir weit weniger gestresst sind.

Jemand sagte einmal, dass die schönsten Lieder, die je gesungen werden, die sind, die Mütter ihren Kindern vorsingen, Lieder, die nie jemand anderes hören wird. Und das stimmt wohl auch. Denn wenn wir ein Kind lieben, das uns seinerseits bedingungslos liebt, sprechen wir zu ihm aus unserem Herzen, und dort gibt es keinen Kritiker, der sagt, ob es gut oder schlecht war.

Maren, eine Frau Ende Zwanzig, erledigte die Aufgaben an ihrem Arbeitsplatz gut, aber offensichtlich mit nicht allzu großer Begeisterung. Dann verliebte sie sich, und plötzlich blühte sie auch bei ihrer Arbeit auf. Sie wurde entspannt, kreativ, humorvoll, ja geradezu strahlend. Ihr Kritiker hatte sich zurückgezogen und lähmte sie nicht länger mit befangener Unentschlossenheit. Maren hatte zu ihrer natürlichen Courage und Spontaneität Zugang bekommen und war in der Lage, diesen Eigenschaften ungehemmt freien Lauf zu lassen.

Der Perfektionist wird weniger wichtig, wenn wir verliebt sind, denn die Welt bedarf in dieser Situation keiner Verbesserung. Sie ist schön, so wie sie ist. Wir sehen sie durch die sprichwörtliche rosarote Brille. Unser Blickwinkel ändert sich völlig, selbst auf den Müllhalden sehen wir Blumen wachsen. Auch wir selbst werden vom prüfenden Blick des Perfektionisten verschont und können unser Leben entspannter angehen.

Bei Esther zum Beispiel musste alles sofort erledigt werden. Sie konnte nichts halb- oder unfertig lassen. Sie konnte abends nicht eher zu Bett gehen, bis alles Geschirr abgewaschen, die letzten Rechnungen überwiesen und das Haushaltsbuch ausgefüllt war. In ihrer Wohnung war kein Staubkörnchen zu finden, und ihr Schreibtisch im Büro war stets aufgeräumt. Alles war perfekt. Dann verliebte sie sich. Sie begann, alles in ihrem Leben wundervoll zu finden. Nicht nur, dass sie alles auf einmal in Ordnung fand, so wie es war, vielmehr hatte sie auch begonnen, andere Prioritäten zu setzen und ihr Perfektionist schien völlig verschwunden zu sein. Andreas, ihr neuer Freund, sieht alles etwas lockerer und auch Esther ist viel entspannter. Ihr eigener innerer »Andreas« ist hervorgetreten. In ihrem Beruf arbeitet Esther weiterhin gewissenhaft, aber nicht mehr zwanghaft. Sie ist in der Lage, ihr Leben ausgeglichen zu betrachten und Aufgaben in einer entspannten Weise anzugehen. Zum ersten Mal kann sie frei entscheiden, wie und wann sie etwas tun will.

Überraschenderweise brauchen wir auch den Schmeichler nicht, wenn wir verliebt sind. Denn alles, was wir tun, scheint demjenigen, den wir lieben, zu gefallen und wir haben die Freiheit, ganz wir selbst zu sein. Wir sind fähig, uns selbst, unserem Geschmack und den eigenen Wünschen zu vertrauen, da sie bedingungslos von der Person akzeptiert werden, die unserem verletzlichen Kind am wichtigsten ist. Vielleicht entwickeln wir sogar ein egoistisches Selbst. Dies ist besonders dann wahrscheinlich, wenn wir bisher die Tendenz hatten, einen großen Teil unserer Zeit im Sinne unseres lieben Eltern-Selbst oder unseres Schmeichlers zu verbringen. Da wir die meiste Zeit mit dem geliebten Menschen sein wollen, werden wir uns zwangsläufig weniger für andere engagieren und häufiger »Nein« sagen müssen.

Als hingebungsvolle und pflichtbewusste Tochter lernte Angela, ihre eigenen Bedürfnisse zu ignorieren. Dann verliebte sie sich und war nicht länger in der Lage, die Interessen ihrer Mutter vor ihre eigenen zu stellen – ihre neue Beziehung war ihr einfach zu wichtig. Deswegen musste sie sich von ihrem gehorsamen Tochter-Selbst lösen und Zeit für sich beanspruchen, also ihrem egoistischen Selbst mehr Raum gewähren.

Wenn wir uns verlieben, beginnt das rationale Selbst, das bisher die Wertmaßstäbe für unser Leben vorgab und Ziele setzte, die (aus seiner Sicht) klug und realistisch waren, uns zu engstirnig zu erscheinen. Dieses Selbst hat bisher in jeder Situation entschieden, welche Gefühle angemessen waren, und wies jene zurück, die unreif, launisch oder gar übermäßig optimistisch schienen. Wenn wir den Ansturm von Erregung erleben, der oft das Verliebtsein begleitet, gewinnen wir den Eindruck, dass die nüchterne Sichtweise des vernünftigen Selbst in den Hintergrund tritt und wir an seiner Stelle einen leicht verrückten Optimisten vorfinden.

Gisela hatte gelernt, nicht zu viel vom Leben zu erwarten. Ihre Kindheit war schwierig und von ihrer Mutter wurde sie regelmäßig enttäuscht. Selbst als sie mit Alex zum ersten Mal zusammen war, scheute sie sich, ihren Gefühlen freien Lauf zu lassen. Aber irgendwie gelang es ihm, sich mit seiner Liebe und Beharrlichkeit einen Weg durch ihre Reserviertheit zu bahnen und sie tief in ihrem Innersten zu berühren. Gisela verliebte sich. Zu ihrer großen Überraschung bemerkte sie, dass sie nicht länger jeden Aspekt ihrer Beziehung analysierte. Statt ihrer gewohnten vorsichtigen und rationalen Betrachtungsweise war sie erregt und optimistisch. Als ihr Optimist hervortrat, bemerkte Gisela an sich einen herrlichen Sinn für spontanen Humor, der nie zuvor in ihrem Leben in Erscheinung getreten war.

Das Hervortreten von unterdrückten Selbsten bringt ein zweifaches Geschenk an psychologischer Energie mit sich. Zum einen erzeugt, wie wir gesehen haben, jedes neue Selbst eine neue Art von Energie in unserem Leben. Die von Michael Gazzaniga vorgetragenen Ergebnisse der Gehirnforschung deuten darauf hin, dass es im Gehirn verschiedene Strukturen für verschiedene Subpersönlichkeiten oder Selbste gibt.[4] Daher klingt es plausibel, dass mit jedem unterdrückten Selbst, das an die Oberfläche kommt, bisher ungenutzte Teile unseres Gehirns aktiviert werden. Zum anderen wird eine enorme Menge an psychischer Energie dazu benutzt, dafür zu sorgen, dass unterdrückte Selbste auch weiterhin verleugnet oder verdrängt bleiben. Der Prozess der Verleugnung oder Verdrängung ist ein aktiver Prozess, der uns Vitalität raubt, die anderen Bereichen unseres Lebens dann fehlt.

Wenn Gisela ihren Optimisten zulässt, bereichert sie ihr Leben also nicht nur um all den Humor, die Hoffnungen und das enthusiastische Erleben des Optimisten, sondern auch um die ganze Energie, die benötigt wurde, um diese Wahrnehmungen aus dem Bewusstsein zu halten. Jedes Mal, wenn Giselas Optimist gesagt hat: »Das ist prima!«, musste das rationale Selbst eine entsprechende entgegengerichtete Energiemenge benutzen, um diese Stimme zu unterdrücken und den Gedanken zum Beispiel wie folgt zu ersetzen: »Lass deinen Gefühlen keinen freien Lauf, du wirst nur enttäuscht werden. Das wird nie klappen.«


## Das Geschenk der Selbste

Welch wunderbares Geschenk erhalten wir von dem geliebten Menschen, wenn wir uns verlieben! Ein Geschenk in zweierlei Hinsicht: Das erste ist die Befreiung unterdrückter Selbste: Die alltägliche Routine wird unterbrochen und die Haupt-Stimme büßt einen Teil ihrer Macht ein. In dem Maße, in dem das Haupt-Selbst an Macht verliert, tritt das komplementäre Selbst gewöhnlich hervor.

Das zweite ist, dass wir Zugang zu neuen Selbsten finden, und zwar über den psychologischen Mechanismus der Projektion. Wir projizieren Eigenschaften auf eine andere Person, die diese hat oder auch nicht hat. Wenn wir uns verlieben, sind diese Projektionen alle positiv. Der geliebte Mensch repräsentiert vieles, was wir sein wollen. Wenn wir diese Eigenschaften in ihm sehen, werden die Selbste in uns aktiviert, die diesen Eigenschaften entsprechen würden. Es ist, als ob eine energetische Resonanz erzeugt würde und die zwei Energien miteinander in Einklang kommen.

Zunächst sind wir uns nicht bewusst, dass wir die entsprechenden Selbste in uns haben. Wir erleben uns vielleicht als einfältig und den Menschen, den wir lieben, als intelligent; wir sind vielleicht ängstlich und betrachten den anderen als mutig; wir mögen uns konventionell vorkommen und den anderen als romantisch und kreativ ansehen.

Der geliebte Mensch muss nicht die Geliebte oder der Liebhaber sein. Wenn zum Beispiel der Prozess der Projektion bei einer Patient-Therapeut-Beziehung auftritt, nennt man ihn *Übertragung*. Wir sehen im Therapeuten oder Lehrer dann einen Menschen, der eine große Vielfalt an Eigenschaften besitzt, die Selbste widerspiegeln, die uns nicht zugänglich sind, weil sie entweder unbewusst oder unterdrückt sind.

Unter einem *unbewussten* Selbst verstehen wir ein Selbst, das nie ins Bewusstsein gerückt worden ist, während ein *unterdrücktes* Selbst aktiv von einem entgegengesetzten Haupt-Selbst beiseite gedrängt wurde. Die unterdrückten Selbste, die auf den geliebten Menschen projiziert werden, sind oft emotionsgeladen. Der Grund, warum die Haupt-Selbste ihre Gegenspieler unterdrücken und ein Interesse daran hatten, sie unterdrückt zu halten, ist, dass wir uns sicher fühlen wollen. Mit den unterdrückten Selbsten haben wir früher einmal schlechte Erfahrungen gemacht. Sie haben irgendwann Unruhe und Unsicherheit für unser verletzliches Kind bedeutet, darum haben wir uns entschieden, sie aus unserem Leben herauszuhalten. Deswegen bedarf es einer eindringlichen Erfahrung wie der Verliebtheit, die den wohlgeordneten Verlauf unseres Lebens durcheinander bringt und uns eine Wiederbegegnung mit diesen verborgenen Persönlichkeitsanteilen ermöglicht. Sehen wir uns an, wie dieser Prozess abläuft.

Helene wurde von sehr rationalen Eltern aufgezogen, die wenig Herzlichkeit ausstrahlten. Sie fühlte sich oft abgewiesen und merkte früh, dass sie oft verletzt wurde, wenn sie sich zu sehr öffnete. Helene lernte, ihre natürliche Überschwenglichkeit zu begraben und wurde schließlich eine äußerst erfolgreiche Geschäftsfrau. Sie war stolz auf die nüchterne, kultivierte und rationale Art, mit der sie das Leben anging. Sie ging gefühlsmäßig kein Risiko ein, ja sie verdrängte ihre Gefühlsseite völlig. Sie verbarg ihre Verletzlichkeit, führte ein selbstgenügsames Leben und konnte in allen Lebensbereichen sehr gut für sich selbst sorgen. Sie achtete sogar darauf, mehrere Liebhaber zu haben, um mit keinem von ihnen ein zu enges Verhältnis einzugehen.

Als Helene sich in Max verliebte, änderte sich alles. Max war ein unverbesserlicher Romantiker, der sich in leidenschaftlichen Gefühlen verlieren konnte. Sie fand diese Seite von ihm bezaubernd; es war sogar die Eigenschaft, die sie am meisten an ihm mochte. Um eine Brücke zu ihm zu bauen und ihm die tiefen Gefühle entgegenzubringen, die er erwartete, musste sie Zugang zu ihren eigenen, verborgenen Emotionen finden. Sie merkte, dass sie einen gefühlvollen Teenager in sich hatte, der in ihrem bisherigen Leben nie vorkommen durfte. Sie entdeckte, dass sie überraschend stark auf Max reagierte, sich glücklich fühlte, wenn er anrief und elend, wenn er es nicht tat. Sie freute sich über ihre Gefühle und sprach gerne darüber. Sie liebte es, verliebt zu sein. Dieser bisher unterdrückte Teenager brachte eine Lebendigkeit hervor, die Helene vorher nie an sich kennengelernt hatte. Sie war zwar nicht immer nur glücklich, doch ihr Leben war jetzt aufregend und sehr intensiv. Es war die Art von Leben, um die sie andere so oft beneidet hatte.

Als Kind spielte Johannes oft »Stell-dir-vor-du-wärst«-Spiele und schrieb Kurzgeschichten. Er war ein Träumer und liebte es, Neues auszuprobieren allein aus Freude, etwas Neues zu schaffen. Seine Eltern waren hart arbeitende Leute, die keinerlei Nutzen im Tagträumen sahen. Sie bestraften ihn, weil er in ihren Augen verrückt war und die Zeit verschwendete. Er sollte immer fleißig und nützlich sein. Immer wenn er vor sich hin träumte, wurde er gehänselt und ausgelacht. Es dauerte nicht lange, bis sich sein kreatives Selbst zurückgezogen hatte. Johannes lernte, hart zu arbeiten; dadurch bekam er die Anerkennung, die er sich von seinen Eltern wünschte, aber bald vergaß er seine Kindheitsfreuden und die vielen glücklichen Stunden, in denen er »Stell-dir-vor-du-wärst« spielte.

Als er sich verliebte, fiel seine Wahl auf eine Romanschriftstellerin. Er hatte nie daran gedacht, dass auch er schreiben könnte. Stattdessen vergötterte er sie und ihre Art, mit Sprache umzugehen und zu dichten. Wenn sie ihm Gedichte schrieb, sehnte er sich danach, zu ihr in ihrer eigenen Sprache zu sprechen, um tiefer mit ihr verbunden zu sein. Er wollte dies so sehr, dass er sich nicht länger seiner Kreativität schämte, die ihm in seinem Elternhaus aberzogen wurde. Sein eigenes kreatives Selbst tauchte wieder auf und er begann, Gedichte und Kurzgeschichten zu schreiben. Er erinnerte sich an die Gefühle seiner Kindheit und an die Kunst, die Welt mit den Augen des Dichters zu betrachten. In seinem tiefsten Wesen hatte er immer wie ein Dichter gefühlt.

Barbara, eine Frau, die in den fünfziger Jahren aufwuchs, lernte, dass sie ihre Stärke und ihre Fähigkeiten im Berufsleben unterdrücken musste, um Zuneigung zu erhalten. Sie tat das so gut, dass sie sich vollkommen mit dem hilflosen Kind in ihr identifizierte und einen starken, sehr gebieterischen Mann heiratete, der ihr Leben vollständig kontrollierte. Nachdem sie sich hatte scheiden lassen, verliebte sie sich in Heinz, einen sensiblen Mann, der ihre Intellektualität und ihre Kraft bewunderte. Dadurch ermutigt war Barbara in der Lage, so leistungsfähig zu werden, wie sie es sich wünschte, und sie entwickelte ein überaus beeindruckendes Geschäftsfrauen-Selbst, das ihr viel Anerkennung brachte.

Bisher haben wir uns auf die unterdrückten Selbste konzentriert. Verliebtheit kann uns aber auch Selbste bewusst machen, die bis dahin einfach in unserem Unterbewusstsein verborgen waren. Der Kontakt mit dem geliebten Menschen hilft uns, sie zu entdecken. Weil wir den anderen lieben und bewundern, sind wir bereit, etwas Neues zu lernen oder eine andere Lebensweise auszuprobieren. Vielleicht essen wir zum ersten Mal »Sushi«. Oder vielleicht sind wir in völlig chaotischen Familienverhältnissen aufgewachsen und wählen uns einen Partner, dem es leicht fällt, sein Leben zu organisieren. Wir lernen neue Fertigkeiten von dem geliebten Menschen und fügen sie unserem eigenen Repertoire hinzu. Nicht, dass wir »Sushi« unterdrückt hätten, wir hatten es einfach noch nicht ausprobiert; wir haben auch die Fähigkeit, etwas zu organisieren, nicht unterdrückt, sondern wussten nur nicht, wie wir es anstellen sollten.
Als Akademikerin hatte Anita nicht viel Zeit für körperliche Aktivitäten. Sie traf Bernd, der ein begeisterter Sport-Taucher war und sie ermutigte, das Tauchen zu lernen. Anita ließ sich überreden, machte mit der ihr eigenen Gründlichkeit einen Tauchschein und war äußerst glücklich über ihre neue Fertigkeit.
Klaus wuchs in einer Arbeiterfamilie auf, in der kulturelle Aktivitäten nicht üblich waren. In einer Therapie erwähnte die Therapeutin einmal, dass sie ein Symphoniekonzert besucht hatte. Obwohl er noch nie einen Konzertsaal von innen gesehen hatte, beschloss Klaus, eine Aufführung zu besuchen. Es gefiel ihm hervorragend, und er entdeckte seine Liebe zur klassischen Musik, die ihm noch heute wichtig ist.

## Das Geschenk wertschätzen

Der Wert dieser Geschenke ist unschätzbar. Jedes neue Selbst bereichert unsere Freude am Leben und die Intensität, mit der wir leben. Jedes neue Selbst erweitert unser Bewusstsein und bedeutet einen Fortschritt in unserem persönlichen Entwicklungsprozess. Unglücklicherweise verwechseln viele von uns das Geschenk mit dem Schenkenden. Wenn die Phase des Verliebtseins vorüber ist – oder die Liebesbeziehung zu Ende ist –, geben wir das Geschenk an denjenigen zurück, der es uns geschenkt hat. Wir haben das Gefühl, dass diese neuen Selbste nicht wirklich zu uns gehören und kehren zurück zu unserer alten Lebensweise. Noch trauriger steht es um diejenigen, die sich noch weiter einschränken und ihren ehemals dominanten Selbsten noch größere Macht bewilligen, weil diese uns wieder einmal »bewiesen« haben, dass wir gemäß ihren Regeln durchs Leben gehen müssen, um in Sicherheit zu leben und Enttäuschungen zu vermeiden.

Wenn wir stattdessen die Geschenke, die wir in einer Beziehung erhalten haben, bewahren, wenn wir die neuen Selbste, die während dieser wundervollen Zeit hervorgetreten sind, dauerhaft annehmen, dann hat die Beziehung unserem Leben etwas Neues hinzugefügt. Auf diese Weise erweitert jede Beziehung das Bewusstsein und hinterlässt das Geschenk neuer oder gestärkter Selbste.

# Wenn Liebe vergeht: Bindungsmuster in Liebesbeziehungen

Was ist passiert, wenn in einer vollkommenen und harmonischen Beziehung plötzlich Vertrautheit und Verstehen verloren gehen? Im einen Moment ist man verliebt, der Geliebte ein mitfühlender, liebevoller Mensch und die Welt voll Harmonie. Im nächsten Moment ist alles aus dem Gleichgewicht und voller Missstimmung. Der geliebte Mensch erscheint plötzlich als Kindskopf, der nie lernen wird, sich wie ein Erwachsener zu benehmen, oder als gefühlloser, kritisierender Elterntyp voller Ansprüche, der denkt, er kennt alle Antworten auf die Fragen des Lebens. Das von Optimismus und Wohlwollen geprägte Lebensgefühl schlägt um in eine von Enttäuschung, Verzweiflung und Misstrauen gekennzeichnete Grundstimmung. Ganz tief im Innern ist man sicher, dass dies wieder ein Beweis dafür war, dass Beziehungen doch nicht funktionieren können, dass sie alle gleich ausgehen und dass man niemandem vertrauen kann. Offensichtlich ist auch diese Beziehung zum Scheitern verurteilt – und in der Tat ist sie bereits zu Ende, weil nichts die gegenwärtige Ansammlung negativer Gefühle ungeschehen machen könnte. Derart katastrophale Gefühle sind das sichere Zeichen dafür, dass sich die negativen Aspekte eines Bindungsmusters in der Beziehung durchgesetzt haben.

Im ersten Kapitel dieses Buches wurde das Konzept der Bindungsmuster vorgestellt. Im zweiten Kapitel haben wir das Konzept der Verletzlichkeit untersucht. Wir sahen, wie wichtig es ist, mit unserem empfindsamen Selbst in Kontakt zu sein, und dass Verletzlichkeit häufig der Ursprung vieler Schwierigkeiten in einer Beziehung ist. Anschließend haben wir den Schleier des Geheimnisses ein wenig gelüftet, was passiert, wenn man sich verliebt. In den nächsten Kapiteln werden wir uns auf das Wesen der Bindungsmuster konzentrieren. Wenn wir verstehen, wie Bindungsmuster unser Leben beeinflussen und wenn wir dieses Verständnis praktisch nutzen, dann können Beziehungen zu Katalysatoren unserer persönlichen Entwicklung werden.

Um Ihnen dabei zu helfen, präsentieren wir ein großes Spektrum an Beispielen. Diese Beispiele porträtieren verschiedenste Arten von Konfliktsituationen, die immer wieder in Beziehungen auftreten. Die Paare zeigen uns, wie sich in jedem einzelnen Fall die aktiven und die unterdrückten Selbste der beteiligten Partner gegeneinander ausspielen. Aus unserer Sicht ist die Wahrnehmung des Bindungsmusters und das Erleben der verschiedenen Selbste, mit denen wir uns identifizieren und die wir unterdrücken, der Weg zur Entwicklung von bewussteren persönlichen Beziehungen.

## Zündfunke und Treibstoff

Aufgrund unserer Definition ist ein Bindungsmuster in einer Beziehung die Aktivierung eines Eltern-Kind-Musters zwischen zwei Menschen, das heißt die Aktivierung der Kind-Selbste des einen Menschen und die Mobilisierung der Eltern-Selbste des anderen. So könnte sich zum Beispiel das Mutter-Selbst einer Frau mit dem Sohn-Selbst eines Mannes (oder das Vater-Selbst eines Mannes mit dem Tochter-Selbst einer Frau) verbinden. Diese Bindungsmuster kommen in Liebesbeziehungen vor (heterosexueller als auch homosexueller Art), in Familien, Freundschaften, im Beruf – kurz überall dort, wo zwei oder mehr Leute miteinander zu tun bekommen. Dieser Prozess gleicht in vielerlei Hinsicht dem familiären Bindungsmuster. Das ursprüngliche und prototypische Bindungsmuster findet zwischen dem Kind und seinen Eltern statt. Es ist natürlich, instinktiv und unbewusst und befähigt uns einerseits dazu, dass wir uns um jemand liebevoll kümmern und andererseits, dass wir uns »bemuttern« lassen können. Daher bildet es eine der wesentlichen Grundlagen menschlicher Interaktion. Die Bindungsmuster, die wir in früher Kindheit und als Kleinkinder aufbauen, begleiten uns das ganze Leben lang. Sie prägen so lange unseren persönlichen Umgang mit anderen Menschen, bis wir diesen Prozess durchschauen und bewusst mit ihm umgehen können.

*Bindungsmuster sind vollkommen normale Prozesse, die in allen Beziehungen auftreten und wieder verschwinden.* In positiver Ausprägung stellen sie normalerweise kein Problem dar. Zum Beispiel kann eine Frau in der Beziehung zu ihrer Freundin die Mutterrolle leben, während jene den Part der Tochter übernimmt, und es ist möglich, dass es jahrelang (vielleicht sogar ein Leben lang) keinen einzigen nennenswerten Konflikt zwischen den beiden gibt.

Das Besondere einer Partnerschaft, in der die positiven Anteile über lange Zeit eine derart stabile Rolle spielen, ist, dass das Negative in der Beziehung generell vermieden wird und unbewusst bleibt. Wenn dann aber zufällig doch etwas geschieht, was die eine Partnerin reizt, kann die unterdrückte Negativität vieler Jahre hervorbrechen und eine oder beide Frauen werden sehr wütend und keine von beiden weiß, was eigentlich geschehen ist. Oft fühlt man sich in so einer Situation, als wäre man aus dem Paradies vertrieben worden. Es entsteht ein beinahe unerträgliches Gefühl des Verrats, wenn ein positives Bindungsmuster zerbricht, weil dies wie der Verlust eines sich liebevoll kümmernden Elternteils empfunden wird.

Daher widmen wir uns Bindungsmustern im allgemeinen erst, wenn sie uns Probleme bereiten. Die Probleme eines positiven Bindungsmusters mögen für die Freunde eines Paares ziemlich offensichtlich sein, aber die Beteiligten selbst sind im allgemeinen die letzten, die merken, dass sie in einem solchen Bindungsmuster gefangen sind. Spätestens der Leidensdruck in einer problematischen Beziehung sollte auf das Vorhandensein unbewusster Bindungsmuster aufmerksam machen.

Die Auseinandersetzung mit dieser Problematik kann für beide Menschen zu einer intensiven Weiterentwicklung führen, wenn sie die Wut, die Verurteilung, das Sich-im-Recht-Glauben und die Opferhaltung – alles Charakteristika negativer Bindungsmuster – hinter sich lassen können.

# Zehn Beispiele für typische Bindungsmuster in Liebesbeziehungen

Wir beginnen mit der Grundannahme, dass Bindungsmuster Bestandteil aller Beziehungen sind und als solche in ihrer positiven Ausprägung üblicherweise unbemerkt sind. In dem Maße, in dem Menschen ihre Wahrnehmung schärfen, nimmt die Bereitschaft ab, die negativen Folgen dieser Bindungsmuster immer und immer wieder zu erleben. Immer weniger Menschen sind heutzutage mit derartigen Beziehungsstrukturen zufrieden.

Bewusste Wahrnehmung ist ein Bezugspunkt, der außerhalb des eigentlichen Systems von Bindungsmustern steht. Das *Bewusste Ich* hat einen Fuß innerhalb und einen Fuß außerhalb dieses Bindungssystems. Schauen wir uns dies in einem Diagramm an.

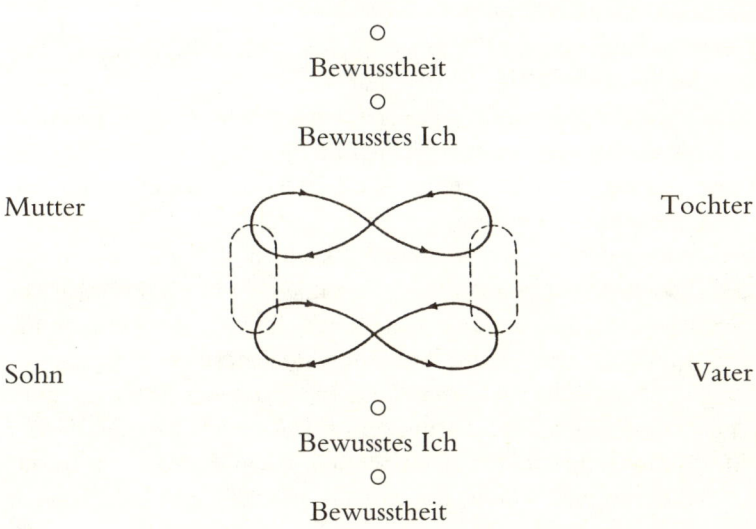

*Bindungsmuster mit Bewusstheit und Bewusstem Ich*

Die Bewusstheitsebene ermöglicht es uns, die verschiedenen Muster zu erkennen, die unser Verhalten gegenüber anderen bestimmen. Das *Bewusste Ich* ist fähig, diese Wahrnehmung zu nutzen und das aktuelle Bindungsmuster herauszufinden. Wenn das *Bewusste Ich* erst einmal tätig geworden ist, haben wir auf unser ansonsten automatisches Verhalten in einer Beziehung zumindest einen gewissen Einfluss. Ein *Bewusstes Ich* kann die gegenseitigen Verhaltensprozesse, die durch ein Bindungsmuster gesteuert werden, nicht unterbinden, denn es gibt keine Beziehung ohne Bindungsmuster. Aber das *Bewusste Ich* kann sie modifizieren und, was noch wichtiger ist, es kann lernen, wie man sie im Prozess persönlicher Veränderung und Entwicklung auf eine kreative Art nutzt. Nicht zuletzt hat das *Bewusste Ich* gewöhnlich Sinn für Humor und behält eine gewisse Distanz gegenüber der Seelennot, die die negativen Bindungsmuster unvermeidlich mit sich bringen.

Tauchen Probleme in einer Beziehung auf, explodieren gewöhnlich die negativen Anteile des Bindungsmusters. Wenn diese Dynamik einmal in Gang gesetzt ist, gibt es im allgemeinen genügend Treibstoff, der dafür sorgt, dass sie auch in Gang bleibt.

Der Zündfunke für die Explosion eines negativen Bindungsmusters besteht immer in einer Verletzung des empfindsamen Kindes in uns. Seine Gefühle werden verletzt; es fühlt sich im Stich gelassen; es fühlt sich in Gefahr; es fühlt sich übergangen; es ist müde oder hungrig. Wenn wir diese feinen Empfindungen des Unwohlseins, der Verletztheit oder der ungestillten Bedürfnisse nicht wahrnehmen oder wenn wir sie verleugnen, können wir uns – psychologisch gesehen – stark und mächtig fühlen und eine Position der Überlegenheit dem anderen gegenüber einnehmen. Wir identifizieren uns dann mit einem starken Haupt-Selbst.

So wird verständlich, warum Verletzlichkeit der Schlüssel zum Verständnis dieser Bindungsmuster ist. Das verletzliche Kind sorgt für die Zündung und für einen beträchtlichen Teil des Treibstoffs für das emotionale Feuer, das entfacht wird. Es gibt jedoch noch eine weitere Quelle für erhebliche Mengen Treibstoff, die das Feuer und die Hitze negativer Bindungsmuster auf Touren halten. *Dieser Treibstoff ist das System der unterdrückten Selbste, das zwischen zwei Menschen wirksam ist.* Was immer wir unterdrücken, wird von einer anderen Person gelebt. Das, was wir bei anderen Menschen nicht leiden können, ablehnen, verachten und verurteilen, sind Widerspiegelungen unserer eigenen unterdrückten Selbste. Viel von dem Leid, das wir als negative Bindungsmuster in unseren Beziehungen erfahren, beruht auf den verlorenen und unterdrückten Selbsten, die wir gegenseitig in unsere Beziehungen mit hineinnehmen. Sehen wir uns an, wie diese Überlegungen sich direkt auf persönliche Beziehungen anwenden lassen.

## Beispiel 1: Alf und Bea
## »Nach außen stark sein«

Bea und Alf waren auf einer Party und tranken beide ziemlich viel Alkohol. Alf flirtete bedenkenlos mit einer anderen Frau. Als sie wieder zu Hause sind, ist Bea äußerst wortkarg und innerlich sehr aufgebracht. Gleichzeitig kommt sie sich albern vor, weil sie Eifersucht nicht als »natürliches« Gefühl annehmen kann. Sie sieht sich als einen aufgeschlossenen Menschen, der seinem Partner alles zugesteht, was seinem Bedürfnis entspricht. Dies ist das erste Mal in ihrem Leben, dass sie derartig heftig eifersüchtig ist, und es ist für sie ein Tabu, weil es nach Besitzanspruch riecht. Besitzanspruch ist das Letzte, was sie sich in Liebesbeziehungen vorwerfen lassen will.

Aus unserer Sicht gibt es noch etwas Tieferes, das sich hinter der Eifersucht verbirgt, und das ist die Verletzlichkeit. Bea möchte nicht verletzlich sein. Sie wird alles Erdenkliche tun, um das zu vermeiden. Eifersucht zuzugeben heißt für sie, ihre Verletzlichkeit zuzugeben. Ihre Haupt-Selbste erlauben nicht, dass das geschieht und so treten, immer wenn sie sich verletzt fühlt, ihre starken Seiten zutage. Ihre starke Stimme ist die »Stimme der Freiheit«. Sie sagt zu ihr: »Du musst stark sein in der Beziehung. Du und Alf, ihr habt beide das Recht, so zu sein, wie ihr seid, und ihr müsst einander in diesem Prozess unterstützen. Wenn Alf sich für eine andere Frau engagiert, dann lass ihn eben. Er folgt nur seinem Bedürfnis, unterstütze ihn in diesem Prozess. Eifersucht und Verletzlichkeit sind Zeichen von Schwäche. Das zeigt, dass du ein Problem mit deiner Selbstachtung hast. In einer guten Beziehung haben sie nichts zu suchen.«

Auf der anderen Seite steht Beas verletzliches Kind. Die Gefühle, die von dort kommen, sind grundlegend anderer Natur. Das Kind würde zu ihr etwa sagen:»Mir geht es schlecht. Ich liebe Alf und es tut mir so weh, wenn er mit jemand anderem flirtet. Ich fühle mich im Stich gelassen.«

Die kindliche Seite eines Menschen ist bedürftig und verletzlich und wird, wie wir immer wieder feststellen können, in Beziehungen auf typische Weise unterdrückt. Dadurch, dass sie unterdrückt wird und ihr nicht die Möglichkeit gegeben wird, sich in der Beziehung zu artikulieren, wird die Kindseite noch weiter in den Untergrund gedrängt, wo sie zunehmend bedürftiger und verletzlicher wird und beginnt, einen mächtigen Einfluss auf das Leben des Betreffenden auszuüben. Wenn das Kind in diesem Unterdrückungsprozess zu mächtig wird, kann es die ganze Persönlichkeit beeinflussen und eine Person so weit bringen, dass sie völlig verletzlich wird und sich in ihren Beziehungen stets als Opfer fühlt.

Ein weiteres Selbst in Bea, das ihrer Machtseite überhaupt nicht gefällt, ist die Wut, die unter ihrer Eifersucht liegt. Im allgemeinen ist Verletzlichkeit auf der tiefsten Ebene, und die Wut ist eigentlich eine Reaktion auf die Verletzlichkeit. Das wütende Selbst von Bea würde, wenn es die Möglichkeit hätte, Alf angreifen oder ihn anschreien oder ihn auf eine andere energische und offenkundige Art wissen lassen, dass es sauer auf ihn ist. Beas starkes Selbst jedoch ist unerbittlich rational. Wut wird als unschickliches Verhalten betrachtet und ist definitiv tabu. Das Problem dieser Interaktion ist, dass ihre Machtseite nicht fähig ist, die Situation zu bewältigen. Ihre Wut und ihre Verletzlichkeit sind zu groß. Je mehr Bea diese Gefühle blockieren und verdrängen muss, desto eingeschränkter wird sie und desto mehr gerät sie gegenüber Alf in die Rolle des Opfers.

Auf einer theoretischen Ebene sieht Alf seine Beziehung zu Bea ebenso, wie wir es oben beschrieben haben. Sein Flirten auf der

Party war ein Resultat seiner Überzeugung, in einer Beziehung müssten beide Menschen die Freiheit haben, ihren Bedürfnissen entsprechend zu handeln. In diesem Fall wurde sein Flirt durch eine beträchtliche Menge Alkohol immer ungehemmter, doch nun hat Alf Bea gegenüber Schuldgefühle. Wenn es etwas auf der Welt gibt, was seine starke Seite hasst, dann sind es Schuldgefühle gegenüber einer Frau. Was die ganze Situation noch verschlimmert, ist, dass Bea sich zurückgezogen hat. Zunächst hatte dieses Zurückziehen mit der Rolle der Tochter als Opfer zu tun, die sich verletzt und verraten fühlte. Später jedoch ging es von der negativen Mutter aus, die ihre Energie zurückzieht und zur strafenden Mutter wird. All dies geschieht, ohne dass die beiden ein Wort miteinander wechseln.

Alf und Bea bewegen sich in dieser Situation mit ihren Bindungsmustern schnell zwischen Vater-Tochter- und Mutter-Sohn-Rollen hin und her.

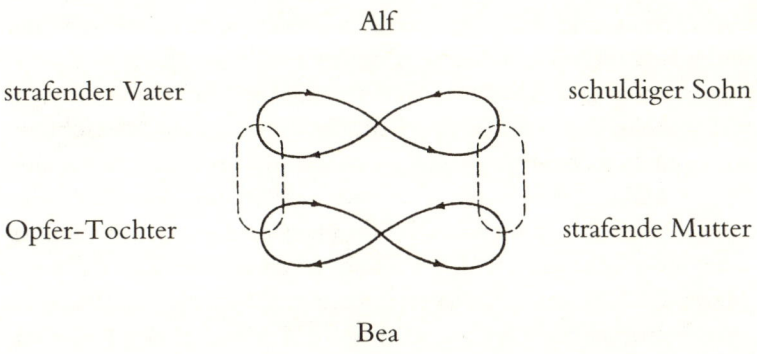

Bindungsmuster zwischen Alf und Bea

Alf wechselt vom schuldigen Sohn zum strafenden Vater, den es ärgert, sich schuldig zu fühlen, und zurück zum schuldigen Sohn, weil Bea sich weiter zurückzieht und ihre strafende Haltung verstärkt. Im Grunde fühlt er sich sehr schlecht. Sein schuldiger Sohn weiß genau, dass er etwas falsch gemacht hat und hat große

Angst vor Beas strafender Mutter. Bea mag in ihrem tiefsten Innern zeitweise ein schmerzhaftes Unbehagen aufgrund ihrer Verletzlichkeit, ihrer Verletztheit und ihrer Eifersucht spüren. Dennoch kann sie damit nicht umgehen, da alles unterdrückt ist; folglich landet sie wieder bei der zurückgezogenen und strafenden Mutter. Dies ist der Tanz der Beziehungen, der Tanz der Bindungsmuster. Noch immer läuft dies zwischen Bea und Alf ab, ohne dass sie auch nur ein einziges Wort gewechselt haben. Das Wahrnehmen dieser Verhaltensmuster wird unter anderem dadurch erschwert, dass sich diese »Positions-Wechsel« in beeindruckender Geschwindigkeit vollziehen. Man kann in einem Augenblick vom schuldigen Kind zum strafenden Vater, von dort zum bedürftigen Kind und wieder zurück springen – und das alles ohne einen Funken davon wahrzunehmen.

Wie ist der Ausweg aus diesem Dilemma? Wie gelangt man zu einem größeren Maß an Freiheit? Wieder einmal ist die Lösung der Prozess selbst. Wir empfehlen niemandem, sein Inneres nach außen zu kehren. Wir sagen nicht, dass man all seine Gefühle zeigen muss. Aber man muss mit der Zeit lernen, sich in Beziehungen mitzuteilen. Da Menschen sehr verschieden sind, gibt es dafür kein allgemein gültiges Rezept. Das Kunststück ist, eine Bewusstheit zu entwickeln, die nicht in den Konflikt verwickelt ist. Besteht erst eine unbeteiligte Bewusstheit, so dauert es nicht lange, bis sich das *Bewusste Ich* ebenfalls aus der Verstrickung löst, und schon bald wird es die Möglichkeit geben, sich für unterschiedliche Verhaltensformen zu entscheiden, statt der Situation ausgeliefert zu sein.

Sowohl Alf als auch Bea haben ein Stück Arbeit vor sich. Bea muss ihre bestimmenden Selbste erkennen, sich von ihnen lösen und anfangen, ihre unterdrückten Gefühls-Selbste, nämlich Verletzlichkeit, Wut und Eifersucht, anzuerkennen. Wenn sie einmal ihre Stärke und Rationalität einerseits und ihre emotionalen Selbste andererseits akzeptiert hat, kann sie sich in eine Position begeben, aus der sie auf neue Art kommunizieren kann.

Es gibt kein an sich gutes oder böses Selbst; die Kunst besteht darin, sich seiner verschiedenen Selbste bewusst zu werden, sie anzunehmen und zu lernen, wie man sie durch ein *Bewusstes Ich* ausdrücken kann. Dieser Prozess ist schwer zu beschreiben, da man gleichzeitig das Gefühl, mit dem jemand etwas sagt, als auch den jeweiligen Inhalt wahrnehmen muss.

Wenn Bea in Kontakt mit ihrer Verletzlichkeit wäre und diese nicht verstecken müsste, dann könnte ihre Kommunikation mit Alf etwa so aussehen: »Ich bin sauer auf dich und auch auf mich. Ich bin wütend und eifersüchtig. Ein Teil von mir würde dich am liebsten umbringen und ein anderer ist verletzt. Ein Teil fühlt, dass dies alles Unsinn ist, und ein anderer möchte nur, dass du mich in den Arm nimmst. Ich bin völlig verzweifelt.«

Auch Alf muss lernen, sich von der automatischen Steuerung durch seine alles beherrschenden rationalen Selbste zu lösen und seine verleugneten, gefühlvollen Selbste zu erkennen und anzunehmen. Wenn er fähig wäre, diese zum Ausdruck zu bringen, könnte er etwa folgendes sagen: »Es stimmt, dass ich mich zu anderen Frauen hingezogen fühle, aber die Wahrheit ist, dass ich dich sehr liebe und dich brauche. Ich wundere mich selbst, dass ich mich wegen des Flirtens irgendwie schuldig fühle, auch wenn ich lang und breit erkläre, dass ich tue, was ich will. Deine Wut erschreckt mich manchmal richtig und ich habe Angst, dass du mich deswegen verlassen könntest. Wenn ich mich dann fürchte, wird ein anderer Teil von mir verdammt böse auf dich.«

Wir möchten selbstverständlich niemandem vorschreiben, was er tun oder sagen sollte. Wir möchten nur aufzeigen, dass wir plötzlich viel mehr Handlungsmöglichkeiten zur Verfügung haben, wenn wir uns von der automatischen Steuerung durch die Gruppe unserer Haupt-Selbste lösen können. Wenn wir Bea erzählen würden, ihr Problem sei, ihre Wut zum Ausdruck zu bringen, dann kann sie vielleicht wütend werden und das mag sehr befreiend wirken, aber wenn diese Wut durch die strafende Mutter in ihr ausgedrückt wird, kann es mehr schaden als nutzen. Wir wissen nicht, was ein Mensch in einem bestimmten Moment tun oder sagen sollte, aber wir wissen sehr wohl, dass unsere Beziehungen viel reichhaltiger und klarer werden können, wenn wir unsere unterschiedlichen Arten des Fühlens und Seins akzeptieren und lernen, sie einigermaßen bewusst mitzuteilen.

Die Unfähigkeit, Gefühle des verletzlichen Kindes mitzuteilen, ist die Haupt-Quelle für Probleme und Brüche in persönlichen Beziehungen. Wie wir bereits erläuterten, liegt die Antwort nicht darin, sich völlig mit dem verletzlichen Kind zu identifizieren und sich durch diesen Teil von uns steuern zu lassen. Menschen, die sich in dieser Richtung bewegen, werden zu Opfern. Der Schlüssel liegt darin, sich der uns allen innewohnenden Verletzlichkeit bewusst zu sein und sich über sie auszutauschen, während man auf der anderen Seite auch mit der eigenen Stärke in Kontakt bleibt.

Zu einem anderen Menschen zu sagen:»Meine Gefühle sind durch das, was heute geschehen ist, verletzt worden, und ich ärgere mich schrecklich«, ist nicht Zeichen von Schwäche, sondern vielmehr von innerer Stärke.

In einer Beziehung»mächtig« zu sein bedeutet, sich mit der elterlichen Seite zu identifizieren und die Verletzlichkeit zu verleugnen. Dadurch lernt man, wie man sich mit Entschiedenheit ausdrückt, wie man sehr klar handeln kann und wie man bekommt, was man wünscht oder braucht. Es ist wichtig, diese Seite in sich zu entwickeln, denn wenn sie nicht verfügbar ist, wird man leicht zum Opfer.

Innere Stärke zu haben bedeutet dagegen etwas ganz anderes. Es bedeutet, sowohl mit den verletzlichen als auch mit den starken Seiten in uns in Verbindung zu stehen und imstande zu sein, mit diesen beiden Selbsten zu kommunizieren. Dies zu lernen ist für jeden wichtig, der seine Beziehungen bewusster gestalten will.

Kontakt zur Kraft zu haben erlaubt es uns, etwas gutzumachen und erfolgreich zu sein. Kontakt zur Verletzlichkeit erlaubt uns, jemandem wirklich nahe zu sein. Sich mit Stärke zu identifizieren vermehrt die Autorität in der Welt und vermindert Intimität in unseren Beziehungen. Sich mit der Verletzlichkeit zu identifizieren bedeutet eine Einbuße an Stärke und eine garantierte Rolle als das ewige Opfer.

Die Macht und Destruktivität negativer Bindungsmuster ist furchterregend. Wenn sie vollständig aktiviert sind, fliegt die Liebe aus dem Fenster und unser Partner oder Freund kann uns als verhasster Feind erscheinen. Dies sind Zustände von Stress und Schmerz, und in solchen Zeiten erlebt man oft die dunkelsten Phasen seines Lebens. Die Wahrscheinlichkeit, dass eine verbale Eskalation in einen ausgewachsenen Krieg mündet, ist innerhalb eines negativen Bindungsmusters sehr groß. Wenn erst einmal ein bestimmter Punkt überschritten ist, dann verschwindet jeglicher Anschein von Bewusstheit und wir fallen in die Gesetze des Dschungels zurück.

Wenn man über diese Bindungsmuster nachdenkt, ist zu berücksichtigen, dass sich Bewusstheit erst entwickeln kann, wenn zuvor etwas passiert ist. Wir können die Reihenfolge nicht umkehren. Wir müssen erst unser Leben erleben und erst dann können wir uns bewusst machen, was ablief. Würden wir den umgekehrten Weg gehen wollen, so würden wir unsere Leidenschaften abtöten. Bei einem starken Bindungsmuster werden die Betreffenden vielleicht brüllen oder sich anschreien oder in eisiger Kälte verstummen oder gemein werden. Das ist alles vollkommen natürlich und unvermeidlich. Wir können erst im Nachhinein beginnen, die Interaktion zu analysieren, um herauszufinden, was der Auslöser war. Diese Analyse wird mehr Klarheit schaffen und doch können wir sicher sein, dass bald der nächste Konflikt in ein Kriegsspiel ausarten wird und wir diesen Prozess erneut durchleben. Mit der Zeit wird jedoch das *Bewusste Ich* beginnen, früher in die Transaktion einzugreifen, um mehr Handlungsspielraum zu haben und einen erheblich größeren Einfluss auf das Geschehen ausüben zu können.

## Beispiel 2: Thomas und Karla
## »Die Fähigkeit zu reagieren«

Thomas und Karla waren auf derselben Party, auf der auch Bea und Alf eingeladen waren. Thomas flirtete ebenfalls, jedoch nicht so intensiv wie Alf in unserem vorhergehenden Beispiel. Karla hält es für wichtig, ihre Gefühle auszudrücken. Sie lässt Thomas auf dem Heimweg wissen, dass sie böse auf ihn ist, dass sie »derartigen Mist überhaupt nicht hinnehmen wird« und »was du kannst, kann ich schon lange«.

Thomas fällt es schwer, zu seiner Sexualität zu stehen. Üblicherweise verhält er sich so, als existiere Sexualität für ihn nur in Zusammenhang mit seiner Ehefrau. Zudem ist er von Karlas Zorn sehr eingeschüchtert. Sie hat eine längere Therapie hinter sich und hat sehr gut gelernt, ihre Gefühle auszudrücken. Thomas wird sofort zum schuldbewussten Opfer-Sohn von Karlas aggressiver Mutter.

Warum erlebt Thomas Karlas Verhalten als die Verkörperung der aggressiven Mutter, anstatt darin lediglich die klare Reaktion einer Frau zu sehen, die über das Verhalten ihres Mannes unglücklich ist? Das ist eine wichtige Frage, und es gibt keine einfache Antwort darauf. Hier müssen wir uns auf die Qualität der Reaktion verlassen, auf den Tonfall, die Energie, die Schwingung, ein Gefühl, auf das wir uns allmählich einstimmen und das uns relativ deutlich sagt, von welchem Teil der Person die Reaktion kommt. Wir sollten immer beachten, dass auf der Bewusstheitsebene und in einem *Bewussten Ich* kein Bedürfnis besteht, zu dominieren oder irgendjemanden zu beherrschen. Reaktionen, die von einem *Bewussten Ich* kommen, haben keine Widerhaken. Sie sind nicht dazu da, Menschen zu verletzen oder zu beherrschen. Verhaltensmuster, die von »elterlichen Selbsten« gesteuert werden, tun genau das Gegenteil. Sie arbeiten immer in Verbindung mit dem Muster Herrschaft/Unterwerfung. Sie haben immer das Ziel, die Umgebung zu kontrollieren. Wir stellen ausnahmslos fest, wenn eine Person einem Bindungsmuster verfallen ist, nimmt die andere Person das komplementäre Muster dazu an. Wenn Thomas in dieser Situation zum schuldigen Sohn wird, ist dies ein eindeutiges Zeichen dafür, dass Karla sich mit der negativen oder rächenden Mutter identifiziert hat.

Die Fähigkeit zu reagieren ist in jeder Beziehung sehr wichtig; wie man es macht, muss letztendlich jeder von uns selbst lernen. So wichtig es auch ist, dass man lernt, seine Gefühle auszudrücken, so sind Karla und Thomas doch ein gutes Beispiel dafür, dass die Faustregel, man müsse sie jederzeit ausdrücken, zu simpel ist. Karla hat tatsächlich gut gelernt, ihre Gefühle zu artikulieren; das Problem ist, dass sie nie gelernt hat, ihre Verletzlichkeit auszudrücken.

Ihre üblichen Reaktionen kommen von einem mächtigen Elternteil in ihr und sie kaschieren die Verletzlichkeit, die auch in ihr lebt. »Stark sein« wurde zu ihrem bestimmenden Selbst und sie hatte gelernt, wie man Macht erlangen kann. Aber sie verfügte noch nicht über wirkliche persönliche Stärke. Diesen nächsten Schritt kann sie nur machen, wenn sich ihre Bewusstheitsebene von der Machtseite trennt. Nur dann hat sie die Chance, Kraft und Verletzlichkeit gleichzeitig in sich zu spüren. Ihre Reaktion würde auf Thomas völlig anders wirken, und es würde zu einer ganz anders gearteten Auseinandersetzung zwischen den beiden kommen.

Wir beschreiben hier sehr anspruchsvolle Auffassungen über persönliche Beziehungen. Gerade wegen dieser Bindungsmuster ist es für uns schwer, Menschen zu raten, was sie in ihrem persönlichen Umgang miteinander tun oder sagen sollen. Es gibt Menschen, die in ihrer Beziehung unaufhörlich aktiv kommunizieren. Sie sprechen über alles miteinander und doch klappt es in ihrer Beziehung nicht. Der springende Punkt ist nicht, was man sich mitteilt, sondern wer das Gespräch führt. Von welchem Teil kommt die Reaktion? Eine Reaktion, die durch eine negative Mutter kanalisiert wird, wird den Partner zu einem verängstigten, schuldbewussten oder rebellischen Sohn polarisieren. Eine Reaktion, die durch einen schuldbewussten Sohn gezeigt wird, wird in irgendeiner Form die negative Mutter aktivieren.

Wo fängt alles an? Welches Selbst gibt dem anderen Selbst im Partner das Stichwort? Generell ist es ziemlich schwierig festzustellen, wie das Ganze anfängt. Es ist eine Interaktion, die eine Zeit lang läuft, und dann entdeckt man sie irgendwann. Im Verlauf unserer Beziehung haben wir es aufgegeben, uns über Kausalitäten den Kopf zu zerbrechen. Stattdessen neigen wir dazu, wenn wir wieder ein Muster entdecken, es so hinzunehmen, wie es ist, und uns darauf zu konzentrieren, es genauer zu verstehen. Ein gewisses Maß an Schuldzuweisung und Rechthaberei ist in diesen Bindungsmustern ganz natürlich. Mit der Zeit jedoch neigen wir dazu, weniger Zeit mit dem Streit »Wer ist schuld?« zu verbringen, da es den Lösungsprozess vom Bindungsmuster selbst nur verzögert. Das

Gefühl, Recht zu haben, muss jedoch so lange honoriert werden wie wir es brauchen. Es ist ein wesentlicher Begleiter der urteilenden Eltern-Selbste, und wenn es schon so gnadenlos präsent ist, können wir es genauso gut akzeptieren und uns damit wohl fühlen.

## Beispiel 3: Maria und Andrea
### »Liebe ist nicht genug«

Es ist manchmal erschreckend, welche Macht charakteristische Bindungsmuster in unserem Leben ausüben, wenn wir unfähig sind, Bewusstheit in sie hineinzubringen und uns von ihnen zu lösen. Andrea war verheiratet mit Antonio, einem herrischen Südamerikaner, der sich mit einem machohaften Männerbild identifizierte und sie in die Rolle der dienenden Hausfrau steckte. Auch ihre Mutter hatte diese Rolle gespielt. Irgendwann beschloss Andrea, dies nicht länger zu akzeptieren. Sie verließ Antonio und besorgte sich einen Job als Privatsekretärin bei Maria, einer sehr erfolgreichen älteren Geschäftsfrau.

Maria war lesbisch. Andrea, eine sinnliche und sehr attraktive Frau, machte sich schnell unentbehrlich für sie und zog schließlich in ihre Wohnung, womit sie noch mehr Fürsorgepflichten übernahm. Bald wurden sie ein Liebespaar. Maria machte in ihrer Rolle als beherrschende Mutter Andrea sogleich klar, dass sie nicht an monogame Beziehungen glaubte. Als die Beziehung intensiver wurde, tauchte Andreas Haupt-Selbst wieder auf, um ihre Verletzlichkeit zu beschützen. Andrea wurde die pflichtbewusste Hausfrau für Maria, die erfolgreiche Geschäftsfrau. Die Anfangsphase der Bindung war ein Idyll. Maria, die ihr eigenes Hausfrauen-Selbst unterdrückt hatte, hatte eine schöne, aber ungemütliche Wohnung, die wie ein Büro wirkte. Maria kümmerte sich wenig um sich selbst oder um ihre Ernährung. Durch Andrea wurde Maria umsorgt wie nie zuvor in ihrem Leben. Ihre Wohnung wurde ein Zuhause, ihre Kleider wurden in Ordnung gehalten, ihr Auto wurde repariert, es gab immer gutes Essen. Andrea brachte Maria sogar jeden Tag ein frisch zubereitetes Mittagessen ins Büro. Ihr verletzliches Kind war begeistert, und sie bemerkte oftmals: »So gut ist für mich in meinem ganzen Leben noch nicht gesorgt worden.«

Andrea pflegte darauf zu sagen: »Bisher hat keiner gewusst, wie man für dich sorgt. Ich kenne dich wirklich und kann dich glücklich machen. Ich will nicht arbeiten, ich will keine Karriere, ich will einfach nur zu Hause bleiben und für dich sorgen.« Ein Resultat ihrer überwältigenden Dankbarkeit war, dass Maria Andrea versprach, sie emotional und finanziell immer zu unterstützen.

Andrea

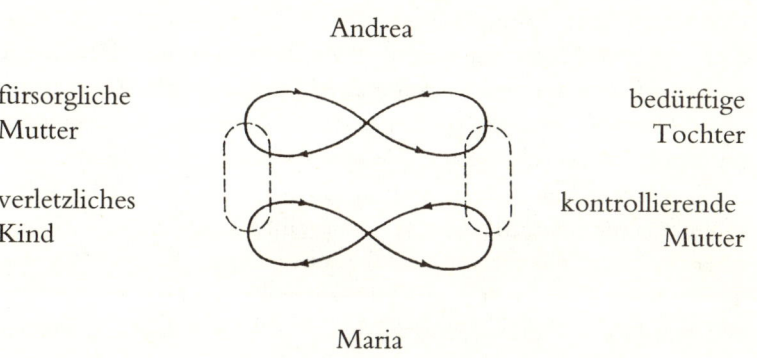

fürsorgliche
Mutter

verletzliches
Kind

bedürftige
Tochter

kontrollierende
Mutter

Maria

*Bindungsmuster zwischen Andrea und Maria*

Aber – wie es so ist in solchen idyllischen, positiven Bindungen – Maria fühlte sich nach einer Weile erdrückt und unruhig, als ob ihr etwas fehlte. Und es fehlte ihr wirklich etwas: Gleichgültig wie liebevoll wir sind – und Andrea war gewiss liebevoll –, wenn wir miteinander nur über ein einzelnes Selbst in Verbindung treten, so wie Andrea mit Maria im Wesentlichen nur durch ihre liebevoll umsorgende Mutter in Verbindung trat, fehlt irgendetwas, nämlich der Rest der Person. Maria fühlte allmählich, dass die Bindung sie erstickte, aber sie wusste nicht, dass sie wesentlich daran mitwirkte. Alles, was sie wusste, war, dass sie mit Fürsorge überschüttet wurde und dass sie das Bedürfnis hatte, Andrea von ihrer Rolle als Vollzeithausfrau abzubringen. Sie ermutigte Andrea dazu, Zeit außer Haus zu verbringen und neue Interessen zu entwickeln. Sie ermutigte sie sogar dazu, eine Freundin zu haben. Wie wir im Kapitel »Die Beziehungen vertiefen« sehen werden, versuchte Maria, ohne es zu wissen, nichts anderes, als das Bindungsmuster aufzubrechen.

Marias Verhalten machte Andrea jedoch nur verletzlicher, und so intensivierte sie ihre Fürsorglichkeit. Sie wurde sehr eifersüchtig auf Marias Aktivitäten im Geschäft und ihre Affären, und bestand darauf, dass Maria öfter zu Hause sein sollte, damit sie sich besser um sie kümmern könne. Als dies nicht half, suchte sie sich schließlich eine Freundin, um Maria eifersüchtig zu machen. Anfangs war Maria erleichtert, denn jetzt war sie nicht mehr alleinige Empfängerin von Andreas Aufmerksamkeit. Als aber die neue Freundin anfing, Andrea jeden Tag Rosen zu schicken, entdeckte Maria sehr zu ihrer Überraschung, dass sie doch eifersüchtig war. Oder wie sie sich ausdrückte: »Eifersucht lässt sich nicht mit meinem Glauben an die Freiheit vereinbaren. Ich bin über diese starke Reaktion wirklich überrascht.«

Trotz dieser Eifersucht war Maria nicht bereit, eine monogame Bindung mit Andreas fürsorglicher, aufopferungsvoller Mutter einzugehen. Sie regte Andrea weiterhin an, sich jenseits der Grenzen ihrer Bindung zu bewegen. Auch Maria lernte nicht aus dieser Beziehung. Sie nutzte ihre Chance nicht, sich darüber bewusst zu werden, wie sehr sie Verletzlichkeit verdrängte und welchen Anteil sie an dem Bindungsmuster hatte. Stattdessen unterdrückte sie ihre Eifersucht und ihr Besitzdenken (obwohl sie beides ihrem Therapeuten gegenüber so ganz nebenbei zugegeben hatte), ihre Verletzlichkeit und ihre eigene fürsorgliche Mutter. Andererseits unterdrückte Andrea weiterhin ihre Kraft, ihr Geschäftsfrau-Selbst und ihr unabhängiges Selbst. Die Ereignisse nahmen eine Wende, die erstaunlich scheint: Andrea kehrte zu ihrem Ehemann zurück, bei dem sie die Rolle der verletzten Tochter/aufopferungsvollen Mutter gegenüber Antonios fordernder, nie zufriedener Vater/bedürftiger-Sohn-Rolle fortsetzen konnte. Auf diese Weise konnte sie sich weiterhin vollständig mit der Rolle als aufopferungsvolle, nährende Mutter und ausgenutzte Tochter identifizieren.

Maria, man braucht es kaum zu erwähnen, war entsetzt und versuchte ihr deutlich zu machen, dass sie genau dorthin zurückging, wo sie hergekommen war. Maria hatte nie bemerkt, dass Andrea in ihrer Beziehung genau die gleichen Bindungsmuster gelebt hatte.

## Beispiel 4: Axel und Monika
## »Die missbilligende Mutter«

Wenige Selbste können das Herz eines Mannes so mit Schrecken erfüllen wie die missbilligende Mutter, wenn sie in ihrer schärfsten Form in Erscheinung tritt. Ein kalter, missbilligender Blick aus ihren Augen, und der stärkste, selbstsicherste Mann wird in sich zusammensinken. Auch wenn er sich schnell wieder fängt und seine Machtseite zum Vorschein bringt, hinter der Fassade ist das Kind in ihm verletzt. Wenn die missbilligende Mutter in Erscheinung tritt, ist das verbunden mit Liebesentzug und an die Stelle von Liebe tritt ein gnadenloser Richter. Oftmals ist die missbilligende Mutter jedoch in einer viel milderen Form präsent. Grundsätzlich bedeutet in Liebesbeziehungen die missbilligende Mutter für den Mann das, was der verschlossene Vater für die Frau bedeutet. Ein verschlossener Vater kann in der Regel eine Frau in eine bedürftige Tochter verwandeln, während die missbilligende Mutter einen Mann meist in die Rolle des ungeschickten, tollpatschigen Sohnes drängen kann. Werfen wir einen Blick darauf, wie Monikas missbilligende Mutter, die in milderer Form präsent ist, Axel beeinflusst.

Monika ist, wie ihre Eltern, ein wenig perfektionistisch. Sie mag es, wenn alles »richtig« gemacht wird und glaubt an korrektes Benehmen und gute Manieren. Sie hat ihre Kinder zu Damen und Kavalieren erzogen und ihre Missbilligung trifft grundsätzlich jeden, der gedankenlos, ungezogen oder, wie sie es sehen würde, vulgär ist. Dennoch ist Monika kein selbstgerechter und eingebildeter Mensch. Sie hat ihren eigenen Bewusstwerdungsprozess begonnen und identifiziert sich nicht länger ausschließlich mit ihrer

Perfektionistin. Sie entwickelt sogar einen Sinn für Humor gegenüber ihrem Hang zum Perfektionismus und ihren perfektionistischen Ansprüchen anderer Menschen gegenüber.

Dennoch ist Monikas missbilligende Mutter, wenn auch in gemäßigter Form, nicht ganz von der Bildfläche verschwunden.

Ein großer Teil von Monikas Bewusstseinswandel war Ergebnis ihrer Ehe mit Axel. Axel ist in diesen Punkten lockerer. Er hat begriffen, dass niemand perfekt ist, und folglich stellt er auch keine perfektionistischen Ansprüche an sich selbst. Er mag Menschen um ihrer selbst willen und achtet dabei nicht darauf, ob sie gute Manieren haben. Er half Monika, diese Äußerlichkeiten nicht so wichtig zu nehmen und stattdessen den ganzen Menschen wahrzunehmen. Nun müssen wir eines klarstellen – Axel ist nicht schlampig! Auch er ist in einer Familie aufgewachsen, in der man ihm Manieren beigebracht hat. Seine Mutter war Monika tatsächlich ähnlicher, als es auf den ersten Blick schien. Auch sie hatte das Bedürfnis, dass ihr Sohn ein Kavalier war, auf den sie stolz sein konnte. Deshalb verhält sich Axel, auch wenn ihn Aussehen und Manieren nicht so sehr interessieren, in der Regel korrekt. Seit er mit Monika zusammen ist, schenkt er diesen Bereichen mehr Aufmerksamkeit und sein Verhalten, insbesondere bei Tisch, ist einwandfrei und bereitet niemandem Probleme.

Eines Tages ist Monika ganz besonders müde und fühlt sich ein wenig überlastet. Sie kommt von der Arbeit nach Hause und Axel ist nicht wie gewöhnlich da, um sie zu begrüßen. Er musste länger im Büro bleiben, um mit einem Klienten einen Vertrag abzuschließen. Monika fühlt sich aufgrund ihrer Erschöpfung besonders verletzlich, ignoriert dies aber, wie wir das schon so oft in unseren Beispielen gesehen haben, und gönnt sich keine Ruhe. Sie bereitet das Essen zu und hat es fertig, als Axel nach Hause kommt. Aber als dieser zur Tür hereintritt, ist es nicht mehr Monika, sondern eine missbilligende Mutter, die ihn begrüßt.

Monika ist sich nicht bewusst, dass ihre missbilligende Mutter die Oberhand gewonnen hat; sie bemerkte nur, dass Axels Haare geschnitten und seine Schuhe geputzt werden müssten. (Sein Haar und seine Schuhe hatten an diesem Morgen noch tadellos ausgesehen.) Während sie ihn weiter anschaut, denkt sie, dass seine Hose gebügelt werden müsste und dass sein Hemd nicht ganz ihrem Geschmack entspricht. Sie sagt nichts, doch Axel fühlt sich nun unwohl, ohne zu wissen, warum. Bis sie am Tisch Platz genommen haben, hat sich eine äußerst angespannte Atmosphäre zwischen ihnen entwickelt.

Während des Essens geschieht etwas Merkwürdiges. Axel, der sich nicht wohl in seiner Haut fühlt, wird zusehends unbeholfener. Er schlürft seine Suppe und scheint Schwierigkeiten zu haben, sein Essen auf der Gabel zu halten. Bei jedem Bissen hat er ein paar Krümel mehr im Gesicht. Er fühlte sich immer unwohler unter den missbilligenden Blicken von Monika und ihrer Tochter (die inzwischen auch zur missbilligenden Mutter geworden ist). Es wird kein Wort gesprochen. Axel wird immer linkischer und nervöser, und Monika und ihre Tochter werden immer missbilligender. Die Mahlzeit wird schweigend und für alle Beteiligten unbehaglich fortgesetzt, bis Monika schließlich sagte: »Könntest du bitte aufhören, deine Suppe zu schlürfen? Ich kann das nicht ausstehen.« Axel, der vom linkischen auf den rebellischen Sohn umschaltet, sagt: »Würdest du bitte aufhören, mir zu sagen, was ich zu tun und zu lassen habe? Ihr beiden seid wirkliche Nervtöter hier am Tisch. Es macht keinen Spaß, mit euch zu essen.« Er verlässt den Tisch.

Später am Abend, als die Intensität dieses Bindungsmusters nachgelassen hat, versuchen Axel und Monika herauszufinden, was geschehen war. Sie haben gelernt, dass diese Muster ein Lernprozess sein können. Sie stellen nicht ohne ein Schmunzeln fest, dass bei Erscheinen von Monikas missbilligender Mutter Axel auf gar keine andere Rolle ausweichen kann als die des linkischen, tollpatschigen Sohnes. Auch wenn er sich im allgemeinen korrekt zu benehmen weiß, sobald sein Sohn die Oberhand gewinnt, verliert er Selbstvertrauen und Würde. Das Bild, wie Axel am Tisch sitzt und sich mit Essen bekleckert, während Monika und ihre Tochter immer missbilligender werden, hat im Nachhinein etwas sehr Komisches und sie konnten herzhaft darüber lachen. In der aktuellen Situation, als das Bindungsmuster sich mit voller Kraft entfaltete, war es überhaupt nicht komisch.

## Exkurs: Die physische Energie in Bindungsmustern

Die Interaktionen zwischen Menschen innerhalb solcher Bindungsmuster sind nicht nur von psychologischer Qualität, sondern sind real als Energien wahrnehmbar. Wenn Monika in die Rolle ihrer missbilligenden Mutter schlüpft, kommt Axels linkischer Sohn zum Vorschein. Diese Bindungsmuster werden als sehr reales körperliches Ereignis zwischen zwei Menschen wahrgenommen, selbst dann, wenn die beteiligten Personen nicht wissen, was hier eigentlich passiert. Wir nennen dies eine energetische Koppelung. Eines der besten Beispiele dafür ist die Interaktion zwischen dem zurückgezogen und unpersö9lichen Vater eines Mannes und der Tochterseite einer Frau. Wenn die Gefühle eines Mannes verletzt werden, aktiviert er üblicherweise den unpersönlichen Vater. Die Frau schlüpft als Antwort auf diesen Rückzug in ein Tochter-Selbst, fühlt sich verlassen und versucht angestrengt, den Mann wieder dazu zu bewegen, seine Gefühle zu zeigen und persönlicher auf sie zu reagieren. Sie erkennt, dass er sich innerlich zurückgezogen hat. Es kann sogar sein, dass sie erkennt, dass seine Gefühle verletzt wurden und dies seine Art ist, die Situation zu bewältigen.

Doch es geschieht mehr: Es findet seitens des Mannes auch ein Rückzug rein physischer Energien statt. Die Frau leidet unter dem Verlust des körperlichen Kontaktes.

Eine starke energetische Wechselwirkung ist eine warme physische Verbindung. Wenn diese Wechselwirkung gestört wird, kann die Frau dies unmittelbar körperlich spüren: ein Kälteschauer lässt sie frösteln, ihr kann schlecht werden oder sie kann sogar das Gleichgewicht verlieren. Es entsteht eine entscheidende Veränderung der energetischen Koppelung zwischen ihnen. Dies ist einer der Gründe, warum Frauen oft so tief in eine Tochterrolle fallen, wenn der Mann in die Rolle des zurückgezogenen Vaters zurückweicht. Es fühlt sich an, als würde einem inmitten eines köstlichen Essens plötzlich der Teller weggenommen.

Frauen, die in einer Familie groß wurden, in welcher der Vater emotional kaum verfügbar war − und dies ist häufig der Fall −, kennen das Bindungsmuster zwischen dem sich zurückziehenden Vater und der sich aufopfernden Tochter. Sie fallen in ihren Beziehungen immer wieder in dieses Muster zurück. Sie erfahren schreckliche Verlustgefühle und kämpfen dagegen mit der verzweifelten Bereitschaft an, alles zu tun, um die Beziehung wieder aufleben zu lassen. Frauen dagegen, die aus Familien kommen, in denen diese Bindungsmuster nicht existieren, und die daran gewöhnt sind, dass ihre Väter sich emotional und voller Energie für sie engagieren, werden sich kaum in einer solchen Bindung wiederfinden. Sie werden versuchen, auf ihren Partner zuzugehen und ihn aus seiner Isolation herauszuholen.

Ein wundervolles Beispiel für die energetische Realität einer Bindung ereignete sich eines Abends bei uns zu Hause. Unsere Kinder waren nicht da. Wir saßen uns auf der Couch gegenüber und fühlten uns wunderbar. Unsere Herzen fühlten sich an wie vibrierende Maschinen, so stark war die Schwingung. Plötzlich erlebte Hal eine Leere wie eine Vertreibung aus dem Paradies. Er fragte Sidra, was passiert war. Sidra erzählte ihm, sie habe ein Experiment gemacht. Sie hatte sich eine unserer Töchter im Kinderzimmer vorgestellt, während sie versuchte, weiterhin den Kontakt mit Hal aufrechtzuerhalten. Durch den Visualisierungsakt wurde die energetische Verbindung zwischen uns völlig abgebrochen. Das war eine bemerkenswerte Erfahrung für uns beide. Es half uns, die physische Realität der Beziehungsenergien und die große Macht der energetischen Bindung zwischen Sidra und ihren Kindern zu erfahren. Es half Hal zu verstehen, dass diese Verbindung existieren würde, solange die Kinder in ihrer Nähe waren. Sie ist völlig normal und natürlich, und ohne sie würden die Kinder nicht richtig aufwachsen. Was Hal außerdem einsah: Wenn er Sidras gesamte Energie spüren wollte, muss er sie aus ihrer häuslichen Umgebung herausholen. Anstatt sich zu beklagen und in ein Bindungsmuster zurückzufallen, weil er verletzt wurde, würde er mit Hilfe seines *Bewussten Ichs* seine unpersönlichen Energien nutzen und handeln. Dies war eine sehr tiefe Einsicht für uns beide und markierte einen wichtigen Wandel in unserer Beziehung.

## Beispiel 5: Moritz und Isolde
## »Persönliche und unpersönliche Energie: ein natürliches Bindungsmuster«

Die Art, wie Menschen persönliche und unpersönliche Energie einsetzen, ist einer der Hauptlieferanten für Bindungsmuster. Wir haben darüber ein wenig im letzten Kapitel gesprochen und möchten nun Ihr Wissen über diese speziellen Energiemuster noch etwas erweitern. Zuerst wollen wir die Begriffe definieren. *Persönliche Energie* meint einen verbindlichen, freundlichen, warmen Kontakt, der vom Empfänger auch so erlebt wird. Wenn wir persönliche Energie benutzen, fühlen sich die Menschen von uns angenommen und anerkannt. *Unpersönliche Energie* dagegen ist objektiv. Sie bezieht sich eher auf Ideen als auf Persönlichkeit. Sie kümmert sich weniger darum, ob eine Person angenommen wird oder nicht. Mit persönlicher Energie neigen wir dazu, aus uns heraus auf die andere Person zuzugehen. Mit unpersönlicher Energie halten wir mehr zurück; wir sind eher selbstgenügsam. Unpersönliche Energie basiert mehr auf Objektivität und hat wenig mit Gefühlen zu tun. Diese beiden kontrastierenden Energien schaffen fesselnde Situationen in Beziehungen. Schauen wir uns einmal an, wie das aussehen könnte.

Moritz und Isolde sind verheiratet. Sie lieben sich sehr, sind jedoch sehr unterschiedlich. Moritz ist Hochschullehrer für Physik. Isolde ist Grundschullehrerin. Ihre Freunde würden sie als warmherzig, liebevoll, fürsorglich beschreiben, und sie ist für persönlichen Kontakt immer zu haben. Moritz ist überhaupt nicht persönlich, kann seine Gefühle nur schwer zeigen und viele seiner Freunde finden ihn zurückhaltend. In der Geborgenheit ihres Schlafzimmers kann Moritz sich fallen lassen und Isolde seine gefühlvolleren und verletzlichen Seiten zeigen. Sie kann ihre unpersönliche Energie in ihrem Beruf nutzen, indem sie ihre Zeit einteilt und notwendige Dinge erledigt, aber das ist der einzige Ort, an dem sie ihre unpersönliche Energie einsetzen kann.

Eines Sonntagmorgens erhält Isolde einen Anruf von einer Freundin, die sehr aufgebracht ist und Hilfe braucht. Da sie eine warmherzige Frau ist, ist ihre erste Reaktion, die Freundin einzuladen, um mit ihr zu reden. Genau das tut sie auch ganz spontan. Doch sobald sie den Hörer aufgelegt hat, hat sie ein komisches Gefühl. Sie hat nicht mit Moritz darüber gesprochen und hat jetzt ein schlechtes Gewissen, weil sie weiß, dass Moritz besonders an Sonntagen gern seine Ruhe hat. In diesem Moment erlebt sie intensiv die Energie der schuldbewussten Tochter. Solch ein Muster fordert im Mann garantiert den strafenden Vater heraus. Sie überlegt, ob sie nicht schnell zu ihrer Freundin fährt. Sie denkt daran, abzusagen. Innerhalb von Sekunden ist sie völlig zerrissen und agiert in einem vollständigen Tochter-Bindungsmuster gegenüber dem zurückgezogenen und unpersönlichen Vater in Moritz. All diese Vorgänge in Isolde sind nach außen nicht sichtbar. Trotzdem ist auch Moritz Teil dieses Bindungsmusters, auch wenn er nichts über diese spezielle Situation weiß. Moritz und Isolde haben diesen energiereichen Tanz schon viele Male zuvor getanzt.

Untersuchen wir dieses Bindungsmuster einmal aus Isoldes Perspektive. In ihrer Erziehung war der Umgangston, den sie erfuhr, sehr persönlich. Die Familienatmosphäre war liebevoll und fürsorglich; es wurden nur selten Grenzen gesetzt. Ihre Mutter glich in ihrer Bereitschaft, Menschen zu helfen, fast einer Heiligen, ihr Vater war passiv und tolerant. Sie hatte zwei Brüder, von denen der ältere ziemlich zurückgezogen war, beinahe wie ein Einsiedler. Isolde war der Mittelpunkt der Familie, ein richtiger Star. Allerdings hatte sie keine Erfahrung im Umgang mit unpersönlichen Energien. Sie konnte sich nicht von Gefühlen und Bedürfnissen eines anderen Menschen distanzieren – eines der Geschenke der unpersönlichen Energie. Im Zusammensein mit anderen Menschen verschmolz sie völlig mit ihnen, und ihr Leben, ihre Gefühle, Probleme wurden mit denen anderer identisch. Das Problem bestand nicht darin, dass sie ihrer Freundin an diesem Sonntagmorgen zusagte. Das Problem war, dass nicht sie es war, die zusagte! Ihre Haupt-Selbste sagten zu, und da sie sich damit identifizierte, gab es auf der anderen Seite kein Selbst, das einen Ausgleich der Kräfte herstellen konnte. Natürlich heiratete Isolde ihr unterdrücktes Selbst – das tun wir schließlich alle. Wichtig dabei ist nur, dass wir erkennen, warum dies geschieht. Wir müssen lernen, zu erkennen, was wir unterdrückt haben, und daran arbeiten, diese Energie zu begrüßen und sie zu einem Teil unserer Realität zu machen. Sonst wird unser Partner für immer in unseren Projektionen gefangen bleiben. Als Moritz herausfindet, was Isolde arrangiert hat, ist er sehr verärgert. Er ist es nicht gewohnt, seinen Ärger zu zeigen, und so zieht er sich an seinen Lieblingsplatz zurück: in sein unpersönliches Selbst. Unpersönliche Energie muss nicht notwendigerweise als Zurückgezogenheit erlebt werden. Man kann sie ebenso für eine Lebensweise nutzen, die einfach objektiv und geradeheraus ist. Gerade in Beziehungen jedoch kann man sie in ihrer zurückgezogenen Spielart besonders häufig beobachten. Insbesondere Männer sind Experten für diese Art von Rückzug. Wenn eine Frau keinen Draht zu ihren unpersönlichen Energien hat, wird sie immer wieder in die Rolle der gefälligen, sich schuldig fühlenden Tochter gedrängt. Für viele Männer ist die Identifikation mit dem unpersönlichen und zurückgezogenen Vater ein probates Mittel, um ungezogene Frauen zu bestrafen und sie zu »Opfer-Töchtern« zu machen. Und es ist auch ein wunderbares Mittel, um einen Mann von der Realität seiner eigenen Verletzlichkeit fernzuhalten. Isolde hat sich schon gänzlich mit ihrer Tochterrolle identifiziert, als sie Moritz von dem Anruf erzählt, so ist es nur folgerichtig, dass er geradewegs in die Vaterrolle verfällt.

Bei Moritz liegt es auf der Hand, dass seine Haupt-Selbste eher unpersönlich und rational sind. Die gefühlvollen und intimen Selbste, die von seiner Frau gelebt werden, unterdrückt er. In der Familie, in der er aufgewachsen war, war es riskant gewesen, Gefühle zu zeigen. Noch als er sehr jung war, bildete sich seine beherrschte Seite als das Haupt-Selbst heraus, um seine Verletzlichkeit vor der gestörten Familienumgebung zu schützen. Um sich selbst und seiner Frau gerecht zu werden, muss sich Moritz bewusst von seinem Haupt-Selbst trennen können und die entgegengesetzten Selbste umarmen. Andernfalls müsste Isolde für alle Zeit diese Teile für ihn übernehmen. Seine Verletzlichkeit liegt auf einer sehr tiefen und verborgenen Ebene. Als er entdeckte, was Isolde getan hatte, fühlte sich sein inneres Kind verletzt und verlassen. Vom Erleben des Kindes aus wird der so unbedeutend erscheinende Vorfall als krasser Betrug und Verrat erfahren. Wir sehen, welches Chaos die Verletzlichkeit in unserem Leben anrichten kann, wenn sie uns nicht bewusst ist.

An diesem Beispiel können wir beobachten, welche bemerkenswerten Möglichkeiten uns eine Beziehung eröffnet. All die Spannungen, Streitigkeiten und Traumata zwischen Partnern bergen die Möglichkeit einer Auflösung, wenn man sie aus einer anderen Perspektive betrachten kann. Moritz sagte zu Isolde: »Ich kann es nicht ausstehen, wenn du so schwach bist und niemals nein sagen kannst.« Doch gerade ihre Unfähigkeit, Grenzen zu stecken, die Art, wie sie mit anderen verschmilzt, ihr Mitleid und ihr Gefühl, all diese Selbste flehen in ihm um Erlösung. Er war bis zu seiner Heirat unfähig gewesen, an diese Selbste heranzukommen. Jetzt hat er die Chance, sich selbst zu heilen: wenn er es schafft, einen Schritt zurückzutreten und Isolde als seine Lehrerin anzusehen. Beziehung als Lehrer! Das ist immer und immer wieder der Schlüssel.

Und für Isolde genügt es nicht, Moritz gegenüber immer wieder in die Tochterrolle zu verfallen. Auch er hat für sie die Funktion eines Lehrers, und wenn sie das erkennen kann, kann sie zu sich selbst sagen: »Moritz hat da etwas, was mir fehlt. Ich muss in mir selbst die Fähigkeit entdecken, so distanziert zu sein wie er, so wie er weniger persönlich beteiligt zu sein. Dann werde ich in meinem Leben besser entscheiden können, ob ich zu einer Freundin ja oder nein sage.« Es ist kein ganz leichter Prozess, dies alles zu verstehen, insbesondere weil sich die erlösende Energie in den konfrontierenden, schmerzhaften Phasen zeigt und so als negativ wahrgenommen wird. Isoldes gefühlvolle Seite möchte nicht zulassen, dass sie so kühl und unpersönlich ist wie Moritz. Solange sie nicht versteht, dass es nicht Moritz selbst ist, sondern eines seiner Haupt-Selbste, das ihn mit der unpersönlichen Energie des distanzierten Vaters ausstattet, um ihn zu schützen, wird es schwer für sie sein, diese Energie anzunehmen. Erst wenn wir die Bindungsmuster verstehen und akzeptieren, haben wir die Chance, die besondere Qualität in unserem Partner zu begrüßen und schätzen zu lernen, die uns auf der anderen Seite so viele Probleme macht. Wir können unsere Beziehungen erheblich verbessern, wenn wir die vermeintlich gegensätzlichen Eigenschaften unserer Partner und Freunde in uns selbst umarmen lernen. Die Spannungen nehmen ab, wir verbringen mehr bewusste Zeit miteinander, und es entwickelt sich eine viel tiefere Nähe. Die Arbeit, die wir leisten, um diesen faszinierenden Beziehungsprozess zu verstehen, wird gut belohnt. Sie kann alte Wunden heilen. Die Beziehung selbst verändert sich drastisch aufgrund der Freude über das gemeinsame gegenseitige Erforschen, das eine neue Dimension in die Interaktion bringt. Es gibt viel Unglück in der Welt der persönlichen Beziehungen und besonders in den Liebesbeziehungen. Unserer Erfahrung nach kann ein großer Teil dieses Unglücks beseitigt werden, wenn die Menschen bereit sind, in der Beziehung Bewusstheit zu entwickeln. Dies geschieht nicht von allein. Fahren wir nun mit unserer Untersuchung gängiger Bindungsmuster in Liebesbeziehungen fort.

## Beispiel 6: Helmut und Rita
## »Wer kontrolliert die Finanzen?«

Der Umgang mit Geld eröffnet uns einen weiteren Einblick in typische Bindungsmuster. Unsere Kultur hat gewisse stereotype Rollenverteilungen für Männer und Frauen hinsichtlich des Umgangs mit Geld. In der Vergangenheit hatte der Mann die Kontrolle über das Geld, und die Frau versorgte mit dem Geld, das er ihr gab, den Haushalt. Dies lässt sich sicherlich nicht als Partnerschaft bezeichnen. Heute sind die Dinge aufgrund der veränderten Rolle der Frau in der Gesellschaft, häufiger Scheidungen und Mehrfachehen und des Wunsches vieler Paare, das Thema Geld ganz anders zu handhaben, wesentlich komplizierter. Betrachten wir einige Beispiele von Bindungsmustern, die mit Geld und dessen Gebrauch zu tun haben.

Helmut und Rita verbringen einen angenehmen Samstagvormittag mit einem Einkaufsbummel in der Nähe ihrer Wohnung. Sie kommen an einem Porsche-Händler vorbei und gehen hinein, um sich einen Wagen anzusehen, der mit über 80.000 Mark ausgezeichnet ist. Nach einer Weile gehen sie weiter, doch Helmut hat Blut geleckt und sagt wenig später zu Rita: »So einen Porsche würde ich wirklich auch gerne haben.« Helmut ist derjenige, der Geld ausgibt oder es zumindest ausgeben will, und Rita setzt stets Grenzen. Sie haben in dieser Hinsicht eine Mutter-Sohn-Bindung geschaffen.

Wir können mit Sicherheit davon ausgehen, dass die innere Stimme, die Helmut sagte: »Ich will diesen Porsche«, in Wirklichkeit die seines inneren Sohnes war, der immer alles haben will. Rita wird sofort, wie immer, die Sache aus der Perspektive einer Mutter betrachten, die sich um ihren zu sorglosen Sohn ängstigt. Von ihrem Standpunkt aus war sie nicht nur diejenige, die immer Grenzen setzen musste, sie war noch dazu der Erniedrigung ausgesetzt, eigentlich gar kein Mitspracherecht zu besitzen, denn es ging um Geld, das er verdiente. Dies ist eine weit verbreitete Konstellation in Liebesbeziehungen: Die Frau wird hier automatisch in eine Tochterposition gedrängt, worüber sie, auf einer anderen Ebene, tiefen Ärger empfindet.

Rita zog sich in ihr Mutter-Selbst zurück und sagte aus diesem Selbst heraus: »Jetzt geht das schon wieder los! Wir haben über 10.000 Mark Schulden wegen des Autos, das wir schon haben, und jetzt redest du davon, einen Porsche zu kaufen.« Ein scharfer Ton lag in ihrer Stimme, denn in dieser Mutterrolle griff sie Helmut an. Ihr ganzer Ärger und Groll darüber, keine Kontrolle über das Geld zu haben, drückte sich in ihrer Reaktion aus. Wenn wir ihre wirklichen Gefühle hervorholen wollten, würden wir entdecken, dass sie auf Helmuts Äußerung verletzt und ängstlich reagierte. Aus verschiedenen Gründen hatten Helmut und Rita wenig Geld, einer davon waren jedoch Helmuts verschwenderische Ausgaben. Sie hasste das Gefühl finanzieller Unsicherheit, konnte ihre Gefühle von Verletzlichkeit und Angst jedoch nicht mitteilen. Sonst würde sie vielleicht sagen: »Du weißt, dass es mir wirklich Angst macht, wenn du so etwas sagst, obwohl ich weiß, dass du den Wagen im Moment gar nicht kaufen willst. Bei Geld bin ich nun mal etwas ängstlich.« Da sie mit diesen Gefühlen nicht in Kontakt ist, schlitterte sie stattdessen als Reaktion auf ihre Furcht in die Mutter-Bindung und wurde zu einer angreifenden Mutter. Ein erstaunlich häufiges Muster in Liebesbeziehungen.

Helmut schnappte natürlich nach dem Köder. Das ist das Lustige an diesen Bindungsmustern. Man kann sie so herrlich vorhersehen – sofern es nicht zufälligerweise die eigenen sind. Helmut war zunächst in die Rolle des »unersättlichen« Sohns geschlüpft und wechselte dann in die des sich wehrenden Sohnes. Er sagte:»Oh, ich weiß nicht. Ich wette, wenn wir den Wagen privat verkaufen, können wir einen guten Profit herausschlagen. Außerdem hat mir mein Steuerberater zu einer größeren Investition geraten.« Rita steigerte sich schnell in ihren Ärger hinein und brachte ihren ganzen Groll über die Art, wie die beiden mit Geld umgehen, mit hinein. Sichtlich verärgert sagte sie:»Tu verdammt noch mal, was du nicht lassen kannst! Es ist sowieso dein Geld!«

Helmut war verletzt, aber weit davon entfernt, dies zu bemerken. Er flüchtete sich in den verärgerten und strafenden Vater und sagte, sie solle sich um ihren eigenen Mist kümmern, und er würde mit seinem Geld genau das machen, was er wolle. Der Krieg war erklärt, und das Bindungsmuster traf sie beide mit voller Wucht. Um das Drama perfekt zu machen, wollte Helmut in dieser Nacht mit Rita schlafen, und das war das Letzte, was Rita sich vorstellen konnte. Negative Bindungsmuster sorgen dafür, dass wir uns verletzt fühlen, als hätte man uns grün und blau geschlagen. In diesem Zustand empfinden wir auch keine Freude an der Sexualität. Helmut ging in die Offensive, doch unter der Oberfläche fühlte sich sein verletzliches Kind verlassen und liebesbedürftig, weil Rita sich von ihm zurückgezogen hatte.

Dieses Gefühl der Liebesbedürftigkeit verwandelt sich, wenn es unbewusst ist, oft in sexuelles Begehren. Für Rita war Sex in dieser Situation eine völlig absurde Idee. Helmut wurde dadurch noch wütender und sagte, sie wäre frigide und sollte einen Psychiater aufsuchen, und er wisse nicht, wie lange er sich mit ihrem »Müll«

noch abgeben würde. Die Tatsache, dass sie die beiden vorhergehenden Abende miteinander geschlafen hatten, war ziemlich unerheblich. Negative Bindungen führen dazu, dass die Vernunft völlig ins Abseits gerät. Sie sind schwierig und sehr traurig, und doch ist der Weg heraus klar, sobald wir anfangen, das Wesen der Bindung und die damit verbundenen unterdrückten Selbste zu erkennen.

Es würde mehrere Schritte von Helmut und Rita brauchen, um aus dem Tanz der Bindungsmuster herauszutreten und von ihnen zu lernen. Als erstes müssten beide über eine Wahrnehmungsebene verfügen, mit der sie das Geschehen aus der nötigen Distanz betrachten können. Diese Wahrnehmungsebene könnte Helmut helfen, seine wiederholte Wut und den zermürbenden Ärger zu betrachten, denn dieses Verhaltensmuster hat sich in ihrer Beziehung und in Helmuts vorangegangenen Ehen ständig wiederholt. Helmut muss auch begreifen, in welche Position er Rita in diesen Situationen manövriert und wie sehr er sie dabei aufregt. Dazu müsste er sich seines manipulativen Sohnes und seines verdrängten Geschäftsmannes bewusst werden. Solange er seinen Geschäftsmann oder das Finanz-Selbst nicht aktiv in seine Lebensführung hineinnimmt, muss Rita diese Rolle spielen. Wenn ihm sein Geschäftsmann zur Verfügung stünde, hätte ihn der Porsche erst gar nicht gelockt. Er wäre imstande, seine Finanzen einzuschätzen und müsste nicht Rita die Steuerung seiner finanziellen Situation übertragen.

Rita ihrerseits ahnt nicht, wieso sie ständig in die Rolle der sparsamen und der angespannten Mutter fällt. Helmuts innere Stimme, die immer alles haben möchte, spricht jedes Mal ihr Mutter-Selbst an. Aus dieser Position heraus hat sie keine Verbindung mit ihrer Verletzlichkeit und Furcht, und so verhärtet sich die Interaktion in diesem festgefahrenen Zustand.

Wo ist die Liebe geblieben? Sie ist verschwunden, und an ihre Stelle ist der Kummer getreten! Das Erstaunliche ist, dass die Liebe sich in dem Moment wieder in aller Stärke hervorwagt, wo die Partner Einblick in ihr Bindungsmuster bekommen. Sobald sie mit Bewusstheit wahrnehmen, dass der andere ein Selbst auslebt, von dem sie sich früher einmal verabschiedet hatten, können sie es bei sich selbst wieder begrüßen und sich von den Verstrickungen des Bindungsmusters lösen. Es gibt keine Garantie dafür, dass eine Beziehung ewig hält. Wenn die Partner sich aus ihrem Bindungsmuster lösen, lösen sie sich entweder auch ganz aus der Beziehung oder die Beziehung nimmt eine dramatische Wende zum Besseren. Falls sie tatsächlich endet, geschieht dies aber auf andere Art als sonst; beide Menschen haben bedeutende Veränderungen hinter sich, und das Ende der Beziehung ist ein angemessener Schritt in ihrer Entwicklungsphase.

Jede Liebesbeziehung braucht eine »psychologische Scheidung«. Mit einer psychologischen Scheidung meinen wir die Fähigkeit des *Bewussten Ichs*, sich von Bindungsmustern frei zu machen. An einem bestimmten Punkt unserer eigenen Beziehung hatte Hal folgenden Traum:

Ich werde von Sidra geschieden. Der Richter fragt mich: »Warum wollen Sie sich scheiden lassen?« Ich antworte ihm: »Weil wir uns so sehr lieben!«

In einer Beziehung brauchen wir Liebe und einen Bewusstseinsprozess. Beides ist wesentlich. Sich von Bindungsmustern zu lösen unterstützt eine andere Art von Liebe, und diese neue Art von Liebe wiederum unterstützt den Wunsch, sich von Bindungsmustern zu lösen.

## Exkurs: Das patriarchalische Erbe und die Bedeutung von Geld in Bindungsmustern

Heidi und Claus sind sehr wohlhabend und seit zwanzig Jahren verheiratet. In ihrer Beziehung gibt es starke und wenig bewusste Bindungsmuster. Er verwaltet das Geld, sie ist die Tochter für seinen patriarchischen Vater in dieser wie auch vielerlei anderer Hinsicht. Andererseits ist sie ihm sehr ergeben und kümmert sich mütterlich und großzügig um ihn. Zwar besteht ein wenig Bewusstheit über dieses Muster, aber sie ist minimal.

Heidis Tochter Anne ist eine strenge Feministin, und sie ärgert sich über die Tochterrolle ihrer Mutter. Eines Tages sind die Frauen unterwegs, um Antiquitäten zu kaufen, und ein sehr attraktiver Verkäufer beginnt, mit Heidi zu flirten. Anne findet das herrlich. Schließlich findet Heidi eine schöne Antiquität, die sie gerne kaufen will, die aber um die 1.200 Mark kostet. Sie glaubt, dass sie das Stück nicht ohne die Erlaubnis und Vollmacht ihres Ehemannes kaufen könne. Claus seinerseits würde nicht zögern, jeden beliebigen Betrag für etwas, das er haben will, auszugeben, und es würde ihm niemals in den Sinn kommen, Heidi um Erlaubnis zu fragen. Anne ist sehr verärgert über ihre Mutter wegen ihrer Passivität und scheinbaren Abhängigkeit von Claus.

Als sie wieder zu Hause sind, erzählt Heidi Claus von der Antiquität, die sie kaufen wollte. Anne ihrerseits erzählt ihrem Vater von dem Verkäufer und wie er mit ihrer Mutter geflirtet hat. Claus wird auf einmal sehr distanziert und erklärt, dass er einige Wertpapiere verkaufen müsste, um die Antiquität zu kaufen. Er gibt zu verstehen, dass dafür momentan ein schlechter Zeitpunkt sei. Das wirkt bei Heidi sofort und sie sagt: »O nein – das ist nicht nötig. Es ist wirklich nicht so wichtig!« Damit hat sich der Kauf der Antiquität erledigt. Nicht erledigt hat sich Annes Ärger über ihre Mutter und ihren Vater mit seiner »patriarchalischen Überheblichkeit«.

Die gute Tochter in Heidi ist ein mächtiger Aspekt ihrer Persönlichkeit und bestimmt einen Großteil ihrer persönlichen Interaktionen. Es ist leicht zu erkennen, dass Anne deshalb eine glühende Feministin werden musste, um niemals wie ihre Mutter eine »gute Tochter« sein zu müssen. Interessanterweise identifizieren sich beide, Anne und Heidi, stark mit unterschiedlichen Tochter-Selbsten. Heidi identifiziert sich mit der lieben und Anne mit der rebellischen Tochter. Ob lieb oder rebellisch, beide sind Töchter und damit in ihrer Rolle gefangen, ständig auf Claus' Vaterseite reagieren zu müssen.

Interessant ist, die Bindungsmuster von Claus in dieser Situation näher zu betrachten. Claus war während der ganzen Szene klar in seinem Vater-Selbst. Seine Frau spielte die liebe und gefällige

Tochter, und seine reale Tochter rebellierte gegen das, was sie als sein patriarchalisches und dominantes Wesen wahrnahm. Sie rächt sich an ihm, wenn sie erzählt, wie der Verkäufer mit ihrer Mutter geflirtet hat. Anne weiß, dass ihr Vater auf einer bestimmten Ebene auf so etwas empfindlich reagiert, und ihre rebellische Tochter wird alles tun, um ihn zu treffen. Seine Antwort auf die Situation ist, dass er einige Wertpapiere verkaufen müsste, um das antike Stück zu erwerben. Dies ist die Antwort eines kontrollierenden Vaters und eines manipulierenden Sohnes. Er hat sich in ein unpersönliches Selbst zurückgezogen (was eine Facette des kontrollierenden Vaters sein kann). Objektiv gesehen ist das, was er sagt, lächerlich; er würde, ohne mit der Wimper zu zucken, 10.000 Mark ausgeben, wenn er selbst etwas haben möchte. Doch seine Gefühle wurden verletzt und seine Verletzlichkeit war bedroht, als er von dem Flirt hörte. Claus ist jedoch in ausgeprägtem Maße von seinem inneren Kind abgeschnitten. Wenn die Gefühle eines Mannes verletzt werden und er sich dessen nicht bewusst ist, wechselt er in die Vater/Macht-Rolle über, um einen Ausgleich herzustellen. Der distanzierte Vater erscheint, und unter dieser Oberfläche ist ein verletztes Kind. Claus' distanzierter Vater wird dann zum beherrschenden Vater, da dies seine generelle Art ist, mit jeder Situation umzugehen, die seine Verletzlichkeit bedroht.

Der springende Punkt ist nicht, ob Heidi die Antiquität nun kauft oder nicht. Vielmehr hat sie in einer Situation wie dieser die Gelegenheit, sich von einem Verhaltensmuster zu trennen, das sie ein ganzes Leben lang begleitet hat. Sie war ihren Eltern eine liebe und gefällige Tochter und hat dies auf ihren Ehemann übertragen. Das Problem war, dass sie sich nie wie eine richtige Person gefühlt hatte. Wie konnte sie auch, wenn sie ihr ganzes Leben für jedermann die Tochter war? Interaktionen wie diese mit Claus bieten ihr eine wunderbare Gelegenheit, sich dieses Musters bewusst zu werden, sich davon zu trennen und anzufangen, sich wie eine verantwortliche und kompetente Erwachsene zu fühlen. Der springende Punkt ist nicht, ob sie kauft oder nicht. Der springende Punkt ist, wer es ist, der kauft oder nicht kauft. Welches Selbst sitzt am Steuer?

Auch für Claus bietet sich eine wichtige Möglichkeit. Er war immer der verantwortliche Vater, ein ziemlicher Patriarch und abgeschnitten von jeglicher Beziehung zu seiner Verletzlichkeit. Dies wird auf einer unbewussten Ebene von Heidi versorgt, aber es war ihm nie möglich, seine Gefühle der Schwäche, Verletzlichkeit und Furcht zuzugeben und sie in die Beziehung einzubeziehen. Nie war es ihm möglich, sich zu entspannen und jemand anderem die Verantwortung zu überlassen, sich um ihn zu kümmern. Wie anders wäre die Beziehung, wenn ihm seine eigene Liebesbedürftigkeit bewusst wäre und zum Ausdruck käme! Wie anders wäre die Beziehung, wenn er nicht immer den Durchblick haben und derjenige sein müsste, der stets das letzte Wort hat!

## Beispiel 7: Jan und Eva
## »Die Identifikation mit dem guten Elternteil und ihre Folgen«

Die Identifikation eines Mannes mit dem »lieben Vater« eröffnet unzählige Möglichkeiten für die verschiedenen Bindungskonstellationen. Wir wollen einige davon näher betrachten.

Jan und Eva sind seit fünf Monaten miteinander befreundet. Eines Tages unternehmen sie einen Ausflug in eine andere Stadt, und Jan sagt Eva, dass er ihr gerne ein Kleid schenken würde. Eva ist hocherfreut, und so gehen sie zusammen in eine Boutique. Jan ist ein »lieber Vater«-Typ. Er ist sehr großzügig und freigebig anderen gegenüber. Solange er mit dem lieben Vater identifiziert ist, kann er nicht nein sagen. Er kann keine Grenzen setzen, nicht einmal, als Eva sich ein Kleid für 500 Mark aussucht. Da sie davon so begeistert ist, kauft Jan es ihr. Weil sein lieber Vater sein Haupt-Selbst ist und er völlig in dieser Rolle aufgeht, ist er unfähig, den Betrag, den sie ausgeben darf, zu begrenzen. Es kommt ihm nicht einmal in den Sinn, dass er dies tun könnte.

Nachdem ihr gemeinsames Wochenende vorüber ist, ist Jan wütend auf Eva. Sie erfährt jedoch nie etwas über seine Empfindungen, da er die Beziehung beendet, ohne ihr jemals zu zeigen, wie ärgerlich und ausgenutzt er sich fühlt. Er hat das Gefühl, dass sie egoistisch und gleichgültig ist und sich nicht um sein Wohlergehen kümmert. Wenn sie sich nur ein wenig um seine Gefühle gekümmert hätte, sagt er sich, dann hätte sie ihn gefragt, ob der ausgegebene Betrag für ihn vertretbar sei.

Liebe Väter suchen in ihren Beziehungen zu Frauen entsprechende Töchter. Dies kann eine gute Tochter oder eine anspruchsvolle Tochter sein, der Vater wird stets die Tochter bekommen, die zu ihm passt. Da Jan sich so sehr mit der Rolle des lieben Vaters identifizierte, war er unfähig, seine andere Seite zu umarmen, so dass diese Selbste ihm völlig verschlossen blieben. Die andere Seite umfasste diejenigen seiner Selbste, die ihn befähigen würden, Grenzen zu setzen, auf das eigene Wohl bedacht zu sein und sich an den eigenen Bedürfnissen statt an den Bedürfnissen anderer zu orientieren.

Wenn Jan Zugang zu diesen anderen Aspekten gehabt hätte, dann hätte er eine ganz andere Kommunikation mit Eva haben können. Er hätte zu ihr sagen können: »Eva, ich möchte dir gerne etwas zum Anziehen schenken, das dir wirklich gefällt. Du kannst bis zu 300 Mark ausgeben.« Auf diese Weise hätte Eva einen bestimmten Spielraum gehabt. Ohne diesen wurde sie vollends in ihre Rolle des hungrigen kleinen Mädchens gedrängt, und ihr »Ich will«-Tochter-Teil konnte beim Einkaufen bestimmen. Die Identifikation mit der verwöhnten Tochter hinderte sie daran, Jan zu fragen, welchen Betrag er für vertretbar hielt.

So werden Jans Gefühle ständig von anderen verletzt. Er verspricht zu viel oder gibt zu viel, und irgendwann schaltet sich die negative Seite des Vaters ein. Dieser empfindet Groll und fühlt sich ausgenutzt. Liebe Väter und gute Mütter sorgen zwar für die Außenwelt, aber die eigenen Bedürfnisse werden vernachlässigt. Das innere Kind wird vernachlässigt. In seinem Inneren wurden Jans Gefühle dadurch verletzt, dass Eva so viel Geld ausgab, ohne darauf Rücksicht zu nehmen, was er sich leisten konnte. Jans Problem ist, dass er erstens keine Grenzen ziehen und zweitens seine verletzten Gefühle nicht mitteilen kann. Das Ergebnis waren sein hartes Urteil und Groll und schließlich das Ende der Beziehung. Zu keinem

Zeitpunkt war es ihm möglich, seine Rolle in der Interaktion richtig einzuschätzen. Er verharrte in seinem selbstgerechten Zorn, und es war für ihn nur naheliegend, die Beziehung zu beenden. Wenn es etwas gibt, das negative Väter hervorragend beherrschen, dann dies, zum Schluss immer Recht zu behalten!

Die Identifikation mit dem lieben Vater und der guten Mutter ist eines der grundlegenden Verhaltensmuster in der Beziehung, und sie trägt am stärksten zu Bindungsmustern bei. Betrachten wir einige weitere Beispiele. In unserem Voice-Dialogue-Buch geben wir den Traum einer Frau wieder, die sich so sehr mit dem guten verantwortungsvollen Mutter-Selbst identifiziert, dass weitere Eigenschaften keinen Platz mehr haben. Wir beschreiben diesen Traum noch einmal, weil er so anschaulich ist: Renate, eine Frau von Mitte Dreißig, hatte sich bis zu diesem Traum ihr Leben lang mit der Mutterrolle identifiziert. Der Traum kam an einem Punkt in ihrer Entwicklung, an dem ihre Bewusstheitsebene begann, sich von diesem mütterlichen Verhaltensmuster zu lösen.

Die Geräusche sind heftiger geworden. Da ist so viel Lärm und ein solches Durcheinander, dass ich keine Ruhe finde. Schließlich bin ich völlig wach und schaue mich um. Es ist, als ob ich in einem fremden Haus wäre, und doch weiß ich, dass es mein Haus ist und dass ich schon sehr lange darin lebe. Gegenüber meinem Bett hängt ein Spiegel, und ich blicke hinein. Mit Entsetzen sehe ich, dass ich alt geworden bin, während ich schlief. Der Lärm ist ohrenbetäubend, und ich gehe hinaus, um zu sehen, woher er kommt. Als ich in die Nähe der Küche komme, merke ich, dass er von dort kommt. Um den Küchentisch sitzen viele Leute, einige sind jung, andere sind viel älter als ich. Sie tragen alle Kinderkleidung und warten darauf, gefüttert zu werden. Sie sehen mich und beginnen, mit ihren Schüsseln auf den Tisch zu trommeln und »Mutter« zu rufen.
Auf der anderen Seite des Raumes sehe ich meinen Priester mit dem Rücken zu mir stehen, und ich denke, dass er mir sicherlich alles erklären kann, aber als ich mich ihm nähere, dreht er sich um, und ich sehe, dass auch er ein Lätzchen trägt und ebenfalls eine Schüssel in den Händen hält! Ich renne zur Tür, um den Raum zu verlassen. Als ich am Tisch vorbeikomme, sehe ich dort meine Eltern sitzen; auch sie haben Lätzchen um wie alle anderen. Ich erreiche die Tür, als ein Mann hereintritt. Ich weiß, dass es mein Mann ist, obwohl er nicht der Mann ist, den ich hatte, bevor ich zu Bett ging. Er macht einen Annäherungsversuch, und ich bin erleichtert, weil ich denke, dass wenigstens er mich nicht für seine Mutter

hält. Doch als ich ihn anschaue, trägt er eine Windelhose, und sein Gesicht ist das eines Kindes. Ich halte das Ganze für einen Alptraum, renne in mein Zimmer und schließe mich ein, um ganz aufzuwachen, aber ich weiß, dass ich nicht schlafe. Ich frage mich immer wieder: »Was habe ich getan, während ich schlief?« Dann betritt Rolf das Zimmer. (Rolf ist ein Therapeut in der Stadt, in der sie lebte.) Ich denke, dass er mir sicherlich helfen kann, dies alles zu verstehen, aber er weint, weil er sich am Knie verletzt hat, und möchte, dass ich es verbinde.

Wir haben bereits gesagt, dass man in einem Gefängnis lebt, wenn man mit einem besonderen Selbst identifiziert ist, ohne sich dessen bewusst zu sein. In diesem Traum liefert das Unbewusste eine weitere Metapher. Es sagt, dass Renate sehr lange geschlafen hat und erst jetzt beginnt, aufzuwachen. Die Identifikation mit einem Haupt-Selbst ist wie Schlaf. Wir glauben, wir seien wach (bewusst), aber in Wirklichkeit schlafen wir, denn wir verfügen über kein *Bewusstes Ich*, das von den Haupt-Selbsten getrennt ist. Wir erwachen erst, wenn wir uns von unseren Haupt-Selbsten lösen und lernen, die Spannung auszuhalten, die zwischen unseren bestimmenden und unseren anderen Selbsten existiert. Renate beginnt in dieser Situation, sich ihrer eigenen persönlichen und eher egoistischen Bedürfnisse bewusst zu werden. Diese müssen zu dem Teil von ihr in ein Gleichgewicht gebracht werden, der weiterhin Mutter bleibt. In einem späteren Kapitel werden wir den Traumprozess untersuchen und sehen, wie sehr er das Verstehen unserer persönlichen Beziehungen unterstützen kann.

## Beispiel 8: Harry und Ulla
## »Liebe Väter, gute Mütter und die Verleugnung des Instinkts«

Die Identifikation mit dem guten Vater/Mutter-Selbst kann oft zu Erschöpfung und Überdruss führen. Dafür gibt es eine Reihe von Gründen. Es ist ermüdend, sich ständig um andere Leute zu kümmern und sich keine Zeit für die eigenen Bedürfnisse zu nehmen. Persönlicher Egoismus bedeutet, dass wir Dinge für uns selbst tun, und dies verschafft uns mehr Energie.

Die vollständige Identifikation mit diesen Selbsten hat noch etwas anderes zur Folge: Menschen, die so leben, haben meist keine Verbindung mehr zu ihren instinktiven Impulsen. Es fällt ihnen schwer, andere mit ihren wahren Gefühlen zu konfrontieren. Sie haben ein starkes Bedürfnis, jedem zu gefallen. Die Verleugnung eigener instinktiver Bedürfnisse bedeutet, dass dem Individuum ein wichtiges Energiesystem verloren geht. Darüber hinaus ist ein gewisser Energiebetrag notwendig, um die unterdrückten instinktiven Selbste nicht ins Bewusstsein dringen zu lassen. In unserer eigenen Beziehung haben wir gesehen, dass ein solches Gefühl der Erschöpfung ein sicheres Zeichen dafür ist, dass wir in diesen lieber Vater/gute Mutter-Selbsten gefangen sind. Genau in diesen Phasen entsteht oft, scheinbar aus dem Nichts, ein Riesenkrach, der unerschöpfliche Vorräte an Wut und Energie freisetzt. Oft ist es gerade diese Wut, die in das Bindungsmuster einbricht und den Menschen klarmacht, dass sie »eingeschlafen« waren.

Die Identifizierung mit dem guten Elternteil und die dazugehörige ständige Verleugnung von Instinkt und Egoismus kann sogar zu körperlicher Schwäche und Krankheit führen. Es gibt starke Einflüsse in unserer Erziehung, die uns diese gute Mutter/lieber Vater-Bindungen und die damit einhergehende Unterdrückung instinktiver Energie aufdrängen. In Fernsehserien werden Eltern oft als gut, nett, mitfühlend und verständnisvoll dargestellt. Reizbarkeit und Egoismus, die ebenso natürlich sind, werden in unserer Gesellschaft nicht besonders gern gesehen. Doch gehen Menschen in einer Beziehung nicht immer sanft und liebenswürdig miteinander um. Wenn man dies ablehnt, dann erscheint jede Situation, die nicht reibungslos verläuft, als negative Interaktion. Betrachten wir ein weiteres Beispiel:

Es ist Abend und Harry und Ulla haben gerade gegessen. Harry fühlt sich sehr verletzlich; irgendetwas fehlt ihm. Er ist in letzter Zeit um seine Gesundheit besorgt, da er gelegentlich ein leichtes Schwindelgefühl verspürt, ein Symptom von leicht erhöhtem Blutdruck. Er wurde von einer Reihe verschiedener Spezialisten gründlich untersucht, und alle stimmten darin überein, dass ihm nichts Schwerwiegendes fehlt. Wie oft, wenn er um seine Gesundheit besorgt ist, zieht er sich zurück, weil er Ulla nicht damit belästigen will. Der Wunsch, Ulla mit diesen Dingen nicht zu beunruhigen, gehört zu den Verhaltensmustern seiner lieben Vater-Seite. Aufgrund dieser Identifikation hat Harry die Tendenz, viele seiner Sorgen herunterzuschlucken.

An diesem Abend will Ulla einige Schreibarbeiten erledigen. Harry ist einverstanden (liebe Väter sind immer einverstanden!) und bietet an, den Abwasch zu erledigen. Ulla ist es gewohnt, dass sie so umsorgt wird, und die dankbare gute Tochter in ihr reagiert mit Wärme und Freundlichkeit. Dies ist ein Grund, warum es so schwierig ist, positive Bindungsmuster zu erkennen: Man fühlt sich oft so gut dabei. Alles scheint so harmonisch zu verlaufen, die Stimmung ist gut und die Zuneigung groß.

Nachdem Harry mit dem Abwasch fertig ist, geht er nach oben, um zu lesen. Ulla ist ein Organisationstalent, und wenn sie erst einmal am Schreibtisch sitzt, erledigt sie alles mögliche. Sie identifiziert sich mit der organisierenden Mutter. Das ist ihre Art, sich um Harry zu kümmern. Sie sorgt dafür, dass genug Geld da ist und die Finanzen in Ordnung sind. Harry kommt in seinem Beruf sehr gut zurecht, aber für die privaten Finanzen ist Ulla zuständig.

Der Abend verstreicht, und Harry fängt an, sich zu ärgern. Da er bereits in der Rolle des lieben Vaters ist, sind seine Handlungsmöglichkeiten recht begrenzt. Wäre dem nicht so, könnte er einfach hinuntergehen und Ulla sagen, dass er jetzt mit ihr zusammen sein möchte. Diese Möglichkeit steht ihm aber nicht zur Verfügung. Stattdessen sind seine Gefühle verletzt, er beginnt, sich immer mehr zurückzuziehen und sich zu bemitleiden.

Dann vollzieht sich allmählich ein Wandel. Das selbstmitleidige/verletzte Kind wird von dem wütenden Vater abgelöst. Harry ist nun böse auf Ulla und ihre nie endende Beschäftigung mit Kleinigkeiten. Verschwunden sind Dankbarkeit, Zuneigung und Wärme. Als Ulla etwas später das Schlafzimmer betritt, wird sie von einem mürrischen und abweisenden Vater empfangen. Sie reagiert sofort mit Schuldgefühlen, und der neue Harry überfällt sie mit einer verbalen Attacke: »Du bist wirklich ein gefühlloser Geizkragen. Warum musst du bloß so viel Zeit an diesem verdammten Schreibtisch verbringen? Man könnte meinen, die Welt geht unter.« Ist das derselbe Mann, der zwei Stunden zuvor freundlich, liebevoll und mitfühlend war? Nein, er ist es nicht. Harry Nr. 1 identifiziert sich mit dem lieben Vater. Harry Nr. 2 mit dem selbstmitleidigen Kind und Harry Nr. 3 mit dem bösen Vater.

Solange wir uns dieser Selbste nicht bewusst sind, werden wir zwischen ihnen hin- und hergeworfen wie Pingpongbälle. Jedes Selbst streckt die Hand nach uns aus, und schon folgen wir. Wenn Ulla diese Selbste nicht wahrnimmt, dann verfällt sie automatisch in die Gegenposition derjenigen Selbste, die Harry jeweils gerade verkörpert. In dieser Situation wird sie zur Tochter, die sich alles gefallen lässt, dem Gegenstück zu Harrys bösem Vater. Sie könnte auch zu einer rebellischen Tochter werden und Widerstand leisten. Sie könnte auch selbst angreifen und sich mit ihrem wütenden Mutter-Selbst identifizieren. Wenn jedoch ihre Wahrnehmung funktionierte und sie etwas von diesen Selbsten in sich und Harry erfahren hätte, dann bräuchte sie gar nicht in eine Interaktion zu fallen. Dann könnte sie zu Harry sagen:»Hör mal, ich weiß nicht, weswegen du wütend bist, aber offensichtlich habe ich dich verletzt. Es tut mir leid, und es wäre sehr hilfreich, wenn du mir sagen könntest, was passiert ist!«

Es lässt sich nie vorhersagen, was geschehen wird, wenn sich einer der Partner aus dem eingefahrenen Bindungsmuster löst. Meist ist es dann recht schwierig für den anderen, noch länger auf dieser Ebene zu agieren.

Wenn aus der Ebene der Bewusstheit eine Distanz zur gerade ablaufenden negativen Interaktion geschaffen werden kann, dann ist das eine Chance für den Humor. Negative Bindungen sind alles andere als komisch. Gewöhnlich werden sie als grauenvoll erlebt. Doch wenn einmal Bewusstheit da ist, kann es selbst nach der schrecklichsten Situation erstaunlich heiter zugehen. Georg und Frieda fahren eines Morgens weg, um auswärts zu frühstücken. Georg ist in der Rolle des starken, wütenden und abweisenden Vaters. Er macht ein finsteres Gesicht. Frieda lässt sich diesmal nicht darauf ein. Etwas scherzhaft sagt sie zu ihm:»Weißt du, ich habe das Gefühl, dass der Tag entweder miserabel oder angenehm für uns werden kann. Mir wäre ein angenehmer Tag lieber. Wie steht es mit dir?« Es ist der Ton oder die Energie, die verrät, ob solch eine Bemerkung von einem *Bewussten Ich* kommt oder von einer schmeichelnden Mutter oder Tochter. In diesem Fall ist es das *Bewusste Ich*, und es ist schwierig für Georg, seine Rolle beizubehalten, sosehr er es auch versucht.

Niemals ist es der Inhalt der Worte, der zählt, vielmehr ist es das Gefühl oder die Energie, von denen sie begleitet werden. Worte, die von einem *Bewussten Ich* ausgesprochen werden, haben eine enorme und überraschend mühelose Autorität und Kraft. Eltern-Kind-Beziehungen haben stets mit Macht und Kontrolle zu tun. Bewusstheit wird dadurch so wertvoll, weil sie genau dies nicht nötig hat. Ein *Bewusstes Ich* muss niemanden beherrschen, und ebenso möchte und braucht es von niemandem beherrscht werden und muss auch nicht in Gegenpositionen verfallen. Harry beherrscht seine Umgebung, indem er sich mit dem lieben Vater identifiziert. Seine wahren Gefühle bleiben geheim, und er manipuliert seine Umgebung im Wesentlichen durch seine Güte. Je mehr von unseren Selbsten wir durch ein *Bewusstes Ich* erkennbar werden lassen, desto weniger kontrollieren wir die Menschen, denn es gibt keine versteckten Schuldenkonten. Unsere elterlichen und kindlichen Seiten dagegen merken sich alles und rechnen alles auf.


## Beispiel 9: Matthias und Ernst
## »Opfer: Alles aufgeben, damit die Beziehung gelingt«

Matthias und Ernst sind ineinander verliebt. Sie halten sich nicht für homosexuell; sie befinden sich nur zufällig in einer homosexuellen Beziehung. Matthias ist älter und ein erfolgreicher Darsteller in Werbesendungen. Ernst hat es bisher nur zu Nebenrollen gebracht. Er nimmt jeden Termin zum Vorspielen wahr, hat aber bislang den Durchbruch noch nicht geschafft.

Als Ernsts Mangel an Erfolg immer deutlicher wird, steigert sich sein Neid auf Matthias. Es kommt zu heftigen Auseinandersetzungen und ebenso leidenschaftlichen Versöhnungen. Sie wollen wirklich zusammen sein. Schließlich jedoch wird es für Ernst zu schmerzlich und schwierig, und so gibt er seinen Job auf und übernimmt die Rolle des Hausmanns. Er opfert seine Ambitionen und seine kraftvolle Seite (um sie schließlich ganz zu unterdrücken) und identifiziert sich völlig mit seinem fürsorglichen Mutter-Selbst.

Wir sollten hier erwähnen, dass Männer und Frauen üblicherweise auch Selbste des anderen Geschlechts in sich tragen. Dies beschränkt sich also nicht nur auf Homosexuelle. Matthias' inneres Kind liebt Ernsts fürsorgliche Mutter und ist aufrichtig dankbar dafür, dass es so umsorgt wird. So unterdrückt Matthias seine Verletzlichkeit und Nachgiebigkeit und Ernst seine Kraft.

Im Wesentlichen besitzt Matthias nun die ganze Macht in dieser Beziehung; er ist der dominante Vater für Ernsts gehorsamen Sohn, während Ernsts fürsorgliche Mutter für seinen bedürftigen Sohn sorgt. Gelegentlich kommt es zu Auseinandersetzungen, aber dann macht Matthias Ernst ein extravagantes Geschenk, um alles wieder gutzumachen. Als rücksichtsvoller (wenn auch dominanter) Vater kaschiert er seine Erfolge, um Ernst nicht zu verletzen oder neidisch zu machen. Ernst und Matthias sind vollständig aufeinander eingespielt, und jeder geht außerordentlich vorsichtig mit den Gefühlen des anderen um.

Ernst geht noch gelegentlich zu Vorspiel-Terminen. Eines Tages erhält er eine gute Rolle, die ihm einigen Ruhm in der Werbebranche einbringt. Sofort wird die positive Vater-Sohn-Bindung, die so reibungslos funktionierte, gesprengt. Die verleugneten und begrabenen Gefühle treten hervor, und die negative Vater-Sohn-Bindung übernimmt das Steuer. Matthias' dominanter Vater attackiert Ernsts gehorsamen Sohn und verlangt von ihm, dass er sich weiter um den Haushalt kümmert. Ernsts urteilender Vater attackiert daraufhin Matthias' schuldbewussten Sohn und sagt zu ihm: »Du willst gar nicht, dass ich es schaffe. Du willst mich nur für dich alleine haben.« Matthias und Ernst streiten dauernd miteinander, und keiner will sich um den Haushalt kümmern.

Hier besteht trotz der unerfreulichen Situation eine Chance zur Weiterentwicklung. Jeder der beiden Männer könnte seine eigene Verletzlichkeit zugeben und beginnen, sich um sein eigenes inneres Kind zu kümmern, anstatt es vom anderen zu verlangen. Jeder könnte zu seinem eigenen Bedürfnis nach Erfolg stehen und klären, warum er ihn so sehr braucht, um sich in der Welt wohl zu fühlen. Jeder könnte sich zu seinem egoistischen Selbst bekennen, das umsorgt werden möchte, oder zu seinem rivalisierenden Selbst, das der größere Star sein möchte. Dies wäre zwar nicht besonders angenehm für den Einzelnen, aber jeder würde etwas über sich lernen und sich weiterentwickeln.

Doch leider kommt es nicht dazu. Beide Männer identifizieren sich völlig mit ihren Macht-Selbsten; jeder will dominant sein und erwartet, dass der andere für sein inneres Kind sorgt, zum Beispiel indem er die Hausarbeit übernimmt. Es ist keine Bewusstheit vorhanden; keiner nutzt die Beziehung als Lernprozess. In dieser Situation sitzen die Teilpersönlichkeiten am Steuer, und jede ist nur daran interessiert, den Streit zu gewinnen. Es geht um Macht und Kontrolle.

Diesmal ist es Matthias' Verletzlichkeit, die sich durchsetzt. Er wird allmählich älter und hat panische Angst davor, Ernst zu verlieren. Es ist nun Matthias, der zu Hause bleibt und sich um den Haushalt kümmert. Er gibt sein Bedürfnis nach Erfolg auf, opfert seinen Beruf, unterdrückt seine egoistischen und instinktiven Energien und wird der gehorsame Sohn/die fürsorgliche Mutter für Ernst. Diesmal identifiziert Ernst sich mit der Macht und unterdrückt sein fügsames Selbst. Das erleben wir in einer Bindung sehr oft. Unabhängig vom jeweiligen Geschlecht sind beide bereit, Teile von sich zu opfern, sie zu unterdrücken und dem Partner zu ermöglichen, die unterdrückten Energien auszuleben, um die Beziehung störungsfrei zu halten. Obwohl das wie eine bewusste Entscheidung anmuten kann, sind es meistens, wie auch in diesem Fall, die dominanten Selbste, die die Entscheidung gewöhnlich mit viel Vernunft treffen, um das innere Kind zu schützen.

Wenn eine Entscheidung aus einer solchen Bindungssituation geboren wird, ist interessanterweise kein *Bewusstes Ich* da und daher auch keine echte Intimität. Sonst könnte Matthias etwa sagen: »Weißt du, da ist ein Teil in mir, der ziemlich eifersüchtig auf dich ist. Dieser Teil war immer gerne der Super-Typ in unserer Beziehung, der Star. Aber es gibt auch einen anderen Teil, der anerkennt, was du alles durchgemacht und für mich getan hast, und der sich über deinen Erfolg freut. Ich liebe dich sehr. Manchmal habe ich Angst, dass du mich verlässt, weil du jetzt erfolgreich bist, und das will ich auf keinen Fall; deshalb überlege ich oft, womit ich dir eine Freude machen kann. Ein anderer Teil von mir möchte, dass du dich schuldig und schlecht fühlst, weil du mich übertroffen hast. Es ist alles ganz schön durcheinander, und ich weiß nicht so recht, was ich tun soll. Aber ich weiß ganz sicher, dass ich mit dir zusammen sein will.«

Wiederum möchten wir hier keine Ratschläge geben, was man tun soll. In vielen solcher Bindungen lebt es sich ein Leben lang ganz angenehm. Außerdem ist es gut möglich, dass Matthias auch dann zu einer ähnlichen Entscheidung gelangt wäre, wenn er nicht als gehorsamer Sohn, sondern von seinem *Bewussten Ich* aus gehandelt hätte. Aber wie wir schon sagten: Es ist für die individuelle Entwicklung des Bewusstseins nicht wichtig, welche Entscheidung getroffen wird, sondern wer sie trifft. Im Falle von Matthias und Ernst hat keiner vom anderen gelernt; sie haben letztlich nur ihre Positionen getauscht; das Bindungsmuster ist genau das gleiche geblieben.


## Beispiel 10: Rudolf und Sarah
### »Bindung durch unsere urteilenden Selbste«

Diese Welt ist eine Welt der Urteile, und wir glauben, dass sich die Menschen besonders häufig durch den kritischen Elternteil, der andere kritisiert, oder durch den inneren Kritiker, der sie selbst kritisiert, in ein Bindungsmuster verstricken. Die Kombination des kritischen Elternteils eines Partners mit dem mächtigen inneren Kritiker des anderen garantiert abgrundtiefes Elend! *Urteile kommen von den kritischen Eltern-Selbsten. Einsicht dagegen kommt von einem*

*Bewussten Ich.* Es ist eine vorrangige Aufgabe für jeden von uns, diese beiden Selbste kennen und unterscheiden zu lernen. Dadurch wird das *Bewusste Ich* gestärkt und das ganze System unserer Beziehungen positiv beeinflusst.

Die Menschen, mit denen unser urteilendes Selbst eine Bindung eingeht, repräsentieren diejenigen Selbste, die wir unterdrückt halten. Wie gesagt besteht eine der Möglichkeiten, unsere unterdrückten Selbste zu entdecken, darin, sich zu fragen: »Über wen urteile ich?« Die Menschen, die wir aburteilen, repräsentieren unmittelbar unsere eigenen unterdrückten Selbste.

Sarah kann starke Frauen nicht ausstehen, die autoritär sind, sich Urteile anmaßen und andere dominieren. Sarah identifiziert sich viel mehr mit ihren liebevollen Gefühlen und ist oft ihrem starken inneren Kritiker ausgeliefert, der jede Einbuße von Wärme und Mitgefühl kritisiert. Dies führt automatisch zu Verstrickungen zwischen Sarah und jeder starken, urteilenden Frau, der sie zufällig begegnet.

Nehmen wir an, Sarah trifft auf Johanna, eine eigenwillige und dominante Frau. Sofort wird ihr inneres Kind von der urteilenden Mutter in Johanna aktiviert. Da Sarah nicht mit ihrer Verletzlichkeit umgehen kann, übernimmt ihre eigene urteilende und abweisende Mutter die Kontrolle. Auch wenn die Urteile nie ausgesprochen werden, in ihrem Inneren sind sie sehr belastend und das innere Kind fühlt sich noch verletzlicher, weil es Angst vor Vergeltung, Strafe und Einsamkeit hat.

So pendelt Sarah zwischen Gefühlen von Verletzlichkeit, Zorn und Abweisung hin und her. Solche Bindungsmuster sind für einen Großteil der Spannungen verantwortlich, die uns in unseren Beziehungen quälen. Nehmen wir noch einen inneren Kritiker hinzu, der sagt: »Du solltest jetzt nicht wütend werden; du solltest besser mit dieser Situation fertig werden; wann wirst du endlich erwachsen?«, dann wird Sarah noch tiefer in die Rolle der verletzlichen Opfer-Tochter gedrängt und fühlt sich immer hilfloser in ihrer Beziehung zu Johanna. Auf diese Weise verfolgen uns unsere unterdrückten Selbste in Form von Menschen, auf die wir sie projizieren, und werden in unseren Bindungen zu bestimmenden Kräften.

Rudolf ist Arzt; ein starker, tüchtiger und energischer Mann. Er muss immer das Sagen haben. Er stellt große Ansprüche an seine Arzthelferinnen und ist wegen der hohen Fluktuation seines Personals berüchtigt. Er hasst Untüchtigkeit, Schwäche und Empfindlichkeit. Wie durch Zauberei verkörpert ein Großteil seiner Helferinnen exakt diese Eigenschaften. So etwas geschieht in Bindungen unaufhörlich: Rudolfs kritischer und mächtiger Vater stellt genau seine eigenen unterdrückten Selbste immer wieder ein. Er fragt sich, wie es möglich ist, dass so viele Angestellte so mimosenhaft, inkompetent und hilflos sein können. Er steckt so lange in einer starken Bindung, nämlich richtender Vater einer hilflosen Tochter, bis die betreffende Angestellte kündigt, weil sie den Druck nicht mehr aushalten kann.

Zudem hat Rudolf einen Sohn mit den gleichen Eigenschaften. Das liegt in der Natur solcher Verhaltensmuster. Solange Rudolf sich mit dem kontrollierenden und urteilenden Vater identifiziert, wird eines seiner Kinder sehr wahrscheinlich in das unterlegenschwache Kind-Selbst gedrängt, ein anderes in das rebellierende Kind-Selbst, ein drittes mag sich mit dem starken Vater identifizieren und sich in dessen Richtung entwickeln. Wir wollen mit diesem Beispiel illustrieren, wie stark diese energetischen Beziehungen sind, wie sie den Verlauf des Lebens unserer Mitmenschen bestimmen und wieviel Stress sie in uns erzeugen können.

Es ist leider so, dass wir ein Bindungsmuster oft erst dann erkennen, wenn wir vor einem Scherbenhaufen stehen, sich ein Partner auf und davon gemacht hat oder wenn die Betroffenen in einer tiefen Depression stecken. Diese Situationen sind hart, doch wenn die Menschen das Konzept der Bindungsmuster erst einmal verstehen lernen, ist es erstaunlich, wie selbst schwierige Partnerschaftsprobleme gelöst werden können. Es erfordert allerdings harte Arbeit und Zeit, eine bewusste Partnerschaft aufzubauen. Aber welche andere Möglichkeit gibt es, um das Wesen dieser Verhaltensmuster zu erkennen, die seit unserer frühesten Kindheit unser Leben beeinflusst haben? Eine Partnerschaft kann uns um vieles bereichern.

Eines ihrer wertvollsten Geschenke ist sicher die Erfahrung, dass wir in einer gegebenen Situation unseres Lebens nicht unbedingt in einer ganz bestimmten, festgelegten Weise fühlen, denken und reagieren müssen, sondern dass wir uns von den jeweiligen Mustern lösen können, wenn sie uns bewusst werden. Wir können in derselben Situation auch ganz anders fühlen, denken und handeln. Die Loslösung von diesen Mustern ist mit einem unglaublichen Gefühl von Freiheit verbunden.

## Der innere Kritiker

Der innere Kritiker ist der Teil von uns, der uns für die Art, wie wir denken, handeln und fühlen, kritisiert und verurteilt. Oft ist er ein sehr mächtiges Selbst, dessen Wirken den meisten nicht einmal bewusst ist. Manche Menschen sind sich zwar darüber im Klaren, dass sie sich selbst kritisch beurteilen, doch sie merken nicht, dass diese Kritik von einer echten, in ihnen lebenden Person ausgesprochen wird.

Im jüngeren Alter hat der innere Kritiker ursprünglich eine beschützende Funktion. Unsere Haupt-Selbste sagen uns, wie wir uns in der Welt verhalten sollten, und der innere Kritiker kritisiert uns, wenn wir diesen Anweisungen nicht folgen. Der innere Kritiker richtet sich nach den Urteilen der Eltern und Geschwister und der Umgebung im Allgemeinen. Er ist eine Funktion kollektiver Meinungen und Verhaltensweisen. Wenn zum Beispiel eine Frau sämtliche Modemagazine liest und feststellt, dass attraktive Frauen 60 kg wiegen, dann nutzt der innere Kritiker diese Information und kritisiert die Frau, weil sie 65 kg wiegt. Er verbündet sich gewöhnlich mit dem Perfektionisten, um unmögliche Anforderungen zu stellen. Bei Frauen wird sein Einfluss verstärkt durch jahrhundertelanges patriarchalisches Bewusstsein, in denen Frauen negiert und erniedrigt wurden. Wer einen guten inneren Kritiker hat, braucht keinen äußeren Feind mehr.

Warum verwenden wir so viel Zeit auf die Erörterung des inneren Kritikers? Was hat dieses Selbst mit Bindungen zu tun? Einer der bedeutendsten Wege, ein Bindungsmuster mit anderen einzugehen, führt über deren Kritik an uns. Wenn unsere realen Eltern uns ständig kritisieren, dann drängt uns das oft in eine Identifikation mit dem Opfer-Sohn oder der Opfer-Tochter. Wenn sich der innere Kritiker erst einmal in uns herausgebildet hat, wird jede Kritik von außen durch ihn verstärkt – obwohl er diese Hilfe eigentlich nicht bräuchte. Sehen wir uns also an, wie das funktioniert:

Petra wurde von Eltern aufgezogen, die sehr liebevoll und – gleichzeitig – sehr anspruchsvoll und perfektionistisch waren. Sie sagten ihr niemals offen heraus, dass sie etwas falsch machte oder sich irrte. Wenn sie mit Zweien im Zeugnis nach Hause kam, wurde sie gefragt, warum es keine Einsen waren. Wenn sie eine Eins bekommen hatte, wurde sie gefragt, ob sie besser abgeschnitten hatte als ihre Freunde. Nie war etwas gut genug. Auf diesem fruchtbaren Boden gedieh ihr innerer Kritiker vorzüglich. Sie heiratete einen Mann, der sich sehr stark mit dem urteilenden Vater identifizierte. Ihr grundlegendes Bindungsmuster war das zwischen dem urteilenden Vater und der schuldbewussten Tochter. Nie konnte sie etwas gut genug. Dabei war seine Kritik nicht aggressiv oder böse. Es war nur so, dass seine Vaterseite sie beherrschen wollte, und das gelang ihr gut.

Wichtig ist, dass wir uns klarmachen, dass die Bindung zwischen Petra und ihrem Ehemann mit viel Energie durch ihren eigenen inneren Kritiker unterstützt wurde. Er tat alles, um ihre Position zu schwächen und den urteilenden Vater in ihrem Ehemann zu stärken. Beide waren Verbündete in ihrem Bedürfnis, Petra zu unterdrücken und sie in der Rolle der hilflosen Tochter zu halten. Wenn Petra sich von ihrem inneren Kritiker gelöst hätte, dann wäre die Kritik ihres Ehemannes weit weniger wirkungsvoll gewesen. Vielleicht hätte sie seine Kommentare nicht einmal ernst genommen.

Jahre später nahm Petra an einem Therapie- und Trainingsprogramm teil. Während einer Voice-Dialogue-Sitzung sprach der Therapeut mit Petras innerem Kritiker. Hier ein Auszug aus dieser Unterhaltung:

Therapeut: Du scheinst eine sehr mächtige Stimme in Petra zu sein. Warst du immer so stark?

Kritiker: Ich bin sehr stark, seit sie ein kleines Mädchen war. Ich hatte gute Lehrer. Ihre Eltern waren da phantastisch.

Therapeut: Was ist mit der Zeit ihrer Ehe? Warst du damals tätig?

Kritiker: Nun, während ihrer Ehe war ich eher hinter den Kulissen tätig, aber ich brauchte nicht allzu hart zu arbeiten. Ihr Ehemann war derart kritisch, dass er mir die Arbeit leicht machte. Tatsächlich muss ich jetzt, nachdem sie sich getrennt haben, viel härter arbeiten als vorher. Er ist nicht mehr da, darum muss ich alles alleine machen.

Diese kleine Skizze verdeutlicht sehr schön die Vorgehensweise und den großen Einfluss des inneren Kritikers. Wenn wir uns dieses Kritikers gar nicht bewusst sind, dann versuchen wir mit den urteilenden Eltern, die uns im Leben begegnen, fertig zu werden, als wären sie rein äußere Erscheinungen. Als Petra diesen Kritiker und seinen Einfluss erst einmal erkannt hatte, war sie für eine Bindung mit einem »strengen Vater« einfach nicht mehr zu haben. »Strenge Väter« gibt es in Massen und sie warten nur darauf, passende Opfer in Form von unterwürfigen Söhnen und Töchtern zu finden.

Marlene war überzeugte Feministin. Sie war Anfang Zwanzig und hatte eine Reihe von sehr negativen Erfahrungen mit Männern gemacht. Sie sah nur, dass Männer die Frauen unterdrücken und absolut frauenfeindlich sind und sie reagierte darauf stark emotional. Das Problem war, dass sie diese negativen Erfahrungen ständig magnetisch anzog und wiederholt in die Rolle der Opfer-Tochter geriet. Dann konnte sie innerhalb von Sekunden von der Opfer-Tochter auf rebellische Tochter und von dort auf die strafende Mutter umschalten.

Dies veränderte sich erst, als ein Therapeut während einer Voice-Dialogue-Sitzung mit ihrem inneren Patriarchen sprach. Da war auf einmal eine Stimme, die aus ihr herauspolterte und erklärte, wie groß ihre Abneigung gegen Frauen sei, wie minderwertig sie doch waren und wie sehr sie sich wünschte, ein Mann statt eine Frau zu sein und so weiter und so weiter.

Diese innere Stimme in Marlene war von einer patriarchalischen Kultur geprägt. Sie nur in der Außenwelt zu bekämpfen, war, als würde man mit verbundenen Augen und gelähmten Armen in einen Boxring steigen – kein fairer Kampf. Marlene versuchte, in der Außenwelt mit den Männern zurechtzukommen, während eine starke männliche Kraft in ihr sie langsam zu ersticken drohte. Dieser innere Patriarch ist eine Form des inneren Kritikers. Wenn sich eine Frau ihres inneren Patriarchen bewusst wird, tut sie einen wichtigen Schritt weg von der Opfer-Tochter, die von der Welt des Patriarchats beherrscht wird.

Der innere Kritiker drängt jede Person in die Rolle des Sohnes oder der Tochter. Dies ist einer der gängigsten Wege, wie wir in Bindungsmuster geraten. Wenn wir dem inneren Kritiker glauben, dann sind wir voller Fehler und die Person, mit der wir zusammenleben, hat immer Recht, folglich gehen wir automatisch eine Sohn- oder Tochterbeziehung zu dieser Person ein.

Helmut wird ständig von seiner Frau kritisiert, weil er in seinem Anwaltsbüro nicht aggressiv und energisch genug ist. Seine Frau ist nicht einfach nur karriereorientiert; ihr Ehrgeiz hat die Kraft einer Rakete. Helmuts Vater ist ebenfalls eine sehr ehrgeizige Persönlichkeit, und Helmut ist solche Kritik gewohnt. Er hat seit seiner Kindheit damit gelebt, außer während einer kurzen Episode der Unabhängigkeit, als er begann, mit Mädchen auszugehen. Wie so oft heiratete Helmut schließlich seinen inneren Kritiker. Er wird so lange der Opfer-Sohn einer kritischen Mutter bleiben, bis er lernt, anders mit ihr umzugehen und/oder die Existenz und Macht des inneren Kritikers in sich selbst zu erkennen. Äußere und innere Kritik sind ihm so lange eingehämmert worden, bis er sie als seine Lebensweise angenommen hat. Er empfindet Kritik als normal. Wenn seine Frau zur kritischen Mutter wird, nimmt er ganz selbstverständlich die Rolle des gutmütigen Sohnes an. Auf diese Weise wird er in der Mutter-Sohn-Bindung bleiben, bis er imstande ist, sich von seinen dominanten Selbsten zu lösen.

Das Problem seiner Frau ist, dass ihre eigene urteilende Mutter außer Kontrolle geraten ist. Sie hat die Führung übernommen, und in gewisser Weise hasst sich seine Frau deswegen selbst. Solange Helmut sich mit dem Opfer-Sohn identifiziert, hat er nicht die instinktive Kraft, ihre machtausübende Mutter aufzuhalten. In einer Bindung brauchen beide Beteiligten einander, um sich gegenseitig zu befreien. Es ist, als wären sie verzaubert, gefangen von ihren Haupt-Selbsten. Wenn sie ihre Partnerschaft als Lernprozess nutzen können, dann würde Helmut erkennen, dass seine Frau über die Energie und Macht verfügt, die er unterdrückt. Sie würde sich allmählich von ihrem machtvollen kritischen Antreiber lösen und ihr unterdrücktes gutmütiges Selbst akzeptieren. Das Ergebnis wäre, dass sie beide sehr wahrscheinlich nicht nur zu sich selbst, sondern auch zueinander eine viel positivere Einstellung hätten.

Es ist faszinierend zu sehen, dass wir in unseren Beziehungen zu anderen Menschen die Fähigkeit haben, einander auf diese Weise zu befreien und zu helfen. Wir können uns von den dominanten Selbsten lösen, die in unserem Leben vollkommene Macht hatten. Wir können die unterdrückten oder unbewussten Selbste freisetzen, die uns in der Vergangenheit nicht zur Verfügung standen. Setzen wir unsere Betrachtungen der Bindungsmuster fort, um an weiteren Beispielen zu zeigen, wie wir uns aus ihren Verstrickungen befreien können.

# Bindungsmuster in Familien

Im vorangegangenen Kapitel haben wir die Rolle der Bindungsmuster in Liebesbeziehungen erörtert, in diesem Kapitel werden wir uns intensiver mit den dominanten und unterdrückten Selbsten beschäftigen. Wir werden sehen, wie Bindungsmuster in Familien wirken und wie unsere unterdrückten Selbste uns für Verstrickungen in einer Vielzahl anderer Beziehungen empfänglich machen. Ebenfalls betrachten wollen wir ein besonderes Bindungsmuster: die Übertragung. Zunächst jedoch wollen wir uns noch einmal grundlegende Überlegungen ins Gedächtnis rufen.

Es ist sehr wichtig, dass wir Bindungsmuster als normale und natürliche Erscheinungen behandeln. Bindungsmuster sind keine Anzeichen für krankhaftes Verhalten. Sie bestehen jederzeit in jeder zwischenmenschlichen Beziehung. Häufig schaffen sie intensive Gefühle von Intimität und Nähe. Die unterdrückten Selbste sind der Schlüssel zum Verständnis von Bindungsmustern.

Viele Paare verbringen ihr ganzes Leben in Partnerschaften, die fast vollständig Eltern-Kind-Beziehungen entsprechen, und während ihres ganzen Lebens erfahren diese Menschen so gut wie kein persönliches Wachstum. Doch auch ohne eine persönliche Weiterentwicklung führen diese Menschen ein gutes und glückliches Leben. Jeder der Partner verkörpert die unterdrückten Selbste des anderen und das Bindungsmuster wird nicht offen negativ.

Für eine wachsende Anzahl von Menschen jedoch funktioniert diese Form der Partnerschaft nicht mehr. Einer der Gründe für das Scheitern so vieler Ehen ist, dass die Behaglichkeit und die damit einhergehende geistige Beengtheit positiver Bindungsmuster Langeweile erzeugt und mit der Zeit die Lebendigkeit einer Ehe zerstört.

Menschen, die sich um neue Lebensformen bemühen und für die Veränderung und Wachstum von Bedeutung sind, brauchen auch neue Formen der Partnerschaft. Dann wird ein Verständnis für diese Fragen absolut notwendig. Und es wird klar: Wenn man das Unbehagen in einer Beziehung als Gelegenheit für persönliches Wachstum nutzt, werden die Schwierigkeiten selbst zum Auslöser für einen neuen Prozess, den man als gegenseitige Selbst-Erforschung oder als gemeinsame Entwicklung des Bewusstseins bezeichnen kann, außerdem können alte Wunden heilen.

Im letzten Kapitel bezogen sich unsere Betrachtungen auf alle Formen der Partnerschaft, seien sie männlich/männlich, weiblich/weiblich oder männlich/weiblich. Wir wollen nun beginnen, Bindungsmuster innerhalb von Familien mit Kindern zu untersuchen. Wir verstehen dies nicht als eine umfassende Abhandlung über Familienbindungen. Vielmehr möchten wir ein Gefühl dafür vermitteln, wie Bindungsmuster bei Paaren durch die ursprünglichen Familien der Partner und durch das Hinzukommen von Kindern beeinflusst werden. Daneben werden wir einige typische Bindungsmuster besprechen, die zwischen Kindern und ihren Eltern auftreten.

Das Weiterreichen von Bindungsmustern über Generationen hinweg ist an sich schon ein faszinierendes Studienobjekt. *Man wiederholt die Bindungsmuster der Kindheit immer wieder, bis mit der zunehmenden Entwicklung von Bewusstheit eine Wahl-Möglichkeit entsteht und damit eine Chance, die Erfahrung von Bindungen zu nutzen, um alte Wunden zu heilen und sie als Wegweiser im eigenen Wachstumsprozess einzusetzen.*

# Alte Wunden heilen

## Beispiel 1: Bindungsmuster in Familien; Für die Ewigkeit gemacht

Angelika und Johannes sind seit fünfzehn Jahren verheiratet. Während dieser Zeit haben sich bei ihnen Verhaltensweisen entwickelt, die sie nicht verstehen und die sie nicht ändern können. Johannes lässt ständig überall seine Sachen herumliegen. Er lässt Schuhe und Socken neben dem Bett liegen, Hemden und Hosen auf dem Stuhl und seine Unterwäsche auf dem Bett, obwohl der Wäschesack nur einen Meter daneben steht. Angelika räumt pflichtbewusst hinter ihm her; manchmal beklagt sie sich, manchmal auch nicht. Wenn sie sich beklagt, lautet die Antwort meist: »Ach, Liebling!« Gewöhnlich sagt sie darauf nichts mehr.

Angelika wuchs in einer Familie auf, in der sie früh die Mutterrolle übernehmen musste. Ihre eigene Mutter, eine ängstliche Frau, konzentrierte sich voll auf ihren Beruf und war nie sehr mütterlich. In dieser Familie war es ein Risiko, verletzlich zu sein, und so unterdrückte Angelika diese Gefühle. Sie merkte bald, dass ihr inneres Kind in Sicherheit war, solange sie die Mutterrolle spielte. Schauen wir uns das einmal in einem Diagramm an:

Angelika

| verantwortliche Mutter | | verlassenes Kind |
|---|---|---|
| | 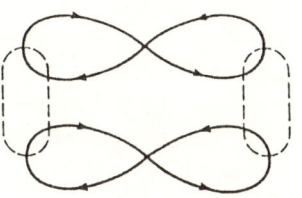 | |
| ängstliches Kind | | distanzierte Mutter |

Angelikas Mutter

*Bindungsmuster zwischen Angelika und ihrer Mutter*

Wir sehen in diesem Diagramm ein schönes Beispiel für die Allgemeingültigkeit von Bindungsmustern. Wir haben hier ein vierjähriges Kind, das für die kindliche Seite seiner eigenen ängstlichen Mutter selbst zur Mutter geworden ist. Auf diese Weise schützt Angelika sich und ihre Verletzlichkeit, da sie die Unsicherheit des Familiensystems erkennt. Zur Mutter zu werden verlieh ihr größtmögliche Sicherheit, und so wurde dies schon früh ihr dominantes Selbst-System.

Angelika wurde für ihren Bruder und ihre Schwester zur Mutter und sie übernahm die Rolle der Ersatz-Ehefrau und Mutter dem Vater gegenüber. Ihre Rolle in der Familie wurde immer mehr durch ihre Mutterrolle definiert. Kein Wunder, dass sie auch in ihrer Ehe schnell in die Mutterrolle hineinwuchs.

Das Problem liegt natürlich darin, dass es für eine Frau, die sich mit ihrer Mutterrolle identifiziert, schwierig sein kann, auf ihre Umgebung auf andere Weise zu reagieren. Angelika beobachtet ihre Freundinnen, die arbeiten oder eine Ausbildung machen, und beneidet sie. Im Lauf der Zeit fühlt sie sich immer eingeengter und unausgefüllt. Sie wird immer reizbarer und versteht nicht, warum. Sie fühlt sich zu ihrem Mann sexuell nicht mehr hingezogen, was sie sehr traurig macht, denn früher war ihnen ihre sexuelle Beziehung sehr wichtig.

Johannes kam aus einer Familie, in der seine Bedürfnisse von einer sehr nachgiebigen Mutter stets erfüllt wurden. Er hatte eine jüngere Schwester, aber er wurde von seiner Mutter eindeutig bevorzugt und jeder Wunsch wurde ihm von den Augen abgelesen. Der Vater arbeitete viel und hatte in jeder Hinsicht weniger zu sagen als die Mutter. Johannes beklagte sich manchmal über die Art und Weise, wie seine Mutter ihn bevorzugte, oder er machte Witze darüber, aber grundsätzlich gefiel ihm die Rollenverteilung gut. Johannes blieb mit dem Sohn-Selbst identifiziert, das vom Mutter-Selbst der Mutter bestens versorgt wurde. Dieses Bindungsmuster brachte er mit in die Ehe und sofort entstand zwischen Angelika und Johannes eine starke Mutter-Sohn-Bindung.

Die andere Seite des Bindungsmusters ist stets präsent, und Angelika und Johannes leben sie auf ihre eigene Art und Weise aus.

Johannes ist beruflich erfolgreich und sehr verantwortungsbewusst, was das Geldverdienen und das Versorgen der Familie angeht. Auf dieser Ebene ist sein verantwortungsvolles Vater-Selbst mit dem Tochter-Selbst von Angelika verbunden. Er umsorgt sie. Ihre unterdrückten Selbste streben nach Arbeit, Karriere, Durchsetzung und Selbstverwirklichung. Seine unterdrückten Selbste haben zu tun mit Sorge um das eigene Wohlergehen, Ordnung im Haus und Zeit für persönliche Kontakte. Er beschäftigt sich gern und hat kein Verständnis dafür, einfach nur herumzusitzen und sich mit Angelika zu unterhalten. Seine zwischenmenschliche Seite ist unterentwickelt.

Kinder haben in so einer Partnerschaft die Aufgabe, die stereotypen Eltern-Rollen zu festigen. Angelika identifiziert sich im Laufe der Zeit immer mehr mit der Mutterrolle und Johannes wird immer mehr zum traditionellen Vater. Die Beschäftigung mit den Kindern lenkt vom latenten Unglück in der Partnerschaft ab. Als Vollzeitmutter für Kinder, Mann, Hund, Katze und Freunde wird Angelikas Leben zum Gefängnis. Es ist nicht sehr erfreulich, sich das Leben als Gefängnis vorzustellen, deren Insassen sich ihrer Gefangenschaft vielleicht gar nicht mal bewusst sind. Diese Art von Bindungsmustern kann den Nährboden für Liebesaffären, Krankheiten, körperliche und emotionale Symptome und häufig ernsthafte Probleme bei den Kindern der Familie bilden.

Nach fünfzehn Jahren ist Angelikas und Johannes' Partnerschaft durch und durch unglücklich, wobei Angelika dies viel deutlicher spürt als Johannes. Sie schreien sich nicht an, sondern halten eine leblose Beziehung aufrecht und leben wie Fremde nebeneinanderher. Die Sexualität in ihrer Partnerschaft ist tot, alle Vitalität ist fort. Angelika fühlt sich wie ein schlecht bezahltes Dienstmädchen und ärgert sich über ihre Kinder ebenso wie über ihren Mann. Wenn man sie fragte, würde sie sagen, sie liebt ihren Mann, obwohl sie nicht mehr sicher ist, was das überhaupt heißt.

Wie wir sehen können, funktionieren Bindungsmuster mit und ohne offene Konflikte jederzeit. Konfliktsituationen signalisieren uns jedoch, dass die positiven Bindungen ins Negative umgeschlagen sind. Sobald man die Ursprünge der negativen Bindungsmuster untersucht, wird man diese Prozesse verstehen und lernen, mit ihnen zu arbeiten. Dies ist die große Chance für grundsätzliche Veränderungen in der Partnerschaft.

Was kann Angelika lernen? Solange sie denken kann, ist das Bemuttern ihre hervorstechende Eigenschaft. Damit will sie anderen Menschen gefallen und diese Verhaltensweise ist die Essenz ihres *Funktions-Ichs*. Dies ist ihre Art, das kleine Mädchen oder innere Kind, das in ihr lebt, zu schützen. Dieses innere Kind fühlte sich nie geborgen, denn Angelikas Eltern wussten mit Kindern nicht umzugehen. (Ihre ursprüngliche Familie kann als dysfunktional betrachtet werden.) Auslöser für Angelikas Ängste, Bitterkeit und Hoffnungslosigkeit ist dieses unterdrückte innere Kind, das Angelikas Verletzlichkeit ausmacht. Die Bedürfnisse dieses Kindes werden nie befriedigt. Niemand weiß von dem kleinen Mädchen in ihr, das so viel entbehren muss, nicht einmal Angelika selbst. Wenn Johannes seine Kleidung überall liegen lässt, empfindet dieses kleine Kind in ihr die Welt als chaotisch und fühlt sich unsicher. Niemand ist je da, um sich um es zu kümmern. Angelika schlüpft in ihr Mutter-Selbst und entgeht damit dem Schmerz. Sie übernimmt die Rolle, sich um andere zu kümmern, und der Schmerz des inneren Kindes ist weg. Dies ist eine grundlegende Dynamik, die wir immer wieder bei Frauen finden.

Sobald Angelika in der Lage ist, sich von ihrer Mutterrolle zu lösen, ist das der Beginn eines *Bewussten Ichs*, das die andere Seite der Medaille wahrnehmen kann. Ihre beste Freundin ist eine ledige, unabhängige, berufstätige Frau, die nie ein richtiges Familienleben hatte. Wie oft sind unsere besten Freunde ein direkter Ausdruck unserer unterdrückten Selbste! Wenn Angelikas *Bewusstes Ich* entstanden ist, kann sie sich mit Aspekten ihrer Persönlichkeit beschäftigen und anfreunden, die mit Arbeit, Abenteuer, Romantik und Sexualität zu tun haben. Sie kann beginnen, sich mit den Seiten in ihr anzufreunden, die selbständig und frei von Verantwortung sein wollen. Johannes wiederum müsste sich von dem Teil seines Selbst lösen, der so gern in die Rolle des verwöhnten Sohnes schlüpft, der Rolle, die er seit seiner Kindheit wie einen alten Schuh trägt. Wenn Johannes ein *Bewusstes Ich* entwickelt, das sein eigenes bedürftiges Kind-Selbst erkennen, sich davon lösen und sich selbst darum kümmern kann, dann müsste Angelika nicht mehr dafür verantwortlich sein. Wenn sie sich zu einem gewissen Grad von ihrer Mutterrolle lösen könnte, hätte sie mehr Freiheit, um in der Partnerschaft wirklich zur Frau zu werden. Sich seiner Selbste und ihrer Wirkung auf den Partner bewusst zu werden ist der Schlüssel zu einer bewussten Partnerschaft.

## Beispiel 2: Eltern – Kinder

Innerhalb von Familien leben häufig ein oder mehrere Kinder, die die unterdrückten Selbste der Eltern ausleben. Das liegt daran, dass die Unterdrückung von Energien oder Selbsten innerhalb der Familie energetische Lücken schafft. Da die Natur jedes Vakuum verabscheut, besteht das Bedürfnis, diesen Raum auszufüllen, und häufig wird diese Funktion von den Kindern wahrgenommen. Das kann auffällig sein oder auch auf subtile Weise geschehen. Seit dem verlorenen Sohn in der Bibel hat es in »wohlanständigen« Familien schwarze Schafe gegeben. Die großzügige, selbstverleugnende Mutter wird wahrscheinlich tyrannische Kinder großziehen, die den unterdrückten Egoismus der Mutter voll ausleben. Der fleißige Vater wird wahrscheinlich mindestens einen Nichtsnutz zum Sohn haben.
Wenn unterdrückte Selbste in unseren eigenen Kindern leben, so schafft dies ganz besonders intensive Bindungen zwischen Eltern und eben diesen Kindern. Der rechtschaffene Vater will, dass der verlorene Sohn bereut; die selbstlose Mutter sorgt sich permanent um ihre gedankenlosen, egoistischen Kinder. Der erfolgreiche Vater ist zutiefst verunsichert durch den Sohn, der seinen Lebensunterhalt nicht selber verdient. Durch diese Bindungen sind sie mit starker Gefühlsintensität verstrickt. Aber sie bieten auch Gelegenheit zum Lernen. Gewöhnlich konfrontiert uns eine Beziehung mit dem, was wir aus unserem Leben ausgeschlossen haben, und gibt uns die Chance, unsere unterdrückten Selbste anzunehmen.

Bernd war ein erfolgreicher Geschäftsmann, der seine Verletzlichkeit, sein freies Selbst, sein verspieltes Kind und viele seiner anderen Selbste, die seinem Geschäfts-Selbst entgegenstanden, unterdrückt hatte. Sein Sohn lebte Bernds unterdrückte Selbste aus. Er hasste das Geschäftsleben. Er rauchte Marihuana und beschäftigte sich mit Fragen des persönlichen Wachstums und Bewusstseins. Bernd, in seiner Identifikation mit dem verantwortungsbewussten, kritischen Vater, verurteilte seinen Sohn hart, litt aber gleichzeitig sehr unter der Entfremdung zwischen ihnen.

Dennoch hatte Bernd Glück. Nach einem Herzanfall, den er sehr ernst nahm und der bei ihm einen Lernprozess einleitete, löste er sich zumindest teilweise von seiner Rolle des verantwortlichen Vaters. Der kritische Vater in ihm trat in den Hintergrund, und im Zuge dieser Entwicklung begann sein Sohn langsam, sich für die Geschäftswelt zu interessieren und trat schließlich in Bernds Firma ein.

Dies ist ein sehr häufiges Muster in Vater-Sohn-Beziehungen. Betrachten wir nun, wie Verletzlichkeit als Motor und die unterdrückten Selbste als Treibstoff für andauernd schlechte Beziehungen dienen. Für Bernd war das innere Kind sicher ein unterdrücktes Selbst. Bereits früh in seinem Leben wurde Macht das Mittel, um dieses Kind zu schützen. Seine Verantwortungs- und Macht-Selbste unterdrückten immer mehr seine verspielten, freiheitsliebenden und sensiblen Seiten. Die Selbste, die wir in uns unterdrücken, unterdrücken wir gewöhnlich auch in unseren Kindern. Als sein Sohn die Eigenschaften von Bernds unterdrückten Selbsten auslebte, musste Bernd ihn immer häufiger kritisieren. Immer, wenn er sah, dass sein Sohn überempfindlich war, sich passiv verhielt oder gerade besonders viel Spaß hatte, wurden diese Qualitäten auch in ihm mobilisiert. Bernd musste diese Neigungen in sich selbst stoppen, und die Art, wie er sie stoppte, war, sie seinem Sohn »abzuerziehen«. Die Dinge, die wir an unseren Kindern am meisten kritisieren, sind Abbilder unserer eigenen unterdrückten Selbste.

Was geschah nun, um dies zu verändern? Bernds Herzproblem machte ihn verletzlich. Es eröffnete ihm zum ersten Mal in seinem Erwachsenenleben das Reich seines inneren Kindes. Er konnte nicht arbeiten, er musste »sein«. Er begann, all die unterdrückten Selbste zu erleben, die unter dem Bann seiner dominanten Selbste gestanden hatten. Er lernte, auf sein inneres Kind zu hören. Er lernte die Bedeutung des Spiels kennen. Eine neue Welt öffnete sich ihm, und im Zuge dieser Öffnung konnte sein Sohn ihm näher kommen. Er war nicht mehr gezwungen, die unterdrückten Selbste seines Vaters polarisierend auszuleben. Beide waren nun in der Lage, voneinander zu lernen. Ihre unterschiedlichen Charaktere wurden eine Quelle für die Entfaltung ihrer Kreativität. Sie führten einander in ungewohntes Terrain.

Wir wollen uns im Folgenden einer typischen Mutter-Tochter-Bindung zuwenden. Simone ist eine gute, verantwortungsbewusste und liebevolle Mutter. Sie unterdrückt ihren eigenen Egoismus und ihren Hang, andere Menschen auszunutzen. Ihre Tochter Elisa ist, wie zu erwarten, egoistisch, nutzt andere aus und ist in jeder Hinsicht das völlige Gegenteil. Sie trägt die unterdrückten Selbste ihrer Mutter. Bereits in Elisas Kindheit war Simones urteilende Mutter mit Elisas rebellischem, egoistischem Tochter-Selbst im Clinch. Beide wurden immer tiefer in diese gegensätzlichen Selbste gedrängt, ein klassisches Beispiel für viele Eltern-Kind-Beziehungen. War Elisa von Geburt an egoistisch? Wir können sicher sein, dass dies ganz bestimmt nicht der Fall ist.

Wir dürfen nicht vergessen, dass sich die dominanten Selbste entwickeln, um die Verletzlichkeit zu schützen. Als Simone heranwuchs, lernte sie, ein braves, verantwortungsvolles Kind zu sein, denn dies funktionierte und es schützte und belohnte sie in ihrer Familie. Von frühester Kindheit an wurde sie kritisiert, wenn sie auch nur ansatzweise egoistisch war. Diese strafende Haltung gegenüber Egoismus wurde Teil ihrer dominanten Selbste. Wenn sie an ihrer Tochter etwas Egoistisches entdeckte, wurden ihre bestimmenden Selbste aktiviert, denn sie fühlte sich verletzlich und unsicher gegenüber jeder Erscheinungsform von Egoismus. Auf diese Weise wurde Simone immer mehr ein »guter« Mensch, während Elisa sich mehr und mehr mit den unterdrückten Selbsten ihrer Mutter identifizierte, bis Egoismus und Berechnung zu ihren dominanten Selbsten wurden. Sie könnte im Umgang mit allen möglichen Menschen egoistisch sein, denkbar ist aber auch, dass sie nur ihren Eltern gegenüber so ist.

Jeder für sich kann aus diesem Bindungsmuster aussteigen oder, wie in diesem Fall, beide gleichzeitig im Rahmen einer Therapie. Beide mussten sich wechselseitig als Lehrer anerkennen. Simone löste sich von ihrem guten, liebevollen Mutter-Selbst und akzeptierte die Selbste der entgegengesetzten Seite. Sie musste den Teil ihrer Persönlichkeit kennen lernen, der nicht liebevoll, sondern egoistisch ist, der sich über Menschen ärgern kann und nicht wie ein Engel sein will. Außerdem hatte Simone nie gelernt, ihre Verletzlichkeit bewusst mitzuteilen. Stattdessen war sie mit ihrer Verletzlichkeit identifiziert und fühlte sich oft als Opfer. Es ist ein großer Unterschied, ob man Verletzlichkeit mit einem *Bewussten Ich* mitteilt oder ob man sich damit identifiziert und so zum Opfer anderer wird. Im Kontakt mit Simones innerer Tochter hatte das zur Folge, dass sich Elisas Macht-Selbste auf sehr grausame Weise und völlig unkontrolliert zeigten, bis sich ihre Mutter gänzlich misshandelt fühlte. Elisa wiederum entwickelte natürlich Schuldgefühle, die sie unterdrückte und dadurch bewältigte, dass sie sich von ihrer Mutter zurückzog.

In ihrem Entwicklungsprozess lernte Elisa, die liebevolle Seite ihrer Persönlichkeit anzuerkennen. Sie musste lernen, ihr Bewusstsein von der Rebellin, die in ihrem Leben so lange dominant war, zu lösen. Sie musste auch ihre Verletzlichkeit erkennen und einsehen, dass sie diese bisher völlig verleugnet hatte. So hatte sich bei ihr eine immer härtere Schale ausgebildet. Häufig können Eltern-Kind-Beziehungen, die früher voller Spannungen waren, ein hohes Maß an persönlichem Wachstum hervorbringen, wenn man das Wesen der Bindungsmuster erst einmal verstanden hat.

Schauen wir uns noch eine solche spannungsgeladene Mutter-Tochter-Bindung an: Carla identifiziert sich sehr mit ihrem Perfektionisten. Als solche tut sie stets das »Richtige«. Sie unterdrückt alles in sich, was als unangemessen betrachtet werden könnte. Ihr perfektionistisches Selbst arbeitet mit einem rationalen Selbst zusammen, das alle ihre Handlungen erklärt und rechtfertigt. Sie hat noch nie etwas Falsches getan, würde sie uns glücklich und zufrieden erzählen. Sie war die perfekte Tochter ihrer Eltern, die perfekte Ehefrau ihres Mannes und die perfekte Mutter ihrer zwei Söhne und ihrer Tochter. Als der ältere Sohn und ihre Tochter das Jugendalter erreichten, entwickelten sie einen dermaßen gefährlichen Lebensstil, dass die Kinder zur größten Sorge der Mutter wurden. Sie beschrieb ihre Kinder fortan als das Unglück ihres Lebens.

Interessanterweise ist dieses familiäre »Unglück unseres Lebens« eine direkte Repräsentation der Selbste, die im Schatten unserer Psyche verborgen liegen. Carla hatte alle aggressiven Persönlichkeitsaspekte unterdrückt. Bindungsmuster funktionieren mit mathematischer Genauigkeit.

Es ist sehr wahrscheinlich, dass Carlas Kinder sich von ihr weg entwickeln und ein System von dominanten Selbsten hervorbringen, das weitaus dionysischer ist. Ein exzessiver Drogenkonsum wäre eine natürliche Begleiterscheinung dieser Art von dionysischer Identifikation. Carlas Kinder waren in Gefahr, da ihr aggressives Verhalten sie leicht in ernsthafte Schwierigkeiten mit dem Gesetz bringen konnte. Sie waren innerhalb des Familiensystems typische Opfer-Figuren. Carla selbst wiederum war das Produkt einer Erziehung, in der jedes Anzeichen von Unvollkommenheit oder Negativität schlicht unter den Teppich gekehrt wurde.

Wir alle sind Produkte dieses natürlichen Prozesses, uns mit unseren Selbsten zu identifizieren bzw. sie zu unterdrücken – bis wir aus dem magischen Kreis ausbrechen und unsere Bindungsmuster bewusst erkennen können. Eltern-Kind-Interaktionen sind meist noch komplizierter als hier geschildert, denn die familiären Bindungsmuster finden sowohl mit beiden Elternteilen als auch zwischen den Geschwistern statt. Dennoch gibt es viele Dinge, die schnell und leicht erlernt werden können, indem man den wichtigsten Bindungsmustern auf den Grund geht und die unterdrückten Selbste der Familie entdeckt.

## Beispiel 3: Gegensätze unter Geschwistern

Im Allgemeinen lässt sich beobachten, dass bei Geschwistern das eine mit einem bestimmten Selbst oder Selbst-System identifiziert ist und das andere mit einer genau entgegengesetzten Wertestruktur. Es scheint fast so, als sei es eine unausgesprochene Vereinbarung, dass jeder das eigene persönliche Territorium absteckt. Im Laufe der Jahre scheinen sich diese Gegensätze zu verhärten. Die Geschwister werden immer mehr in die Identifikation mit ihren bestimmenden Selbsten gedrängt und die verleugneten Selbste werden immer stärker unterdrückt.

Ralf zum Beispiel ist der aggressive, erfolgreiche ältere Bruder. Er hat eine dominierende Persönlichkeit, er weiß, was er will und bekommt es auch. Er ist eine Führerfigur und bei seinen Eltern sehr angesehen. Uli ist ein Träumer. Er liebt Musik und Kunst, weiß nicht so recht, was er will, verbringt viel Zeit allein, kurz und gut, er ist das totale Gegenteil von Ralf.

Ralf wird von beiden Eltern unterstützt. Beide haben in ihrem Leben nur Durchschnittliches erlebt und sehen in Ralf all ihre Träume wahr werden. Sie lieben Uli, aber sie halten ihn für schwach. Ralfs Erfolge machen ihn zum Lieblingssohn seiner Eltern, zum verantwortungsvollen Vater der Eltern und schließlich zum kritischen Vater für Uli. Ralf ersetzt ihm beinahe den wirklichen Vater.

Uli zieht sich immer mehr in seine Phantasiewelt der Kunst und Musik zurück und unterdrückt mit wachsendem Eifer die Teile in ihm, die Erfolg, Anerkennung und Macht begehren. Ralf dagegen taucht immer stärker in die Identifikation mit messbarem Erfolg und Macht ein und unterdrückt immer mehr die Selbste, die sich nach einem gemächlicheren, künstlerischen Leben sehnen. Diese auseinanderdriftende Entwicklung repräsentiert eine typische und klassische Situation in Familien.

An einem gewissen Punkt unseres Lebens identifizieren wir uns fast alle mit bestimmenden Selbsten, die im Gegensatz zu den bestimmenden Selbsten (unseren eigenen unterdrückten Selbsten) eines anderen stehen.

Es ist faszinierend zu sehen, wie in einer Familie die Selbst-Systeme aufgeteilt werden. Hier werden auch intensive Bindungsmuster zwischen den Geschwistern geschaffen; ihre Verletzlichkeit wird zunächst im Wettkampf um die Liebe der Eltern angesprochen und die Bindungsmuster werden dann durch die unterdrückten Selbste, die sie füreinander repräsentieren, stabilisiert. Meistens identifiziert ein Geschwister sich mit den verantwortungsvollen Eltern und dem schuldigen Kind und der Gegenspieler mit dem abhängigen Kind und den fordernden Eltern. Häufig trifft man Familien, in denen von zwei Geschwistern der eine ordentlich und der andere unordentlich ist. (Lustigerweise wird von den beiden, wenn sie von zu Hause ausziehen, der Ordentliche nachlässiger, während der Unordentliche sorgfältiger wird.) Ein Geschwisterteil widmet vielleicht seiner äußeren Erscheinung viel Zeit, der andere sieht eher unscheinbar aus oder ist ein Mauerblümchen. Einer ist schüchtern, während der andere extrovertiert und besonders redegewandt ist. Der eine macht einen kompetenten, der andere einen chaotischen Eindruck. Es gibt viel, was die Geschwister voneinander lernen können, wenn sie aus den Strukturen ausbrechen, die sie an ihre bestimmenden Selbste binden und sie dazu zwingen, die Selbste zu unterdrücken, die dem anderen zugeschrieben werden.

## Beispiel 4: Das Kind in der Elternrolle

Manche Kinder identifizieren sich sehr früh in ihrem Leben mit der Elternrolle und wachsen buchstäblich in der verantwortungsvollen Elternrolle auf. Sie tragen Sorge für die emotionalen Bedürfnisse ihrer Mütter und/oder Väter und werden für ihre Geschwister zu Eltern. Wenn sie erwachsen sind und heiraten, identifizieren sie sich natürlich wieder stark mit der Rolle der verantwortungsvollen Eltern, und in dieser Rolle binden sie sich an das bedürftige Kind in ihren Partnern und Kindern. Aus der Verzweiflung heraus, dass es auf der ganzen Welt nie jemand geben wird, der sich angemessen um sie kümmern könnte, haben sie gelernt, ihre Verletzlichkeit und Bedürftigkeit zu unterdrücken.

Sie wissen nicht, wie sie darauf vertrauen können, dass andere ihnen zur Seite stehen. Dies findet man häufig bei Kindern von Alkoholikern oder Menschen, die aus anderen Gründen ihre Rolle nicht erfüllen können. Äußerlich betrachtet wirken sie stark und erfolgreich. Dank ihrer verantwortungsvollen Selbste können sie mit ihrer Umwelt umgehen, aber im Inneren fühlen sie sich leer, weil sie ihr eigenes verletzliches Kind unterdrückt haben. Sie treten mit anderen Menschen nur durch das Elternmuster in Beziehung und sind so lange unfähig zu wahrer Nähe, bis es zu einer Reintegration des verletzlichen Kindes kommt und damit die Beziehungsfähigkeit wiederhergestellt wird.

Renates Eltern waren Alkoholiker. Ihre Mutter hatte bis zur Geburt des vierten Kindes, Renate war gerade fünf Jahre alt, die Lage einigermaßen gemeistert. Dann brach sie zusammen und konnte sich nicht mehr um ihre Kinder kümmern. Sie verlor den Kontakt zu ihrer kompetenten Mutter-Seite und wurde selbst ein bedürftiges Kind. Im Alter von fünf Jahren entwickelte Renate, was sie später ihre »fünfjährige Mutter« nannte. In dieser Eigenschaft übernahm sie die Führung des Haushalts, trotz des schmerzlichen Gefühls, dieser Aufgabe nicht gewachsen zu sein. Renate musste ihr verletzliches Kind unterdrücken, weil es keine Mutter mehr gab, die sich darum kümmern konnte, und sie identifizierte sich völlig mit ihrem fünfjährigen Mutter-Selbst. Aus diesem Selbst heraus band sie sich an die unfähige Seite ihrer wirklichen Mutter. In ihrem Leben kümmerte sie sich um ihre Eltern, ihre Geschwister und später um ihre Kunden.

Als wir Renate kennen lernten, identifizierte sie sich immer noch mit diesem Mutter-Selbst. Sie kümmerte sich um alle Menschen ihrer Umgebung und hatte ständig Angst, etwas falsch zu machen. Stets fühlte sie sich erdrückt. Für jeden Außenstehenden war sie eine gute, zuverlässige Mutter, aber innerlich war sie immer noch die Fünfjährige, die sich bemühen musste, erwachsen zu sein.

Renate entdeckte ihr verletzliches Kind und andere Teile, wie ihre Wut, ihren Ärger, ihre Verzweiflung und ihr Misstrauen, und damit begann sie, von einem *Bewussten Ich* aus zu handeln. Sie war in der Lage, sich als Erwachsene um andere Menschen zu kümmern, von einem *Bewussten Ich* aus, anstatt sich an sie zu binden und für sie als frühreife Fünfjährige Sorge zu tragen. Durch ihr *Bewusstes Ich* hat sie die Wahl, welche Art der Fürsorge in einer bestimmten Situation angemessen ist. Sie hat auch die Möglichkeit, Nähe zuzulassen, denn sie hat ihre so lange unterdrückte Verletzlichkeit wiedererlangt.

Die Identifikation mit einem starken Vater-Selbst ist weit verbreitet, aber sie ist besonders ausgeprägt, wenn Kinder in frühem Alter auf Internate geschickt werden. John ist Engländer und kam ins Internat, als er sechs Jahre alt war. Er fühlte sich buchstäblich weggeschickt, denn man hatte ihn nicht genügend vorbereitet und, was noch schlimmer war, er sah seine Eltern erst sechs Monate, nachdem sie ihn in die Schule gebracht hatten, wieder. Dies ist in England und anderen Ländern, in denen Internatserziehung die Regel ist, nicht außergewöhnlich. Während seiner ganzen Grund- und Gymnasialschulzeit sah er seine Eltern höchstens zweimal, manchmal nur einmal im Jahr. Er musste stark sein. Die Jungen hätten ihn ausgelacht, wenn er geweint oder sich schwach gezeigt hätte, und die Lehrer waren auch nicht viel besser. Es war eine Überlebensfrage. Das Internat selbst wurde zum starken Vater, der jegliches Anzeichen von Verletzlichkeit ablehnte. Sich empfindsam zu zeigen bedeutete, von seinen Mitschülern und/oder dem Lehrapparat erledigt zu werden. Um zu überleben, identifizierte man sich mit der Machtseite, und so kam es, dass John sich immer mehr mit dem starken, verantwortlichen Vater-Selbst in sich identifizierte.

Von dieser Identifikation in die Intimität einer Liebesbeziehung zu wechseln ist besonders für Menschen, die schon früh in ihrem Leben stark sein mussten, ein wirklich großer Schritt. Unterdrückung von Verletzlichkeit macht Nähe in einer Beziehung unmöglich. Ein Paar mag in vieler Hinsicht zufrieden wirken, doch wenn sie ihre Verletzlichkeit voreinander schützen und aus ihrer Beziehung heraushalten, wird es ihnen an Tiefe, Vitalität und Lebendigkeit fehlen.

Da John seine Jugend in diesem Internat verbrachte, wurde er eine aggressive und starke Führungspersönlichkeit, und seine Verletzlichkeit verschwand völlig. Er wuchs zum Typ des starken Vaters heran, wurde ein erfolgreicher Geschäftsmann, heiratete schließlich Monika und gründete eine Familie. Monika war bis zu diesem Zeitpunkt in ihrem Berufsleben erfolgreich, aber in dem Maß, wie die Familie wuchs, übernahm sie immer mehr Verantwortung. Sie wurde John gegenüber immer schwächer. Gleichzeitig stellte sie sich schützend vor die Kinder. John wurde seinem ältesten Sohn Jonathan gegenüber ein zunehmend strengerer Lehrmeister. Jonathan war als kleiner Junge sehr sensibel gewesen, was John nicht ertragen konnte. Da Verletzlichkeit bei ihm ein unterdrücktes Selbst war, musste er sie auch bei Jonathan unterdrücken. Während John als Vater immer strenger wurde, versuchte Monika, die Lage auszugleichen, indem sie als Mutter immer nachsichtiger, gebender und liebevoller wurde. Schließlich kam es zum Konflikt zwischen John und Monika wegen ihrer unterschiedlichen Ansichten darüber, wie man Jonathan behandeln sollte. Jonathan wurde in der Schule schlechter und entwickelte bald darauf auffällige Verhaltensweisen.

Die Lage verschärfte sich zunehmend, weil John sich immer mehr mit dem mächtigen und fordernden Vater-Selbst identifizierte, während Monika die Rolle der liebevollen, nachsichtigen Mutter übernahm, die zu ihrem dominanten Selbst geworden war. Jonathan war nun der Brennpunkt all ihrer Konflikte. John fühlte sich in der Familie immer weniger verstanden und immer mehr isoliert. Er war nun häufiger der »Buhmann«, derjenige, der alles ablehnte und vor dem alle Angst hatten. Er war tatsächlich sehr isoliert. Sein unterdrücktes empfindsames Kind wurde immer verletzter, je mehr sich die Situation zuspitzte und umso stärker er in die Rolle des starken Vaters gedrängt wurde. Erst als Jonathans Verhalten recht beängstigende Züge annahm, suchten sie Hilfe.

Wir sehen, dass Jonathans Probleme die Symptome einer Familie waren, in der starke Bindungen herrschten, aber kein Bewusstsein darüber, was sie bedeuteten. Im Zentrum unseres Interesses steht John. Starke Väter sind häufig die »Buhmänner« in Familien, weil sie die Disziplinierungs- und Lehrfunktion innehaben. Solange das *Bewusste Ich* mit dem starken Vater identifiziert ist, gibt es keinen

Zugang zur Verletzlichkeit. Selbstverständlich gibt es auch zu einigen anderen Seiten von Johns Wesen keinen Zugang, doch wir wollen uns hier auf die Verletzlichkeit konzentrieren. Seine Verletzlichkeit musste ausgeschaltet werden, damit er als Kind überleben konnte. Seine Machtseite musste die Kontrolle behalten und damit fortfahren, Verletzlichkeit auszuschalten. Immer, wenn er in anderen Menschen Verletzlichkeit entdeckte, ging er ihnen an die Kehle. Er griff sie an, verurteilte und kritisierte sie. Auf diese Weise hält unsere Machtseite die unterdrückte Verletzlichkeit in Schach. Jonathans Anblick löst in John so viel Schmerz aus, dass er sich ganz elend fühlt. Dieser Schmerz ist für ihn unerträglich und deshalb muss er die Verletzlichkeit in Jonathan zerstören. Auf diese Weise ist sein starker Vater an Jonathans empfindlichen Sohn gebunden. Sein eigener innerer empfindlicher Sohn bleibt so lange isoliert, bis dieser etwas findet, das seine Bedürfnisse befriedigen kann. Das könnte eine Liebesaffäre mit einer Sekretärin, Angestellten oder Arbeitskollegin sein oder eine Freundschaft, die auf die Bedürfnisse des verletzlichen Kindes eingeht. Die Ehefrau ist in dieser Situation zwischen ihrer Liebe und ihrem Verantwortungsgefühl gegenüber Mann und Sohn hin- und hergerissen, ein äußerst schmerzhafter Zustand! Wenn die Situation zum Lernen genutzt wird, das heißt, wenn John sein unterdrücktes Kind wahrnehmen würde, könnte er es schließlich heilen. Er könnte sich mit einem *Bewussten Ich* um sein inneres Kind kümmern und ihm die Fürsorge zuteil werden lassen, nach der es sich all die Jahre gesehnt hat.

## Beispiel 5: Das Kind als Partnerersatz

Wie wir angedeutet haben, ist es in der Familien-Dynamik ein weit verbreitetes Muster, dass eines oder mehrere Kinder an einen Elternteil gebunden sind und eine Art Partnerersatz für Mutter oder Vater werden. Susanne ist ein gutes Beispiel für diese Art von Bindungsmuster.

Susanne hat drei Kinder. Steffen, der Älteste, ist ihr Liebling. Er ist da, wenn sie ihn braucht, und dies geschieht immer öfter. Ihr

Mann, der seine Verletzlichkeit und Bedürftigkeit unterdrückt, hat ein anstrengendes Berufsleben. Statt sich mit ihrem wachsenden Gefühl der Isolation und Einsamkeit auseinanderzusetzen, wendet sich Susanne an Steffen, wenn sie emotionale Unterstützung braucht.

Durch diese Dynamik entfremdet sich ihr Mann von Steffen, und so sitzt dieser gleich zweimal in der Falle. Zu seiner Mutter hat er eine starke Bindung als lieber Vater ihrer bedürftigen Tochter und als abhängiger Sohn ihrer fürsorglichen Mutter. Je mehr sich die Eheleute auseinanderleben, umso intensiver wird diese Bindung. Seinem Vater gegenüber hat Steffen eine andere Art von Bindung: Der urteilende Vater steht Steffens verletzlichem Kind gegenüber. Der Vater ist durch die »Ehe« zwischen seinem Sohn und seiner Frau zutiefst verletzt. Sein Schmerz ist ihm nicht bewusst, deswegen erlebt er nur kalte Wut, wenn er die beiden zusammen sieht. Seine eigenen emotionalen Bedürfnisse werden durch die Ehe schon lange nicht mehr befriedigt, aber er ist auch nicht in der Lage, mit seiner Frau die Themen anzusprechen, die geklärt werden müssen, um Steffen aus seiner Falle zu befreien.

Wenn wir uns leer fühlen, muss jemand diese Leere ausfüllen. Genau das ist es, was Steffen und seine Mutter füreinander tun. Susannes Mann sucht sich vielleicht eine außereheliche Beziehung oder er kompensiert den Mangel durch seine beruflichen Kontakte. Wenn Kinder in solche Bindungsmuster verwickelt sind, ist das für sie sehr schwierig, und man weiß nie, in welche Richtung sich die Dinge entwickeln. Am Ende trennten Susanne und ihr Mann sich. Susannes Verbindung zu Steffen vertiefte sich durch den Schock der Trennung im darauffolgenden Jahr.

Die Verbindung blieb so, bis Susanne einen Mann traf, in den sie sich verliebte. Dieser fühlte sich mit der, nach seiner Meinung, extremen Mutter-Sohn-Bindung äußerst unbehaglich. Genau in solchen Situationen begegnen wir den bösen Stiefmüttern und Stiefvätern aus dem Märchen. Susanne heiratete den Mann und Steffen hatte plötzlich niemand mehr. Der neue Stiefvater tat alles, um die Bindung zwischen Mutter und Sohn zu zerstören. Die Mutter beugte sich dem Diktat des neuen Ehemannes, weil sie glaubte, es ohne ihn nicht schaffen zu können. Steffen blieb auf der Strecke, allein und ohne Beziehung zu einem anderen Menschen. Als die intensive, positive Bindung zu seiner Mutter zerbrach, fühlte er sich vollständig verraten.

Steffen entwickelte Verhaltensstörungen, bis man endlich therapeutische Hilfe suchte. Jetzt begannen alle Mitglieder der Familie ihre Rolle in dem Drama zu untersuchen. Steffen hatte Glück, dass seine Hilferufe gehört wurden und dass es eine kreative Antwort auf sie gab, die letztendlich bei allen zu einer echten Entwicklung führte.

Die Intensität der emotionalen Bindung zwischen Eltern und Kind ist der direkte Ausdruck dessen, was in der Ehe fehlt. Je unerfüllter die Ehe, desto größer kann eine emotionale Beziehung zwischen Vater und Tochter, zwischen Mutter und Sohn oder, weniger häufig, zwischen Vater und Sohn sowie zwischen Mutter und Tochter sein.

Eine Tochter ist häufig ein unbewusster Partnerersatz für den Vater, weil sie ihn an seine Ehefrau in ihrer Jugend erinnert. Jürgen und Lene sind seit sechzehn Jahren verheiratet. Sie haben einen Sohn und eine vierzehnjährige Tochter. Die Ehe verkümmerte schon in den ersten Jahren ihres Bestehens, so dass sich, als Claire geboren wurde, zwischen Vater und Tochter eine starke Bindung entwickelte. Im Alter von vier Jahren war Claire für ihren Vater bereits die Ersatzehefrau. Sie tat ihm jeden Gefallen, den sie ihm tun konnte. Wenn er nach Hause kam, brachte sie ihm die Hausschuhe und die Zeitung. Sie saß auf seinem Schoß. Sie beanspruchte seine ganze Aufmerksamkeit. Sie beobachtete seine Stimmungen und tat alles, damit er sich wohl fühlte. Ihre Beziehung zur Mutter wurde eher negativ, das einzig Wichtige war ihr Papa. Alles ging gut bis zu ihrer Pubertät. Sie fing an, Freunde zu haben und war häufiger unterwegs. Eines Abends blieb sie länger weg, als ihr erlaubt war. Beide Eltern blieben auf und warteten auf sie, aber es war Jürgen, der ihr eine Szene machte. Er sagte ihr, wie angewidert er von ihr sei und dass sie drauf und dran sei, sich wie eine Nutte zu benehmen. Die Mutter war von der Härte seiner Reaktion schockiert und tat ihr Bestes, ihn zu bremsen. Doch die

Kehrseite des lieben Vaters hatte sich offenbart und nun sagte der ablehnende Vater seine Meinung. Claire hatte nichts Böses getan und war ebenfalls von der Reaktion des Vaters völlig schockiert. Sie zog sich zurück, ihr Vater ebenso, und mehrere Monate herrschte Schweigen zwischen ihnen, bis die Mutter schließlich Hilfe suchte.

Was war mit Jürgen geschehen? Er hatte in einer erfüllten und positiven Bindung mit seiner Tochter gelebt, bis es zu diesem Zwischenfall kam. Er war der Vater für ihre gute Tochter, die ihm gefallen wollte, und sie war die Mutter für seinen bedürftigen Sohn. Jürgens Ehe funktionierte schon lange nicht mehr, so dass die Bedürfnisse seiner sensiblen Seiten dort nicht mehr erfüllt wurden. Sie zu erfüllen war zu Claires Vollzeitbeschäftigung geworden.

Dies ist ein überaus häufiges Muster in Eltern-Kind-Interaktionen. Die Bindung bleibt positiv bis zur Pubertät, dann ändert sich plötzlich alles. Claire beginnt, sich von der Familie zu lösen. Ohne dass es jemand merkt, bleibt Jürgens verletzliches Kind auf der Strecke. Er weiß es nicht, aber der ablehnende Vater beginnt, immer stärker zu werden, und sein Ärger wächst in dem Maße, wie er sich verlassen fühlt. Er fühlt sich betrogen, ohne diesen Betrug benennen zu können. Als der ablehnende Vater auftritt, fängt Jürgen an, sich zurückzuziehen. Der Rückzug ist zunächst sehr subtil, aber Claires verletzliches Kind spürt ihn, und sie fängt an, die Leere durch Kontakte zu Freunden zu füllen, die eine neue und frische Bedeutung für sie haben. So ist die Bühne vorbereitet für den letzten Akt zwischen Vater und Tochter.

Wenn Claire abends wegbleibt, ist Jürgen verletzt, und weil er nichts über sein inneres Kind weiß, wird er zum wutentbrannten Vater, während sie zur schweigenden, misstrauischen Tochter wird. Ein weiterer Faktor muss beachtet werden. Jürgen hat seine eigene Sexualität unterdrückt. Seine Beziehung zu Claire hat einen sexuellen Unterton, ohne dass er dies weiß. Das ist völlig normal und natürlich, aber viele Väter können mit sexuellen Gefühlen gegenüber ihren Töchtern nicht umgehen. Häufig reagieren sie zu Beginn der Pubertät abweisend und ziehen sich von der Tochter zurück. Sie gleiten tiefer in patriarchalische Verhaltensweisen, meistens in die Rolle eines ablehnenden, zurückgezogenen, kritischen Vaters, um mit der eigenen unterdrückten Sexualität umgehen zu können. Also muss auch die Sexualität der Töchter eingeschränkt werden. Auch wenn es eine sehr liebevolle Beziehung war, zieht sich der Vater von der Tochter zurück, und sie versteht nicht, was passiert. Sie weiß nur, dass etwas sehr Schönes verloren gegangen ist.

Jürgen fühlt sich von dem, was er für Claires keimende Sexualität hält, äußerst bedroht, und da er seine eigene Sexualität unterdrückt, wird dies zum Treibstoff für die Aggression in der Bindung. Schließlich veranlasst die Ehefrau, dass sie Hilfe suchen. Doch das, woran gearbeitet werden muss, ist die Ehe. So haben familiäre Bindungsmuster und ihr Kennenlernen für beide eine Chance zu einer lebendigeren Entwicklung eröffnet.

## Beispiel 6: Wenn die Familie ein Baby bekommt

Die Bereicherung einer bestehenden Familie um ein Kind ist im Allgemeinen, wenn auch nicht in jedem Fall, ein sehr erfreuliches Ereignis. Wenn das Kind nicht wirklich unerwünscht ist oder es nicht beträchtliche Konflikte seitens der Eltern gibt, ist das Kind eine Quelle der Freude, des Staunens und der Aufmerksamkeit. In der ersten Zeit ist dieser neue Mittelpunkt für jeden in der Familie ein Gewinn, außer vielleicht für ein Geschwister, das nun die Aufmerksamkeit, die es vormals allein hatte, teilen muss. Nach der Geburt des Neuankömmlings gibt es oftmals eine Zeit, die der Verliebtheit ähnelt; alles ist wundervoll und die inneren Kinder der Eltern fühlen sich vollkommen sicher. Positive Bindungen dominieren und das Unbehagen, das die unterdrückten Selbste begleitet, tritt in den Hintergrund.

Doch bereits auf einer sehr frühen Stufe können sich Probleme entwickeln, die zu negativen Bindungsmustern führen und die, wenn sie nicht genügend beachtet werden, die Lebendigkeit einer Ehe gefährden können. Wir möchten gerne darstellen, wie sich ein solches Muster entwickelt.

Die ersten Monate im Leben eines Kindes erfordern eine Symbiose zwischen Mutter und Kind. Ohne diese Nähe und Intimität würde das Kind in erheblichem Maße leiden. Alle späteren Bindungen ähneln in gewisser Weise dieser Eltern-Kind-Bindung. Es ist wichtig, sich stets vor Augen zu halten, dass das innere Kind ständig auf der Suche nach Eltern ist, an die es sich binden kann. Das ist der Grund dafür, warum Verletzlichkeit der Schlüssel für das Zustandekommen negativer Bindungsmuster ist. Das verletzliche Kind hängt sich immer an die Eltern-Anteile einer anderen Person. Wenn das innere Kind bedroht wird, ist das ganze System bedroht und zu dessen Schutz werden die Machtseiten aktiviert.

Es scheint also, dass spätere Bindungsmuster in unserem Leben dazu gedacht sind, dem gleichen Zweck zu dienen wie die anfängliche Eltern-Kind-Bindung, nämlich dem inneren Kind die Möglichkeit zu geben, mit den inneren Eltern einer anderen Person in Beziehung zu treten und durch sie beschützt zu werden.

Kehren wir zurück zu der ursprünglichen Mutter-Kind-Bindung, die mit dem Eintritt des Kindes in die Familie entsteht: Die große Nähe dieser Bindung kann vielen Männern Probleme machen. Vor der Geburt des Kindes konnte sich die Frau weit mehr für die Bedürfnisse des Mannes engagieren. Nun muss sie sich teilen. Dazu kommt, dass sie wahrscheinlich sehr viel weniger Energie für den Mann zur Verfügung hat, da das Baby einen Großteil der Zeit beansprucht und ihren Schlaf unterbricht. Viele Frauen sind durch die neuen Erfahrungen auch nervös und gefordert. Außerdem, und dies sollte nicht unterschätzt werden: Das verletzliche Kind in der Mutter fühlt sich mit dem neuen Kind, das ihm bedingungslose Liebe entgegenbringt, völlig sicher!

Männer reagieren ganz verschieden auf das Neugeborene. Einige von ihnen – eine zur Zeit ständig wachsende Anzahl – übernehmen die Elternrolle und füllen sie mit ebenso großem Enthusiasmus aus wie die Mutter. Viele andere Männer jedoch treten zurück und überlassen der natürlichen Mutter-Kind-Bindung das Feld. Sie unterdrücken ihre eigene Elternrolle, gehen ihren Geschäften nach und verwenden immer mehr Energie auf andere Lebensbereiche wie Arbeit oder Hobby.

Dies wird spätestens dann zum Problem, wenn der Mann beginnt, sich ausgeschlossen zu fühlen. Manchmal merkt er es und ein anderes Mal geschieht dies ohne jegliche Bewusstheit. Viele Frauen haben in dieser Zeit der intensiven Bindung an ihr Baby wenig sexuelles Verlangen. Für den Mann kann genau das Gegenteil der Fall sein. Er war weder schwanger, noch musste er das Baby zur Welt bringen. Und vielleicht steht er nachts auch nicht auf, um es zu füttern. Zu alledem wird seine Verletzlichkeit durch die Ankunft des Babys berührt, denn es wetteifert mit ihm um die Aufmerksamkeit. Es ist gut möglich, dass er mehr sexuelle Kontakte begehrt, um sich mit seiner Frau verbunden zu fühlen oder auch um seine Stärke in der Beziehung über die Sexualität zu beweisen. Seine Bedürfnisse können sich also von denen seiner Frau sehr unterscheiden.

Es gibt einen weiteren Aspekt, der in diesem Zusammenhang oft eine Rolle spielt. Die Geburt des ersten Kindes löst in den meisten Frauen eine sehr kraftvolle Energie aus, die etwas mit der Rolle als Mutter zu tun hat. Es ist ein Lebensgefühl, das ihr vorher fremd war. Doch sobald das Kind da ist, kann diese Mutterenergie sie völlig einnehmen. Es können einschneidende Veränderungen geschehen, wenn diese Mutterfunktion – oder dieses Selbst – plötzlich eine Frau bestimmt, die früher eher ein sorgloser Mensch oder eine beruflich engagierte Frau war. Es ist die Zeit, in der eine Frau vielleicht pummelig wird und ihre Attraktivität verliert.

Wie der Mann zu alldem steht, ob er sich seiner Gefühle bewusst ist oder nicht, wie er mit ihnen umgeht, wird auf die Bindung zu seiner Frau großen Einfluss nehmen. Sehen wir uns die Entwicklung einiger solcher Muster genauer an.

## Beispiel 7: Das neue Kind

Geli und Herbert haben ein Baby bekommen. In der ersten Zeit geht alles gut. Beide sind glücklich mit dem Kind und dem neuen Familiengefühl. Herbert verbringt anfangs viel Zeit zu Hause, aber bald muss er sich wieder seiner Arbeit zuwenden, und die Familien-Routine entwickelt sich auf ziemlich typische Weise.

Herbert ist ein freundlicher Typ und neigt dazu, sich mit seinem lieben Vater-Selbst zu identifizieren. Bevor das Kind kam, war Geli berufstätig; doch ihr Beruf machte ihr nicht besonders viel Freude. Das Kind brachte ihr den Vorteil, nicht mehr arbeiten zu müssen. Das birgt Konfliktstoff für die Familie, denn das Kind soll eine Funktion erfüllen, mit der es eigentlich nichts zu tun hat. Ihr Sohn ist für Geli eine gute Entschuldigung dafür, nicht mehr zur Arbeit gehen zu müssen. Diese Gefühle sind zwar für Herbert und sie nicht greifbar, aber sie wirken unter der Oberfläche.

Langsam beginnt Herbert, sich irgendwie betrogen zu fühlen. Er ist sich dessen nicht bewusst. Der liebe Vater in ihm weiß, dass Geli mit dem Kind zu Hause bleiben muss und gönnt ihr diese Freiheit. Dennoch fühlt sich sein inneres Kind nicht so sicher mit ihr wie vorher. Die Bedürfnisse des verletzlichen Kindes werden nicht mehr erfüllt. Geli ist in ihre Mutterschaft eingetaucht und Herbert fühlt sich von ihr verlassen. Herbert ist ebenso ein rationaler Mann wie ein lieber Vater-Typ und so ignoriert er diese vagen Gefühlen, und lässt die Dinge laufen.

Herberts verletzliches Kind fühlt sich auch deswegen verraten, da Geli offensichtlich keine Lust hat, in ihren Beruf zurückzukehren. Nun liegt die finanzielle Verantwortlichkeit für die Familie ganz auf seinen Schultern. Dem lieben und verantwortlichen Vater ist das ganz recht. Aber das verletzliche Kind fühlt sich jetzt noch mehr im Stich gelassen.

Noch etwas anderes geschieht, das dazu beiträgt, dass Herbert sich nicht gut fühlt: Gelis Sexualität hat sich verändert. Früher war sie sinnlicher, jetzt will sie öfter »kuscheln«. Sie sagt, dass sie Zuneigung braucht, aber die intensive erotische Leidenschaft, die früher zwischen ihnen war, ist verschwunden.

Herbert übernimmt für Geli immer mehr die Vaterrolle und knuddelt sie so, wie sie es will. Aber auf einer viel tieferen Ebene beginnt der Rückzug. Herbert kann gut mit positiven Gefühlen umgehen, nicht jedoch mit negativen. Er hat niemals gelernt, ärgerlich und gereizt, geschweige denn verletzt zu reagieren. Zudem sagt ihm sein rationales Selbst, dass seine Gefühle ziemlich dumm sind. Diese rationale Stimme verhindert, dass er seine

Gefühle und Reaktionen mitteilen kann. Mit der Zeit wird sich diese Unfähigkeit, mit direkten Gefühlen zu reagieren, zunehmend destruktiv auf die Partnerschaft auswirken.

Warum kann die Verliebtheit zwischen zwei Menschen verloren gehen, wenn Kinder kommen? Aus unserer Sicht passiert Folgendes: Es haben sich starke Bindungen zu den Kindern entwickelt; Mann und Frau werden immer mehr zu Mutter und Vater. Gleichzeitig werden viele ihrer anderen Selbste unterdrückt. Als verantwortliche Mütter und Väter wird es schwieriger, aufeinander zu reagieren, da sie viel mehr beschäftigt sind als vorher. Wenn die Kinder älter werden, haben sie selbst einen hemmenden Einfluss auf spontane Reaktionen. Mehr und mehr Energie wird dafür aufgewendet, die Bedürfnisse der Kinder zu befriedigen und der persönliche Egoismus seitens der Eltern wird stärker unterdrückt. Das ist nur eines der möglichen Szenarien, sicher, aber es ist erstaunlich verbreitet.

Was unglücklicherweise so oft in einer Situation wie der zwischen Herbert und Geli geschieht, ist der erste Akt der Zerstörung einer Ehe, der entweder zur Trennung führt oder zu einer zunehmenden emotionalen Distanz zwischen den Eheleuten. Wir sagen nicht, dass dies unbedingt so sein *muss*, aber es geschieht sicherlich sehr häufig.

In unserem Beispiel beginnt Herbert, sich innerlich zurückzuziehen, ohne dies zu merken. Er vertieft sich immer mehr in seine Arbeit; es scheint, als ob sein innerer Antreiber sein Leben in die Hände genommen hätte. Er genießt die Kontakte mit Kolleginnen. Obwohl er zu diesem Zeitpunkt keinerlei Affären hat, freut er sich auf die Gespräche mit seinen Kolleginnen und darauf, mit ihnen zusammen zu sein. Er fühlt sich durch diese Kontakte angeregt. Wenn er nach Hause geht, übernimmt der liebe Vater das Steuer und kümmert sich um seinen Sohn und um Geli. Er hat Freude an seinem Sohn, aber der Umgang mit ihm wird zunehmend zur Routine. Er sieht immer häufiger fern, und mit der Zeit gibt es ein allabendliches Ritual: Geli geht zu Bett, und er schaut Fernsehen bis tief in die Nacht und macht sich ein spätes Abendbrot. Die Kluft zwischen ihnen wird immer größer.

Glücklicherweise muss dies nicht so sein. Sowohl Herbert als auch Geli (oder besser beide) könnten diese Entwicklung verändern. Wenn Herbert sich seiner Gefühle bewusst würde, könnte er handeln. Wenn er sich nicht so sehr vor seiner eigenen Wut fürchten würde, könnte er explodieren und Geli seine Unzufriedenheit mitteilen. Er könnte ihr erzählen, wie verlassen er sich fühlt, wie sehr er die Intimität vermisst, die früher zwischen ihnen war. Und schließlich: Kinder sollen Kinder sein und nicht die Ehepartner ihrer Eltern.

Vielleicht geht Geli eines Tages mit einer Freundin aus, die ihr vorwirft, dass sie sich gehen lässt und schlecht aussieht. Vielleicht hat Geli einen Traum, in dem Herbert mit einer anderen zusammen ist; das wäre nicht ungewöhnlich in einer solchen Situation. Oder sie sieht, wie Herbert mit einer anderen flirtet und ist eifersüchtig. Die Identifizierung mit Bindungsmustern lässt uns vergessen, wer wir sind, vorausgesetzt, dass wir je wussten, wer wir sind. Es ist, als litten wir unter Gedächtnisverlust oder als wären wir im Tiefschlaf. Je tiefer der Schlaf, umso schockierender wird das Erwachen. Deshalb wachen so viele Leute auf, wenn der Partner eine heiße Liebesaffäre hat.

Wenn Geli und Herbert Interesse an einer persönlichen Weiterentwicklung und an der Idee der Beziehung als Lernprozess hätten, so stünde ihnen eine wunderbare Möglichkeit offen. Beide orientieren sich an Familien-Strukturen, die ihre Wurzeln in ihrer eigenen frühen Erziehung haben. Geli erzieht ihre Kinder, wie ihre Mutter sie erzogen hat. Die Kinder bedeuteten ihrer Mutter alles; so wie sich Gelis Kind in nur sechs Monaten zu ihrem ganzen Lebensinhalt entwickelt hat. Herberts Vater war immer der nette Kerl, niemals ärgerlich, niemals egoistisch oder fordernd. Das ist exakt die Richtung, in die Herbert sich bewegt, die ihm aber überhaupt nicht gut tut. Wir leben heute in einer Welt, die sich von der Welt unserer Eltern gänzlich unterscheidet.

## Aus familiären Bindungsmustern lernen

Familiäre Bindungsmuster können Ansporn für persönliches Wachstum und Veränderung sein, sobald wir erkennen, wie sie in uns arbeiten. Wir haben die Chance, neue Wege einzuschlagen und in unseren Beziehungen die Liebe, Lebendigkeit und Romantik zu erleben, die wir uns so sehnlich wünschen.

Klar ist, dass die Liebe innerhalb der Bindungsmuster ganz anderer Natur ist als die Liebe eines *Bewussten Ichs*, das mit den widerstrebenden Selbsten in Kontakt ist. Die Beziehung zu unseren Kindern ist oft eine Gratwanderung zwischen dem Verschmelzen und Einswerden, das von den Bindungsmustern kommt, und der Trennung und Klarheit, die Bewusstheit und das *Bewusste Ich* bewirken. Es gibt keine Möglichkeit, diese Bindungsmuster auszuschalten. Sie sorgen für den notwendigen, tiefen Kontakt zwischen Eltern und Kindern. Es sind natürliche energetische Interaktionen, die immer da sein werden.

Wir können uns jedoch allmählich von dem Automatismus, mit dem sie wirken, lösen und damit eine Entscheidungsfreiheit gewinnen, die wir sonst nie hätten. Jede Partnerschaft kann für uns ein Lehrer sein. Je mehr Klarheit über die Bindungsmuster, umso mehr Bewusstheit werden wir in unsere Familien-, Freundes- und Arbeitssituationen bringen und umso weniger werden wir Opfer unserer Bindungsmuster sein.

Wir haben nur einige wenige typische »Familien-Bündnisse« vorgestellt. Es gibt zahlreiche Variationen, deren umfassender Überblick den Rahmen dieses Buches sprengen würde. Wir haben jedoch versucht, genügend Beispiele zu liefern, um Ihnen die Möglichkeit zu geben, Ihre eigene Situation zu erkennen und bewusst mit der Dynamik Ihrer Beziehungen in der Familie und außerhalb umzugehen.

# Andere Bindungsmuster

Der Schlüssel zum Verständnis von Bindungsmustern ist die Erkenntnis, dass jede Persönlichkeit viele verschiedene Selbste in sich vereint. Nur wenn sich das *Bewusste Ich* die Selbstständigkeit gegenüber den dominanten Selbsten erringt, können wir die Vielfalt aller Selbste in uns richtig schätzen. Nur dann können wir die ganze Vielfalt der Selbste untersuchen, die in allen unseren Kontakten wirksam werden.

Wir haben über Bindungen in Liebesbeziehungen gesprochen und wie sie sich in Familien entwickeln. Wenden wir uns nun Bindungen in anderen »Partnerschaften« zu:

## Therapeuten und Klienten, Lehrer und Schüler

Immer mehr Menschen beschäftigen sich mit Fragen des persönlichen Wachstums. Die Anzahl von Menschen, die in einer Beziehung mit Therapeuten oder Lehrern steht, ist so groß geworden, dass dadurch ganz neue Beziehungsfragen – und mit ihr neue Bindungsmuster – entstanden sind.

Der Terminus technicus, der seit langem für die Beziehung von Klienten zum Therapeuten benutzt wird, heißt »Übertragung«. Historisch gesehen bedeutet »Übertragung« die Projektion von unbewussten Inhalten eines Klienten auf einen Therapeuten.

Das Konzept der Übertragung kann ohne weiteres auf jeden Menschen angewendet werden, der heilt. Es kann ferner die Beziehung eines Mandanten zu seinem Rechtsanwalt oder Steuerberater sein oder zu jedem anderen, der in einem spezialisierten Bereich Dienstleistungen anbietet. Wir finden es auch in der Beziehung zwischen Arbeitgeber und Angestelltem. In einem therapeutischen Prozess jedoch wird bewusst und in einer höchst kreativen Weise mit Übertragung gearbeitet und man versteht sie dort als einen notwendigen Bestandteil der Behandlung.

164

Gegenübertragung meint die Projektion unbewusster Inhalte des Therapeuten auf den Klienten. Allgemein gesagt verläuft jede Form längerer therapeutischer Arbeit unter Einbeziehung des Phänomens der Übertragung und Gegenübertragung, oder, wie wir es nennen würden, charakteristischer Bindungsmuster. In den meisten therapeutischen Beziehungen wird hauptsächlich die Eltern-Kind-Bindung wiederbelebt. Wenn es auf Seiten des Therapeuten keine Bewusstheit gäbe, wäre die Bindung eine reine Wiederholung der Eltern-Kind-Beziehung.

Der Therapeut kann nicht vermeiden, dass er sich bis zu einem gewissen Grad mit dem Eltern-Selbst identifiziert; niemand kann vollständig bewusst sein. Trotzdem ist es eine wesentliche Aufgabe für Therapeuten und Lehrer, sich bewusst zu werden, wo sie mit diesen Eltern-Selbsten identifiziert sind, oder anders ausgedrückt, wo Gegenübertragung stattfindet.

Der Klient beginnt die Therapie, weil er Hilfe braucht. Er wird sich im Allgemeinen recht verletzlich fühlen. Der Therapeut ist für ihn der Mensch, der Licht und Ordnung in ein Leben bringt, das in Unordnung geraten ist. Das Bindungsmuster wird daher positiv sein, und auf den Therapeuten werden positive Eigenschaften projiziert.

Die Projektion unbewusster Inhalte ist ein wesentlicher Teil des persönlichen Wachstums und der Transformation. Gute Therapeuten und Lehrer erkennen die positive Natur dieses Bindungsgeschehens; gleichzeitig versuchen sie, nicht mit den Inhalten identifiziert zu sein, die auf sie projiziert werden. Wenn also der Klient Weisheit auf den Lehrer projiziert, erkennt der Lehrer, dass diese Weisheit im Klienten ist und dass es seine Aufgabe ist, dem Klienten Zugang zu dieser Weisheit zu verschaffen.

Indem man Projektionen als natürlichen Bestandteil des persönlichen Entwicklungsprozesses nutzt und dem Klienten die nötigen Mittel an die Hand gibt, um den Transformationsprozess zu verstehen, entwickelt sich ein Prozess, in dem der Klient sich seiner nach außen projizierten unterdrückten Seiten bewusst wird und sie annehmen kann. Auf diese Weise werden die Projektionen nach und nach zurückgenommen.

Wenn der Therapeut oder Lehrer Bindungsmuster versteht, kann er beobachten, wann er mit elterlichen Selbsten identifiziert ist oder auch, wann seine Verletzlichkeit in der Beziehung zum Klienten berührt wird. Wenn sich das *Bewusste Ich* eines Therapeuten einmal von der elterlichen Seite trennt, dann wird es auch Verletzlichkeit in dieser Beziehung geben. Der Kontakt zwischen den beiden Menschen verändert sich. Ein Therapeut, der seine Verletzlichkeit zulassen kann, sagt einem Klienten, der die Therapie verlässt:»Oh, das tut mir leid. Ich werde Sie vermissen.«Oder:»Ich fühle mich nicht wohl dabei.«Kontakt zur Verletzlichkeit würde bedeuten, sich der finanziellen Seite bewusst zu sein und nicht so zu tun, als ob diese Dinge keinerlei Bedeutung hätten. Es würde natürlich auch bedeuten, dass der Therapeut die persönlichen Gefühle des Klienten zu ihm achtet. Er würde dem Klienten nicht das Gefühl geben, dieser sei voller Widerstand oder ihm weismachen, dass all seine Gefühle dem Therapeuten gegenüber nur Teil seines Problems wären.

Das Leugnen von Verletzlichkeit und Bedürftigkeit auf Seiten eines Lehrers oder Therapeuten und die Unfähigkeit, diese mit Bewusstsein mitzuteilen, bedeutet aber automatisch, dass der Lehrer/Therapeut auf irgendeiner Ebene ein Machtspiel treibt.

Aus der Perspektive des Klienten/Schülers ist ein Verständnis für Bindungsmuster ebenso vorteilhaft. Er hat im Allgemeinen das Gefühl, dass der Lehrer/Therapeut weise und allwissend ist. Wenn wir erkennen können, dass dies ein notwendiger und wesentlicher Teil des Prozesses ist, können wir auch den Teil in uns anerkennen, der das Bedürfnis hat, sich jemandem wegen seiner Weisheit, seines Wissens und seiner Persönlichkeit anzuvertrauen. Die Fähigkeit, sich jemandem zur richtigen Zeit und so lange wie nötig anzuvertrauen, ist für viele Menschen, die an sich arbeiten, eine sehr kreative Erfahrung. Das Problem ist, dass nicht alle Therapeuten und Lehrer wissen, wie sie mit so viel Hingabe umgehen sollen. Der Schüler glaubt, dass der Lehrer alles weiß. Dies ist natürlich nicht realistisch. Wir sind alle nur Menschen. Wir wissen nur, was wir wissen, aber wir wissen nicht, was wir alles nicht wissen. Das Unbewusste ist aber in jedem von uns groß und lebendig.

Dies ist weder ein Buch über professionelle Beziehungen, noch ist es ein Buch über die Psychologie der Übertragung. Aber beides sind Beziehungsformen, mit denen immer mehr Menschen zu tun haben. Es schien uns wichtig, diese speziellen Bindungsmuster und die daran geknüpften Probleme anzusprechen, um dem Leser wenigstens einen möglichen Weg zum Verständnis dieser Problematik anzubieten. Im letzten Abschnitt über Bindungsmuster möchten wir Ihnen zeigen, wie Sie durch einfaches Suchen nach den unterdrückten Selbsten dem Wesen der Bindungsmuster auf die Spur kommen können.

## Wie wir unterdrückte Selbste in Bindungsmustern erkennen können

Wir wissen bereits, dass die unterdrückten Selbste den Treibstoff für Bindungsmuster liefern. Wenn man weiß, wie das System der unterdrückten Selbste zwischen zwei Menschen funktioniert, hat man den Schlüssel für das Verständnis des Bindungsmusters. Mit diesem Wissen können einige recht komplizierte psychologische Prinzipien in eine direkte praktische Anwendung für das tägliche Leben übertragen werden. Wenn wir uns ein beliebiges Bindungsmuster zwischen zwei Menschen anschauen, ist der einfachste und direkteste Zugang in das System die Frage, welche unterdrückten Selbste der eine für den anderen lebt. Im Folgenden werden wir dieses Prinzip kurz skizzieren.

In einem unserer Workshops erläutert uns Friedrich seine Beziehung zu seinem Sohn. Die beiden haben sich im Laufe der Jahre völlig entfremdet und Friedrich leidet sehr darunter. Sofort denken wir an bestimmende und unterdrückte Selbste. Mit welchen Selbsten identifizieren sich Friedrich und sein Sohn, und welche Selbste unterdrücken sie? Friedrich berichtet, sein Sohn sei ein zorniger junger Mann, der zu Gewalttätigkeiten neigt. Friedrich seinerseits ist ein fürsorgender, liebender und mitfühlender Mann. Er erzählt, die ganze Familie sei eher ihm ähnlich, während sein Sohn völlig aus der Rolle fällt.

Wie leicht es uns fällt, diese konfliktreiche Konstellation zu verstehen! Wir weisen Friedrich darauf hin, dass sein Sohn seine unterdrückten Selbste ausleben muss. Der Sohn trägt seinen unterdrückten Zorn und seine Aggression, alles, was in Friedrich »nicht nett« ist, und er lebt es als sein bestimmendes Selbst. Der Sohn ist der böse Vater für Friedrichs Kind-Seite. Und Friedrich trägt das ganze (versteckte) liebenswerte Wesen seines Sohnes, und er lebt dies als sein Haupt-Selbst.

Mit dieser Erklärung hat Friedrich einen Ansatz, der ihm hilft, seine bisher verworrene Situation zu klären. Er muss sich bewusst werden, dass er sich mit seinen bestimmenden Selbsten identifiziert, seinem liebenden und umsorgenden Wesen. Wenn ihm das gelingt, kann er sich von dieser Seite trennen; sein *Bewusstes Ich* kann das beanspruchen, was vormals abgelehnt wurde, nämlich seine natürliche Aggression und sein »nicht so nettes« Selbst. Diese Arbeit kann Friedrich allein oder in einer therapeutischen Sitzung tun. Wenn sich eine Person in der Bindungs-Struktur verändert, erwacht erfahrungsgemäß im Gegenüber oft das *Bewusste Ich*. Das Verständnis für die Gesetze der Bindungsmuster liefert die »Landkarte«. Die psychologische Arbeit, entweder allein oder mit einem Therapeuten, erkundet das Territorium.

Während eines anderen Workshops berichten zwei befreundete Frauen beide die gleiche Geschichte. Ihre Freunde rauchen sehr viel Marihuana und tun ansonsten recht wenig. Beide Frauen hatten schon früher ähnliche Beziehungen. Warum wiederholte sich dies? Was war es, das sie – mit ihren Worten – zu Mit-Abhängigen machte?

Die Psychologie der Selbste findet hierauf die Antwort. Beide Frauen identifizieren sich mit verantwortungsvollen Selbsten. Die verantwortungsvolle Mutter in ihnen tritt mit den Männern in Beziehung und kritisiert sie. Verantwortliche Mütter nehmen umherirrende Kinder auf, und so tauchen ständig Männer in ihrem Leben auf, die auf der Mutter-Sohn-Ebene an sie gebunden sind.

Auf diese Weise haben die Frauen niemals das Gefühl, selbst umsorgt zu werden.

Dieser sich wiederholenden Situation kann auf sehr einfache Weise Abhilfe geschaffen werden. Die Frauen müssen sich ihrer verantwortlichen Mutter-Selbste bewusst werden und sich von ihnen lösen. Dann können sie beginnen, die Teile in ihnen, die unterdrückt sind, zurückzufordern, sie zu pflegen und zu achten. Es werden ihre unverantwortlichen Selbste und ihre inneren Kinder sein, die der Aufmerksamkeit und Pflege bedürfen. Beginnen sie erst einmal, für diese Selbste mit einem *Bewussten Ich* zu sorgen, wird es nicht länger notwendig sein, sie von außen hereinzuholen.

Wie schnell werden wir im Leben von irgendetwas regelrecht besessen. Es kann ein Mensch oder ein Gegenstand sein. Eine Frau kommt an einem Indianer-Laden vorbei und im Schaufenster ist eine wundervolle Kürbisblüten-Halskette. Sie *muss* sie haben, obwohl sie sie sich nicht leisten kann.

Warum muss sie sie haben? Sie ist in ein Bindungsmuster mit der Halskette geraten. Sie wurde zur sehnsüchtigen leidenden Tochter der Halskette. Sie hatte ihr unterdrücktes Selbst auf die Halskette projiziert, die für sie Zauber und Geist trägt und Visionen von Weisheit und Erdenergie heraufbeschwört. Ihren eigenen magischen Geist, ihre eigene innere Medizinfrau hatte sie unterdrückt. Wir wollen dieses Phänomen nicht werten. Wir erläutern es, weil es allgemeingültig ist. Viele Dinge, die wir kaufen, sind Ausdruck unserer unterdrückten Selbste. Außerdem sind sie ein Ausdruck unserer Wünsche. Wenn wir uns von einem Objekt besessen fühlen, können wir sicher sein, dass wir es mit einem unterdrückten Selbst zu tun haben.

Ein Mann ist von einer Frau besessen. Er ist Rechtsanwalt, hat eine Familie, ist sehr rational und sehr beherrscht. Raten Sie, wie die Frau ist! Sie ist natürlich ein reiner Aphrodite-Typ. Der Mann gibt alles auf, Familie, Beruf, bis er nichts mehr hat. Dann verlässt sie ihn.

Je extremer unsere unterdrückten Selbste sind, umso wahrscheinlicher werden wir von einem anderen Menschen oder einer Sache »besessen« sein. Dieser Mann muss lernen, sich von seinem vorsichtigen-konservativen Selbst zu lösen. Wir wollen nicht, dass er dieses Selbst auslöscht oder ablehnt, nur, dass er sich von der automatischen Steuerung durch dieses Selbst löst. Dann wird er ein *Bewusstes Ich* zur Verfügung haben, das seine eigene Sinnlichkeit, seinen eigenen Spieltrieb, all die Eigenschaften, die »Aphrodite« ihm entgegenbrachte, annehmen kann. Er wird sich diese Energien in der Verkörperung einer solchen Frau dann nicht mehr von außen holen müssen.

Rüdiger hat vor fünf Jahren geheiratet. Er sehnt sich weiter nach Gaby, einer Frau, die er vor seiner Heirat häufig getroffen hat. Immer wenn wir einer Sehnsucht begegnen, die über längere Zeit hinweg anhält, vermuten wir, dass der betreffende Mensch sich nach einem unterdrückten Selbst sehnt. Rüdiger führt ein extrem geschäftiges und unruhiges Dasein, ohne Privatsphäre oder Zeit zum Entspannen. Gaby war ruhig, introvertiert und spirituell. Als er sie verlässt, nimmt er von diesen Selbsten Abschied. Er lebt weiter in dem schmerzhaft extrovertierten, quälenden Zustand, bis er bereit ist, sich von dieser »Raserei« zu trennen. Nur dann kann er sein eigenes geistiges, introvertiertes Wesen spüren. Solche Sehnsüchte können wie eine Kreuzigung sein, und doch ist der Weg aus ihnen heraus so leicht zu finden. Doch gefunden ist noch nicht gegangen. Wir sagen nicht, dass es ein leichter Weg ist. Wir verniedlichen die Arbeit nicht, die in diesen Situationen getan werden muss. Hat man jedoch erst eine Landkarte, so ist es sehr viel leichter, auf dem richtigen Weg zu bleiben.

Wieder und wieder begegnen wir Menschen, die ihre Bindungsmuster zum Ausdruck bringen, ohne eine Idee davon zu haben, dass sie sich darin befinden. »Ich kann meinen Bruder nicht leiden.« »Meine Schwiegermutter ist wirklich ein Brechmittel.« »Ich kann diesen oder jenen Politiker nicht ausstehen.« »Mein Stiefvater ist gemein, und ich hasse ihn.« »Ich hasse die Russen.« »Ich hasse die Araber.« »Ich hasse die Israelis.« »Ich hasse Hussein oder Bush oder Kohl.« Jede dieser Erklärungen ist ein Ausdruck für ein oder mehrere unterdrückte Selbste, die uns in eine Kombination von Verletzlichkeit und Kritik katapultieren. Wenn wir unsere Schwester hassen, weil sie herrschsüchtig und tyrannisch ist, und nicht erkennen, dass wir uns in einem Bindungsmuster befinden, werden wir für immer das Opfer und der Verfolger von herrschsüchtigen und tyrannischen Frauen sein. Das geht immer so weiter, bis wir uns eines Tages der Tatsache bewusst werden, dass Herrschsucht und Tyrannei nicht nur dort draußen existieren. Sie sind auch ein Teil von uns; sie sind ein Teil unseres Erbes, welches wir unterdrückt halten. Das ist ein magischer Augenblick in unserer Entwicklung, weil es so ist, als ob wir aus einem tiefen Schlaf erwachten und einander mit Augen sehen, die nicht länger Scheuklappen tragen. Wir beginnen mehr mit den Augen unseres Bewusstseins zu sehen als mit denen unserer bestimmenden Selbste. Unbewusst in Bindungsmustern zu leben bedeutet, tief zu schlafen.

## Fremde im Zug

Es kann viel Spaß machen, Bindungsmuster in Aktion zu sehen, wenn man selbst völlig unbeteiligt ist. Im Frühjahr 1987 unterrichteten wir zwei Monate in Australien. Damals fuhren wir mit dem Zug von Melbourne nach Perth. Während der zwei Tage im Zug hatten wir zwei Tischgenossinnen zugewiesen bekommen. Eine ältere Frau, eine Eingeborene aus Bali, die seit einigen Jahren in Australien lebte. Sie war sowohl körperlich als auch geistig eine sehr eindrucksvolle Frau, und sie war offensichtlich das Oberhaupt ihrer Familie. Sie hatte im Zug die andere Reisebegleiterin getroffen, eine schüchterne, introvertierte Japanerin.

Die beiden Frauen spiegelten sich gegenseitig perfekt ihre unterdrückten, ungelebten Anteile und hatten sich so ein Bindungsmuster geschaffen, in dem die ältere Frau eindeutig die mächtige Mutter für die gehorsame Tochter der jüngeren war. Die balinesische Frau strahlte Kraft aus und unterdrückte ihren Mangel an Selbstvertrauen; die japanische Frau war schüchtern und unterdrückte ihre Kraft.

Eines Tages während des Mittagessens trat der Kellner an unseren Tisch und fragte, ob wir ein Dessert wünschten. Er fragte uns zuerst, und nachdem wir geantwortet hatten, fragte er die jüngere japanische Frau, ob sie ein Dessert wünschte. Sie sprach relativ gut Englisch und es war klar, dass sie häufig allein reiste und für sich selbst sorgen konnte. Plötzlich jedoch sagte die ältere Frau zu dem Kellner: »Nein, sie möchte kein Dessert – aber ich möchte eines haben.« Dies geschah so schnell und automatisch, dass es buchstäblich so war, als sei sie besessen, als ob ein fremdes Wesen durch sie gesprochen und die Situation übernommen hätte. Sehr verlegen und unbehaglich lächelnd sagte die jüngere Frau, sie wolle doch ein Dessert. An dieser Stelle sagte die ältere Frau: »Oh, entschuldigen Sie bitte.«

Obwohl wir die Details ihres Lebens nicht kannten, war klar, dass sie eine ausgeprägt verantwortungsvolle Dame war und etwas von einer Aufseherin hatte. Sie hatte sofort ihre Reisebegleiterin gefunden, jemanden, den sie ohne weiteres an sich binden konnte und der sich in ihre Art von Beziehung einfügte. Solche Bindungsmuster sind wie ein alter Schuh, den man anzieht, der passt und schön bequem ist.

Die unterdrückten Selbste schaffen ein Energie-Vakuum, das die entsprechende Energie anzieht. Bindungsmuster ziehen uns an wie die Schwerkraft, und wenn wir ein *Bewusstes Ich* entwickeln, das uns von ihnen trennen kann, dann ist es wirklich so, als ob wir gegen die Schwerkraft ankämpften. Meist ist es tatsächlich harte Arbeit, sich davon zu befreien. Nur ganz selten geschieht es von allein.

## Die Anwältin und die Richterin

Margaret ist Richterin in einer großen Stadt im Osten der USA. Eines Tages erscheint im Gerichtssaal eine Anwältin, die bei den anderen Richtern bereits dafür bekannt war, alle fast verrückt zu machen, indem sie sich aufführt wie eine aggressive, rebellierende Tochter. Sie geht nie so weit, dass man sie des Gerichtssaales verweisen kann, aber sie bewegt sich mit Kunst und Geschick hart an der Grenze.

Aus unserer Sicht kreiert sie ein perfektes Bindungsmuster. Sie ist die rebellierende Tochter, die mit dem strengen, patriarchalischen

Elternteil des jeweiligen Richters in Beziehung tritt. Jeder fürchtet ihren Auftritt im Gerichtssaal, außer natürlich ihre eigenen Mandanten. Da sie die meisten Fälle gewinnt, sind sie sehr zufrieden. Sie unterdrückt ihr Establishment-Selbst vollständig.

In Margarets Gerichtssaal passiert nun das gleiche wie bei den anderen Richtern. Margaret wird in ihre kritische und urteilende Mutterrolle gedrängt und fühlt sich ziemlich befangen. Die Anwältin trägt aufreizende Kleidung und verhält sich in jeder Hinsicht wie eine provozierende und rebellierende Tochter. Margaret beobachtet sich selbst, wie sie die Regeln und Erwartungen des »Establishments« mit aller Kraft verteidigt.

Margaret weiß jedoch einiges über Bindungsmuster. Sie weiß deswegen, dass sie in der Klemme sitzt, und sie sucht Hilfe, um herauszufinden, was genau passiert ist. Während einer Voice-Dialogue-Sitzung hilft der Therapeut ihrer eigenen rebellierenden Tochter, zu Wort zu kommen.

Nur durch Beobachtung oder Versuche dieser Art kann man spüren, wie real und autonom diese verschiedenen Selbste sein können. Sie sind nicht nur »Teile«. Sie verhalten sich und handeln wie wirkliche, lebendige Menschen. Wenn man eine Voice-Dialogue-Sitzung beobachtet, kann man sehen, dass selbst in der äußeren Erscheinung des jeweiligen Menschen, mit dem gearbeitet wird, deutliche Veränderungen geschehen, sobald er von einem Selbst in ein anderes wechselt.

Margaret hat tatsächlich eine starke rebellierende Tochter in sich, die massiv unterdrückt wurde. Dieses Selbst hat eine eigene Meinung über Richter und darüber, dass Margaret selbst Richterin ist. Dieses Selbst ist sehr sinnlich und verführerisch und lechzt danach, endlich gehört zu werden.

Margaret brauchte nur einige wenige Minuten, um den Prozess zu verstehen, der zwischen ihr und der Anwältin ablief. Da Margaret ihre rebellierende Tochter unterdrückt hatte, hatte das Leben dieses Selbst natürlich zu ihr gebracht. Das Leben bringt uns stets unsere unterdrückten Selbste zurück, immer und immer wieder, bis wir die Menschen um uns herum, die diese Selbste tragen, als unsere Lehrer erkennen können. Margaret wusste, dass sie einiges von dieser Anwältin lernen konnte, trotz ihrer ablehnenden und negativen Gefühle. Durch das Bewusstwerden und die Integration dieses Selbstes gab es keinen Treibstoff mehr für dieses Bindungsmuster. Margarets rebellierende Tochter brauchte nicht länger projiziert zu werden.

In der folgenden Woche konnte Margaret im Gerichtssaal eine verblüffende Erfahrung machen. Als die Anwältin hereinkam, zeigte Margaret keine besonderen Reaktionen ihr gegenüber. Sie ließ sich nicht länger durch ihr provozierendes Verhalten beunruhigen. Die Anwältin hatte niemanden, gegen den sie ihr Spiel richten konnte. Sie war vollkommen mit ihrer rebellischen Tochter identifiziert, und da die Richterin nicht länger die kritische Mutter war, verlor die Anwältin ihre Kraft. Die vormals sehr aggressive und erfolgreiche Anwältin begann ziellos zu agieren und büßte ihre Wirkung ein. In den nächsten Tagen verschlechterte sich ihre Leistung im Gerichtssaal spürbar.

Wenn eine Person innerhalb eines Bindungsmusters in der Lage ist, einen Schritt zur Seite zu treten, wird es auch auf der anderen Seite eine Veränderung geben. Wenn die Anwältin aus dieser Situation keine Lehre ziehen konnte, wird sie ohne Zweifel eine andere Arena finden, in der ihr rebellierendes Tochter-Selbst kämpfen darf. Sie hatte jedoch eine Chance: Margarets verändertes Verhalten gibt ihr die Möglichkeit, einiges über sich selbst zu entdecken.

Ob die Betreffenden die Möglichkeit nutzen, hängt davon ab, ob sie für eine persönliche Entwicklung offen sind oder nicht.

Häufig trennt sich ein Ehepartner aus einer Ehe und geht eine neue ein. Dies wiederholt sich vielleicht sogar einige Male und er lebt immer wieder dieselben Bindungsmuster aus und wundert sich vielleicht, dass seine Partner immer die gleichen Fehler haben, ohne je die unterdrückten Selbste zu erkennen, die immer wieder dieselbe Art von Beziehung hervorbringen.

## Seitensprünge

Wie oft haben wir Ehen gesehen, die 15 bis 20 Jahre funktioniert haben und dann plötzlich durch eine Affäre eines Ehepartners auseinandergebrochen sind. Der andere fühlt sich vollständig verraten, doch der Nährboden für den Verrat waren die 15 Jahre, in denen die guten und verantwortlichen Eltern und Kinder gelebt wurden, ohne dass ein echter Kommunikationsprozess stattfand. Die stille Vereinbarung in einer positiven Bindung ist, dass die guten Eltern und die guten Kinder immer füreinander da sein werden.

In diesen Fällen kann man selten nachvollziehen, was wirklich zwischen dem Paar vorgegangen ist. Gute Mütter und liebe Väter lassen die Möglichkeit von Unbehagen nicht zu, artikulieren nichts Negatives und halten viele andere, weniger akzeptable Selbste sicher in der Bodenkammer verschlossen. Sie wissen gar nichts von diesen Selbsten, da sie sie stets unterdrückt haben. Wenn diese Selbste ausbrechen, lösen sich die Bindungsmuster und die Beziehung kann sich dramatisch verändern.

Wenn jemand einer solchen Bindung »verpflichtet« ist, sei es als Ehepartner, als Familienmitglied oder als Freund, hat er oft ein starkes Gefühl der Loyalität. Manchmal jedoch wird auch das entgegengesetzte Gefühl wach, der Wunsch, den anderen Menschen zu verletzen und zu verraten.

Anke würde gerne arbeiten. Ihr Mann sagt ihr, dass dies nicht notwendig sei, da sie genug Geld hätten und sie mehr Steuern zahlen müssen, als ihre Arbeit einbringt. Später will sie einen Kursus an der Abendschule belegen. Er sagt, dass er sich Sorgen darüber mache, sie abends alleine fortzulassen. Es sei zu gefährlich. Anke unterdrückt ihre eigene Kraft und Fähigkeit zu denken. Wieder hat die gehorsame Tochter in ihr Oberwasser und gibt seiner logischen und rationalen Argumentation nach. Sechs Monate später verlässt er sie wegen einer anderen Frau, und sie findet heraus, dass er bereits seit drei Jahren eine feste Beziehung mit ihr hatte. Sie fühlt sich natürlich abgrundtief betrogen und hätte ihn am liebsten umgebracht.

*Bewusste Ichs* fühlen sich nicht betrogen. Es ist die Unschuld der guten Eltern und der gehorsamen Kinder sowie deren unausgesprochene Erwartung, die betrogen wird. Als die Bindung von ihrem Mann durchschnitten wurde, wurde der Betrug für Anke zum Antrieb für ihre Weiterentwicklung.

## Bindung – ein letzter Blick

Wir sind uns der Tatsache wohl bewusst, dass wir zum Teil sehr komplexe Lebenssituationen stark vereinfacht haben. Unser Ziel war dabei, ein Bild der wesentlichsten und häufigsten Bindungsmuster zu vermitteln. Unsere Hoffnung ist, dass Sie sich selbst und andere Menschen in unseren Beispielen wiedergefunden haben. Möglicherweise kann bereits das Entdecken eines eigenen Bindungsmusters der erste Schritt zu einem neuen Umgang mit sich selbst und dem Partner/der Partnerin sein.

Wir haben versucht, Ihnen einen Überblick über den Bindungsprozess zu geben, wie er in verschiedenen Lebenssituationen vorkommt. Bindungsmuster sind zu jeder Zeit vorhanden, und je mehr Sie sich dessen bewusst werden, umso mehr davon werden Sie entdecken.

Denken Sie bitte immer daran, dass Bindungsmuster ein normales, natürliches und spontanes Phänomen sind. Wenn sie ohne Bewusstheit auftreten, führen sie zu starren Formen des Denkens, Fühlens und Verhaltens in unseren Beziehungen. Wenn sie uns jedoch erst einmal bewusst sind, öffnet sich uns eine magische Tür, und wir haben die Gelegenheit, in einen bisher unzugänglichen Teil unseres Gartens einzutreten und Beziehungen zu anderen Menschen auf eine höchst vielfältige, klare und vitale Art zu erleben. Mit den Ihnen jetzt vertrauten Grundelementen sind Sie jedenfalls in der Lage, Bindungsmuster in Ihrem eigenen Leben zu erkennen und sich von automatischen Reaktionen mehr und mehr zu befreien.

# Teil 3

# IN BEZIEHUNG LEBEN

# Begehren und Affären

Es gibt einen bemerkenswerten Dialog in Kazantzakis' Roman *Alexis Sorbas*. Sorbas spricht zu dem Erzähler des Buches, einem intellektuellen Schriftsteller, der Angst davor hat, eine Liebesbeziehung mit einer attraktiven Witwe einzugehen. Er sagt: »Du willst keine Probleme, Auseinandersetzungen, Unruhe! Was bitte dann? Leben heißt Unruhe, Ruhe bringt nur der Tod!« Das bringt die Sache ganz gut auf den Punkt. Wenn wir lebendig sind, werden wir uns auf die unterschiedlichsten Arten zu Menschen hingezogen fühlen: emotional, körperlich, geistig, in allen möglichen Kombinationen. Wie wir damit umgehen, ist eine der schwierigsten Fragen in Liebesbeziehungen. Also müssen wir Sorbas Recht geben. Das Leben bedeutet Unruhe, nur der Tod nicht. Sie werden jedoch sehen, wie das Wissen von den Selbsten und den Bindungsmustern Ihnen helfen kann, diese stürmische See zu durchschiffen und Ihre Partnerschaft als Lernprozess zu nutzen.

Zunächst einmal erleben unsere verschiedenen Selbste Situationen des eigenen Begehrens oder einer Affäre des Partners sehr unterschiedlich. Unsere sexuellen und lustvollen Selbste sind meist überhaupt nicht monogam. Sie fühlen sich häufig von anderen Menschen angezogen und wollen im allgemeinen auch sexuellen Kontakt. In ähnlicher Weise will auch unser Freiheitsgefühl tun, wozu es wann auch immer Lust hat. Es will nicht durch die Schranken der Partnerschaft eingeengt werden. Unsere egoistische Seite möchte sich vergnügen. Unsere vernunftorientierte und unsere »aufgeklärte« Seite halten Eifersucht vielleicht für altmodisch und die persönliche Freiheit für das einzige, was zählt. Für sie ist jedes Verhalten irgendwie okay. Für diese Selbste soll das Leben aufregend, spontan und ungezwungen sein und frei von allen Sorgen über die Folgen.

Auf der anderen Seite steht unser inneres konservatives Selbst, das überhaupt nichts mit Affären zu tun haben will, und, je nach unserer Herkunft, schon den leisesten Anschein eines Flirts mit jemand Fremdem verurteilt. Der verantwortungsbewusste Teil in uns wird normalerweise jedes Verhalten ablehnen, das nur darauf hindeutet, dass wir uns in einer Liebesbeziehung verantwortungslos verhalten. Der liebe Vater und die gute Mutter in uns haben gleichfalls Schwierigkeiten, wenn wir uns außerhalb unserer Beziehung engagieren. Es könnte auch eine starke ethische Seite in uns geben, die Affären grundsätzlich ablehnt, und womöglich gar eine stark kontrollierende Seite, die nicht zulässt, dass wir ein Gefühl des Begehrens überhaupt wahrnehmen.

Es kann noch komplizierter werden. In einem wunderlichen Teufelskreis könnte uns unser innerer Kritiker kritisieren, weil wir eine Affäre haben oder weil wir jemand anderen begehren, und gleichzeitig könnte er uns vorhalten, dass wir nicht den Mut haben, uns auf eine Affäre einzulassen. Wir können sogar Affären haben, ohne dass wir uns zu dem anderen besonders hingezogen fühlen. Der Schmeichler in uns vermag uns allein deswegen in eine Affäre zu verwickeln, weil er nicht nein sagen kann, um die Gefühle der anderen Person nicht zu verletzen. Die Sohn- oder Tochter-Seite in uns könnte sich auf eine Affäre einlassen, um sich bemuttern zu lassen, und die Machtseite, damit wir eine andere Person beherrschen können. Zu diesen Selbsten kommt unsere sexuelle Antriebskraft hinzu, die von vielen unterschiedlichen Selbsten gestärkt und unterstützt wird.

Auf einer anderen Ebene können wir uns zu jemandem hingezogen fühlen, der uns in der Tiefe unserer Seele berührt oder intensive Liebesgefühle in uns weckt, wie wir sie nie zuvor erfahren haben. Auch unser inneres Kind könnte sich für jemanden begeistern, der außerhalb unserer Liebesbeziehung steht. Das magische Kind in uns könnte von einem phantasievollen und intuitiven Menschen fasziniert sein und das verspielte Kind in uns könnte einem Spielkameraden begegnen.

Viele unserer Selbste könnten sich also stark für die Idee einer Affäre begeistern. Aber – eines der wichtigsten Selbste, an das wir hier denken müssen, das verletzliche Kind, erfährt die Geschichte noch von einer ganz anderen Seite.

Ganz schön kompliziert! Wo können wir überhaupt anfangen, diese Verwicklungen der menschlichen Psyche zu entwirren? Wo können wir ansetzen, diese schwierigen Konflikte zu ordnen, um anschließend Entscheidungen zu treffen, die wir wirklich als solche bezeichnen können? Unsere Entscheidungen sind oft reflexhafte und unbewusste Antworten der steuernden Selbste, die gerade das Sagen haben. Je bewusster wir uns dieser verschiedenen Selbste werden, je unmittelbarer wir sie erfahren, umso mehr können wir wirklich entscheiden, was wir mit unserem Leben anfangen wollen. Wir sehen es hier nicht als unsere Aufgabe an, Ihnen zu sagen, wie Sie Ihr Leben führen sollen und welches Verhalten richtig oder falsch wäre. Wir können aber sagen: Je größer Ihre Bewusstheit und die Erfahrung Ihrer Selbste ist, desto besser können Sie derartige Entscheidungen fällen und desto mehr Kontrolle werden Sie über Ihr Leben und Ihre Umwelt haben. Lassen Sie unseren Ausflug ins Reich des Begehrens und der Affären aus der Perspektive des verletzlichen Kindes beginnen. Wir wollen es deswegen an den Anfang stellen, weil es einen sehr wichtigen Platz in der Beziehung zu anderen Menschen und insbesondere in der Liebesbeziehung einnimmt.

## Das verletzliche Kind in der Liebe

Das verletzliche Kind, wir sagten es bereits, ist für wahre Tiefe und Nähe in einer glücklichen Beziehung von essentieller Bedeutung. Es mag viele wunderbare Berührungspunkte zwischen zwei Menschen geben. Ein Paar kann körperlich, gefühlsmäßig und beruflich sehr gut harmonieren, aber ohne dieses Kind fehlt irgendetwas, das nicht genau beschrieben werden kann. Stets wird da ein unerklärliches Verlangen nach mehr sein. Diese ungestillte Sehnsucht ist ein Zeichen für die Abwesenheit des verletzlichen Kindes.

Das verletzliche Kind ist aus unserer Sicht das Tor zur Seele. Gibt es zu diesem Kind in uns keinen Zugang, so ist es sehr schwer, zu der Seele eines anderen Menschen Kontakt zu bekommen. Es gibt in jeder Beziehung Zeiten, in denen sich das verletzliche Kind zurückzieht. Das ist in der Ebbe und Flut des Lebens ganz natürlich. Wenn sich, wie wir zeigen konnten, Bindungsmuster strukturieren, geht das Kind gewöhnlich in Deckung, und es entsteht ein Gefühl der Leere und des Verlustes. Das Wiederanknüpfen an das verletzliche Kind und sein Wiederauftauchen in der Beziehung ist stets eine Zeit der Freude.

Ein verletzliches Kind jedoch, das den Schmerz darüber ertragen kann, dass der Partner fremdgeht, wäre sehr ungewöhnlich. Das innere Kind ist äußerst sensibel. Selbst wenn wir es nicht definitiv wissen, dass unser Partner fremdgeht, spürt es unser verletzliches Kind und beginnt automatisch, sich zurückzuziehen. Es ist diese erstaunliche Empfindsamkeit, die das Kind dazu bringt, die Partnerschaft zuzulassen, und dieselbe Empfindsamkeit ist auch der Grund für seinen Rückzug. Unsere Vernunft kann unsere Ängste und Zweifel wegrationalisieren, aber das Kind lässt sich nicht logisch überzeugen.

Daraus folgt, dass wir, wenn wir eine tiefe Bindung eingehen wollen, in der das Kind fester Bestandteil der Beziehung ist, zuerst einen Weg finden müssen, seine Sicherheit zu gewährleisten. Ob dies in einer nicht monogamen Beziehung erreicht werden kann oder nicht, ist die entscheidende Frage. Unsere bisherigen Erfahrungen zeigen, dass das verletzliche Kind nicht mit der Tatsache zurechtkommt, dass der Partner noch andere Partner hat, besonders dann nicht, wenn diese Beziehungen sexuell werden. An diesem Punkt zieht sich das Kind zumindest bis zu einem gewissen Maß zurück.

Wir müssen bedenken, dass sich das Kind von Theorien nicht beeindrucken lässt. Es möchte geliebt werden und sich sicher fühlen. Seiner Ansicht nach können wir jede nicht monogame Beziehung eingehen, die wir möchten. Nur wird es selbst nicht daran teilnehmen.

Ist das Kind verschwunden, gibt es eine Fülle von Möglichkeiten, die Beziehung weiter zu leben. Wir können die Spielregel aufstellen, dass Sex Vorrang hat und in all seinen Facetten von beiden Partnern frei gelebt werden soll. Wir können uns mit unserer Vernunft identifizieren und eine Philosophie entwickeln, die erklärt, warum Monogamie Beziehungen zerstört und persönliche Weiterentwicklung verhindert. In welche Teilpersönlichkeit wir auch wechseln, das Kind wird verschwunden bleiben.

Mit dem Kind zu leben bedeutet, mit Schmerz zu leben. Nichts auf der Welt ist schwieriger als das. Aber mit Schmerz zu leben könnte die Dinge wieder in Ordnung bringen, indem das verletzliche Kind in der Beziehung bleibt und der Lernprozess weitergeht. Das soll jedoch nicht heißen, dass wir zu Opfern werden, die furchtbar unter dem Betrug des Partners leiden. Es bedeutet einfach, dass wir im Prozess bleiben und sehen, wohin er uns führt.

## Jeder Mensch spürt Begehren

Dass wir uns zu jemandem hingezogen fühlen, ist Bestandteil unseres alltäglichen Lebens. Die Frage ist, wie wir damit umgehen. Natürlich gibt es, wie wir kurz beschrieben haben, andere Teile in uns, die ganz anders als unser verletzliches Kind empfinden. Unsere sexuellen Selbste, unter denen Aphrodite, der Satyr, der Playboy und der Anhänger der offenen Ehe und freien Liebe sein können, verlangen alle nach mehreren Partnern. Diese Selbste sind außerordentlich wichtig, sie tragen viel Energie in sich und haben eine hohe Gefühlsintensität. Ihre Anziehungskraft verringert sich nicht einfach dadurch, dass wir durch unser *Bewusstes Ich* eine intensive und bewusstseinssteigernde Beziehung eingehen wollen, die das verletzliche Kind mit einbezieht. Es ist klar, dass das ein beträchtliches Problem darstellt. Es bedeutet, Gegensätze vereinen zu wollen!

Niemand kann diese Selbste verleugnen, um eine Beziehung zu retten. Dann wären wir nur wieder bei der alten Strategie, einige Selbste zugunsten anderer zu unterdrücken. Zudem funktioniert das nicht unbedingt. Die Tatsache, dass wir ein Selbst lieber nicht zur Kenntnis nehmen wollen, bringt es noch lange nicht zum Verschwinden. Wenn wir uns von anderen Menschen stark angezogen fühlen und versuchen, diese Gefühle ins Unterbewusste abzuschieben, dann gehen diese Gefühle einfach in den Untergrund und operieren von nun an im Dunkeln. Dies bedeutet, dass wir nicht mehr wissen, was vor sich geht. Unsere Partner und unsere Freunde wissen es jedoch umso besser. Vielleicht bemerken wir nicht, wie wir jemanden anstarren oder erröten oder ins Stottern geraten, wenn wir jemandem begegnen, den wir begehren, aber die anderen um uns herum bemerken es ganz bestimmt. Auf alle Fälle merkt es das verletzliche Kind unseres Partners – und zwar sofort.

Anziehungskraft geht von leichtem Interesse über Entzücken bis zu intensiver Faszination. Vielleicht ist sie dauernd da, vielleicht nur manchmal. Wenn das Begehren sehr intensiv wird und ständig da ist, kann man davon ausgehen, dass in der Beziehung etwas Wichtiges fehlt oder verschwiegen wird. Luise und Peter sind ein klassisches Beispiel dafür, wie eine Affäre darauf hinweist, dass in der Beziehung etwas fehlt.

Nach vielen Ehejahren kümmerte sich Luise nicht mehr so viel um Peter und organisierte auch keine anregenden gemeinsamen Unternehmungen mehr. Ihre Kinder waren Teenager und nahmen sie vollständig in Anspruch. Peter stand in dieser Zeit unter dem Druck, das Geld für die Familie zu verdienen, und zugleich hatte er Stress im Beruf. Ihm schien, als sei jeglicher Spaß aus seinem Leben verschwunden. In dieser Zeit fühlte er sich von einer jungen Arbeitskollegin sehr angezogen. Sie war intelligent, fröhlich und extrovertiert und schien immer bester Laune zu sein. Er dachte ständig an sie und wünschte, er hätte den Mut zu einer Liaison mit ihr.

In Peters Ehe fehlte etwas, und wenn er es woanders sieht, fühlt er sich dort hingezogen. Irgendwann in seinem Leben hat er den Kontakt zu seiner eigenen Verspieltheit verloren. Er hat sich damit identifiziert, verantwortlich und ernst zu sein. Bevor er Luise traf, hatte er keinen Zugang zu seiner Verspieltheit und zu seinem

Humor, den hat ihm erst Luise ermöglicht. Er braucht sie immer noch dazu, da er diese Seiten nie als Teile von sich selbst angenommen hat.

Jetzt fühlt sich sein verspieltes Kind, um das sich Luise früher durchaus gekümmert hatte und das sie jetzt nicht mehr wichtig nimmt, vernachlässigt. Luises Aufmerksamkeit ist auf die Kinder übergegangen; mit ihnen und mit ihren Freundinnen hat sie Spaß. Peter vermisst diese Leichtigkeit in seinem Leben und deshalb ist es nur folgerichtig, dass er sich von dieser Energie angezogen fühlt.

Zurück zu der jungen Frau im Büro: Er verbringt viel Zeit damit, an sie zu denken und sich vorzustellen, wie das Leben mit ihr anstelle von Luise wäre.

Die meisten denken bei dem Wort Begehren an körperliche Gefühle, und diese spielen in solchen Situationen auch eine starke Rolle. Dennoch entstehen Faszination und Anziehungskraft in diesem Fall eher deswegen, weil die junge Frau Ausdruck eines unterdrückten Selbstes in Peter ist, das verzweifelt versucht, mit ihm in Verbindung zu treten.

Begehren, welches durch verdrängte Selbste aktiviert wird, kann sehr intensiv werden. Es kann sich zur Besessenheit entwickeln, die uns trotz aller Versuche, uns zu entziehen, nicht loslässt. Es beansprucht unsere Energien oft vollständig und entzieht uns unerbittlich unserer derzeitigen Partnerschaft. Es kann uns zu sehr destruktivem oder unproduktivem Verhalten treiben, oder es kann uns für eine neue und kreative Art der Partnerschaft öffnen. Lassen Sie uns einmal sehen, welche Formen von Unterdrückung es gibt und wie die Partnerschaft davon beeinträchtigt wird.

Laura hatte ihre Aphrodite, ihr sexuelles Selbst, während ihrer Jugend ausgelebt. Sie war sexuell aktiv gewesen, hatte ab und zu Drogen genommen und es geliebt, zu tanzen und die ganze Nacht über wegzubleiben. Die Missbilligung, die ihr Verhalten bei ihren Mitschülern hervorgerufen hatte, war für ihr eigentlich empfindliches Wesen bedrückend gewesen. Nach dem Abitur verließ sie die Stadt, und ein anderes Selbst in ihr übernahm die Führungsrolle. Sie unterdrückte ihr Aphrodite-Selbst, das ein so wesentlicher Teil ihres Lebens gewesen war. Laura, oder genauer gesagt, die anständige Frau in Laura, heiratete einen ruhigen vernünftigen Mann, der zu seiner eigenen Sexualität kaum Zugang hatte. Sie lebten ein Leben, in dem das Vergnügen, das ihr einst so wichtig war, keinen Platz hatte. Laura konnte diese Lebensweise für einige Jahre aufrechterhalten, bis sie Tom traf, ihren Tennislehrer.

Tom war das unterdrückte Selbst, das sie hinter sich gelassen hatte. Er flirtete mit allen Frauen, trank, nahm Drogen und spielte den Verführer. Laura fühlte sich extrem stark von Tom angezogen. Sie begann ein Verhältnis mit ihm, obwohl sie damit ihre Ehe und ihren hart erkämpften gesellschaftlichen Status aufs Spiel setzte. Auf einmal nahm sie wieder Drogen und stibitzte Geld aus der Haushaltskasse, um Tom zu unterstützen. Obwohl sie versuchte, diese Beziehung abzubrechen und sich ein zweites Mal zu bessern, war der Sog, den dieses unterdrückte Selbst auf sie ausübte, unwiderstehlich.

Betrachten wir Ehen im Allgemeinen, entdecken wir oft, dass es ein bestimmtes Selbst der einen Person war, das ein bestimmtes Selbst der anderen geheiratet hat. Manchmal ist man sich bewusst, was geopfert oder unterdrückt wird. Häufig aber bleibt es völlig im Dunkeln, und die Unterdrückung ist total. Je extremer dieser Unterdrückungsprozess ist, desto stärker wird die Anziehung zu jemand sein, der diese unterdrückte Energie lebt. Das Begehren zwingt uns, unsere unterdrückten Selbste zu begehren und sie möglicherweise wieder in unser Leben zu integrieren.

Lassen Sie uns Lauras Affäre und ihr Begehren mit der Anziehung vergleichen, die Henry empfindet. Henry ist ein sehr erotischer Mann, der intensiv mit seiner eigenen Sexualität in Berührung ist. Wie viele Männer liebt er die Frauen. Er bemerkt attraktive Frauen, wo immer er ist, es erregt ihn und er hat das Verlangen, mit ihnen zu schlafen. Dieses Begehren ist sehr stark und nicht auf bestimmte Personen gerichtet, gleichwohl ist es sehr stark. Von Zeit zu Zeit fühlt Henry sich wegen seiner sexuellen Gefühle etwas unbehaglich, da er weiß, dass sie seine Frau verunsichern; aber er weiß auch, wollte er diese Gefühle verleugnen, so würde alle Sexualität aus seinem Leben verschwinden. Henry bewegt sich auf der feinen Grenze zwischen Akzeptieren und Ausleben seines Verlangens. So gewinnt es keine Macht über sein Leben. Sein sexuelles Selbst ist Teil seines Lebens und Teil seiner Beziehung mit seiner Frau. Im Gegensatz zu Lauras Selbst ist es nicht unterdrückt.

Henrys Beziehung zu seiner Frau basiert auf einem *Bewussten Ich*, das seine Sexualität anerkennt, aber die Beziehung zwischen ihnen schützt und auch mit den Bedürfnissen ihres und seines verletzlichen Kindes in Berührung bleibt. Er genießt es, eine Frau zu begehren, und er fühlt sich nicht gezwungen, dies zu verbergen. Aber er hat sich entschieden, in dieser Phase seines Lebens monogam zu bleiben.

## Das Begehren ist ein Teil des Prozesses

Jemand zu begehren erfüllt eine Reihe von sehr wichtigen Funktionen im Leben der meisten Menschen. Zuerst einmal erzeugt dieses Gefühl viel Lebendigkeit. Wenn wir niemals sexuelle Anziehung empfinden, ist es sehr wahrscheinlich, dass wir ein wesentliches Selbst in uns unterdrückt und uns dadurch von einer Hauptquelle psychischer Energie abgeschnitten haben.

Zweitens bricht es Bindungsmuster auf, und zwar mit voller Kraft! Es gibt wenige Dinge, die die Aufmerksamkeit des Partners so intensiv und unmittelbar erregen, wie das Begehren des anderen zu spüren. Drittens macht es uns bewusst, was uns selbst und in unserer Beziehung fehlt.

Es ist deswegen außerordentlich wichtig, Begehren in den Beziehungsprozess zu integrieren. Das bedeutet auf gar keinen Fall, dass wir uns jedes Mal verpflichtet fühlen sollen, zu erwähnen, gerade eine attraktive Person gesehen zu haben. Es ist äußerst unwahrscheinlich, dass derartige ständige Bemerkungen von einem *Bewussten Ich* kommen. Wahrscheinlicher ist, dass es sich dabei um das Auftrumpfen einer kontrollierenden Mutter oder eines kontrollierenden Vaters handelt. Anziehungen auf der Basis eines *Bewussten Ichs* mitzuteilen ist immer mit einigem Zögern oder Unbehagen verbunden. Wenn wir jemanden lieben, versuchen wir normalerweise, diese Person nicht zu verletzen; wenn wir aber über die Anziehung zu einer anderen Person reden, riskieren wir genau das. Außerdem haben die meisten von uns ein schuldbewusstes Kind in sich, das Strafe fürchtet, wenn wir unseren Partner durch die Enthüllung einer Treulosigkeit verletzen. Zu guter Letzt darf auch nicht unterschätzt werden, dass das verletzliche Kind Verlustängste bekommt, wenn wir mutig genug sind, dem anderen unser Begehren mitzuteilen.

Anziehungskräfte spielen eine bedeutende Rolle im Partnerschaftsprozess, und sie mitzuteilen hilft dabei, die Dinge in Bewegung zu bringen. Natürlich kann diese Bewegung reichlich ungemütlich sein, zum Beispiel, wenn sie ein Bindungsmuster aufbricht. Wenn ein Paar es sich in einem positiven Bindungsmuster gemütlich gemacht hat, so ist den Partnern dieses Muster im Allgemeinen nicht bewusst. Wenn einer der beiden (oder auch beide) außerhalb dieser Partnerschaft Gefühle verspürt, so ist das sozusagen ein Wink von der Partnerschaft, dass in der Beziehung des Paares trotz vermeintlichen Einvernehmens etwas nicht stimmt.

Wenn die Bindung zwischen den Partnern sehr stabil ist, so werden sie versuchen, das Begehren zu ignorieren und jeder für sich alleine damit fertig zu werden. Gewöhnlich wird das Begehren dann stärker und häufiger. Vielleicht wird etwas geschehen, das das Bindungsmuster aufbricht, aber wenn nichts mehr geht, dann hilft nur reden. Wenn wir anfangen, darüber zu sprechen, verlassen wir automatisch die Rolle der lieben Eltern oder des artigen Kindes und müssen auch die unliebsamen Aspekte unserer Selbste und die Vielschichtigkeit unserer Beziehung betrachten. Wir gehen nicht länger auf Nummer sicher, indem wir nur die sich gegenseitig bestätigenden Selbste agieren lassen, sondern lernen bewusst unsere Beziehung kennen, womit wir uns identifiziert haben und wovon wir uns nun lösen können.

Wenn wir unsere Gefühle und Phantasien nicht mit unserem Partner teilen, dann beginnen wir, ein zweites, heimliches Leben zu führen. Wir leben zwar mit einem Partner zusammen, verbringen aber mehr und mehr Zeit mit unseren Phantasien. Dadurch wird unser geheimes Innenleben vielleicht interessanter und intensiver als die wirkliche Beziehung. Das kann so weit gehen, dass der

Partner nur deshalb sexuell toleriert wird, weil er beim Sex durch einen Phantasiepartner ersetzt werden kann. Phantasien sind ein ganz natürliches Phänomen in einer Liebesbeziehung. Doch sie können Schuldgefühle erzeugen und diese erzeugen eine noch stärkere Motivation, sie geheimzuhalten. Es liegt auf der Hand, dass die Beziehung darunter leiden wird und sich in ihrer Qualität drastisch verschlechtert. Intimität kann nicht dauerhaft neben einem stetig wachsenden geheimen Leben bestehen, das sich auf andere Männer oder Frauen bezieht.

Andererseits gibt es Partnerschaften, bei denen das Paar beschlossen hat, seine Sexualität frei auszuleben, solange eine gewisse Diskretion gewahrt wird. Manchmal geschieht dies mit dem zusätzlichen Vorbehalt, dass die Partner sich nicht wirklich ernsthaft mit einem Dritten einlassen und, wenn dies doch einmal geschehen sollte, dass sie dann miteinander darüber sprechen. Wir sind in Fragen der Partnerschaft sehr pragmatisch. Wir denken, dass alles geht, was geht. Es gibt viele Menschen, die in offenen Partnerschaften leben und zufrieden damit sind, viele dieser Partnerschaften zerbrechen aber auch. Interessanterweise haben wir nicht allzu viele Menschen getroffen, die sich auch in ihrer zweiten Ehe für eine offene Partnerschaft entschieden haben.

Viele unserer verschiedenen Selbste mögen den Gedanken an eine offene Partnerschaft ausgesprochen gern. Das verletzliche Kind in uns jedoch hält überhaupt nichts davon und wird sich im Allgemeinen schrittweise vom Partner zurückziehen. Das hat einen bemerkenswerten Effekt. Wenn das Kind sich entfernt, verschwindet der tief befriedigende energetische Austausch zwischen uns und unserem Partner, und zwar sowohl auf der körperlichen wie auch auf der psychologischen Ebene. Verschwindet dieser energetische Austausch, so sehnen wir uns mehr und mehr nach anderen Beziehungen, die ihn uns wiederbringen können.

Wenn wir wissen, dass sich der Partner anderweitig umsieht, kann daraus manchmal eine starke Motivation für persönliches Wachstum werden. Oft können wir diese Motivation dazu nutzen, uns über Aspekte unserer Persönlichkeit bewusst zu werden, die wir ansonsten lieber ignorieren würden, weil wir sie für unannehmbar halten. Wir können mit dieser Motivation unsere Bewusstseinsentwicklung sogar beschleunigen, und sei es nur aus Furcht vor Trennung. Das ist vielleicht nicht der edelste Beweggrund, aber er funktioniert!

Sabine und Max sind ein Paar. Sabine ist eine begabte Studentin und Max, wie wir schon vermuten können, hält mehr von Vergnügungen und nicht-akademischen Tätigkeiten. Er beteiligt sich an der Produktion eines Films und muss dazu für einige Zeit wegfahren. Sabine ist sehr eifersüchtig und davon überzeugt, dass er ein Verhältnis mit einer der Schauspielerinnen haben wird. Es gibt keine Anhaltspunkte dafür, aber wir können getrost annehmen, dass er sich von einigen Schauspielerinnen stark angezogen fühlt. Sabine identifiziert sich mit ihrem akademischen Selbst und unterdrückt ihr Schauspieler-Selbst (das sich für Schönheit, Make-up, Kleidung und Aussehen interessiert). Sie wird Max gegenüber immer sehr eifersüchtig sein und ihn damit direkt dem »Monroe-Typ« in die Arme treiben. Wenn sich Sabine der Schauspielerin in ihr als einem unterdrückten Selbst bewusst werden kann, wird ihre Eifersucht nachlassen und Max wird sich weniger von Schauspielerinnen angezogen fühlen. Könnte Max seinerseits offen zugeben, dass er Schauspielerinnen begehrt, dann würde dieses Problem viel natürlicher und neutraler für die beiden. Weil er seine Gefühle aber nicht zugibt, muss Sabine den Konflikt für beide austragen.

Unsere Wünsche auszudrücken hilft uns, diejenigen Aspekte der Beziehung zu erhellen, die nicht stimmig sind. Wenn Peter seiner Frau gestehen könnte, wie attraktiv er seine Kollegin im Büro findet, dann würde wahrscheinlich auch ein Gespräch darüber entstehen, wie sehr sich Luise nur noch als Mutter ihrer Kinder und er nur noch als Versorger der Familie fühlt. Er könnte ihr dann klarmachen, wie vernachlässigt und unbeachtet er sich vorkommt. Seine Frau könnte ihm wiederum zeigen, dass auch sie sich verlassen fühlt, dass er für ihren Geschmack viel zu sehr mit dem Beruf und Geldverdienen beschäftigt ist und dass sie verärgert ist, weil sie nicht mehr so wie früher Zeit füreinander und für gemeinsame Unternehmungen haben. Bereiche, die höflich kaschiert wurden, können so wieder an die Oberfläche kommen, überprüft und schließlich gemeinsam geändert werden. Solche Diskussionen sind zwar schmerzlich, aber sie zu vermeiden bedeutet die schrittweise Zerstörung der Partnerschaft. Allzuoft kommt es vor, dass ein Paar Streitereien, Ärger und Aufregung unterdrückt, weil die Kinder es hören könnten. Wenn wir mit unseren Streitigkeiten und unserem Ärger so lange warten, bis die Kinder aus dem Haus sind, dann kann es Jahrzehnte dauern, bis wir unserem Ärger einmal Luft machen. Starke Bindungsmuster sind auch immer mit viel Wut verbunden. Wir wollen damit nicht sagen, dass Wutausbrüche die Form des häuslichen Umgangs bestimmen sollten. Wir meinen aber, dass Wut natürlich ist und dass sie rauskommen muss, wenn es nötig ist.

Es ist wichtig zu erkennen, dass die Liebesenergie, die aus der Beziehung schwindet, sich auf die Kinder übertragen kann. Die Kinder entwickeln dann eine Wichtigkeit, die ihnen eigentlich nicht zusteht. Oft nimmt sich dann eines oder mehrere übertrieben und unnatürlich wichtig. Ein Grund dafür ist, dass der Sohn oder die Tochter für einen Elternteil zum Partner-Ersatz geworden ist. Das zu erkennen kann für die Eltern eine hervorragende Motivation sein, ihre Ehe besser zu gestalten, oder, wenn das nicht möglich ist, sich zu trennen.

Das verletzliche Kind ist grundsätzlich verängstigt, wenn wir neue Bereiche erforschen, über ein gemeinsames Problem reden oder etwas ansprechen, ohne zu wissen, wohin das Gespräch führen wird. Das Kind fühlt sich unwohl dabei, die Wahrheiten unseres Partners zu hören, wie auch immer diese aussehen mögen. Aber gerade die Wahrheit ist es, was eine Partnerschaft lebendig erhält und neue Entwicklungen hervorbringt.

Begehrlichkeit bringt unsere unterdrückten Selbste ans Licht. In Lauras Fall war das verdrängte Selbst sehr erschreckend für sie. Sie konnte mit ihrer aphroditischen Sexualität nicht anders umgehen, als sie zu unterdrücken. Ihre Unfähigkeit, über ihre Phantasien zu sprechen, hielt sie davon ab, ihre unterdrückte Sexualität in die Ehe einzubringen und zwang sie stattdessen, sie in einer langfristigen und unbefriedigenden Affäre auszuleben. Hätte sie ihre Ehe als Chance zum Lernen gesehen und nicht als sicheren Hafen vor den Gefahren ihrer Sexualität, dann hätte sie ihre Gefühle für Tom mit ihrem Mann besprechen können. Gemeinsam hätten sie die Spur zu ihrer verdrängten Sexualität zurückverfolgt und einen Weg gefunden, die Sexualität wieder in die Ehe zu bringen. Die scheinbar so fatale Affäre hätte zu einem Wachstumssprung führen und so die eheliche Beziehung erheblich bereichern können.

Es bedeutet immer ein Risiko und macht immer Angst, einem unterdrückten Selbst ins Auge zu blicken. Und so ist es durchaus denkbar, dass sich Lauras Ehemann durch ihre Sexualität bedroht gefühlt hätte und sie nicht toleriert hätte. Das hätte Laura vor die Alternative gestellt, ihre Sexualität erneut zu unterdrücken oder zu entscheiden, dass sie nicht ohne ihre Sexualität leben möchte und folglich ihre Ehe beenden muss. In jedem Falle wäre eine Entscheidung durch das *Bewusste Ich* nötig gewesen.

Die meisten Menschen kostet es viel Mut, sich ihre Wünsche einzugestehen, darüber nachzudenken und ihre Ursachen zu ergründen. Der Ausgang eines solchen Prozesses ist nicht vorhersagbar. Deshalb wollen wir uns auf solch bedrohliche Diskussionen mit unserem Partner auch nicht einlassen, wenn wir in einem Bindungsmuster stecken und ihn um jeden Preis behalten wollen. Natürlich ist es gut möglich, dass wir feststellen, die Gegensätze sind unversöhnlich und wir müssen die Beziehung beenden. Aber es wäre ein aufrichtiges Ende zwischen zwei *Bewussten Ichs*, und beide Partner hätten etwas Neues gelernt. Wir hätten unseren eigenen Entwicklungsprozess ein Stück vorangetrieben. Jede Erforschung des Bewusstseins belohnt uns, indem sie unseren individuellen Entwicklungsprozess fördert.

# Affären in einer Beziehung

Abgesehen vom körperlichen und emotionalen Vergnügen erfüllen Affären eine ganze Anzahl von Funktionen. Auch auf Liebesbeziehungen üben sie sehr unterschiedliche Einflüsse aus. Manchmal kann ein Verhältnis eine Partnerschaft beenden. Unser verletzliches Kind verzeiht selten und vergisst niemals. Ist das Vertrauen des Kindes einmal verletzt worden, ist es sehr schwierig, alles wieder so herzustellen, wie es einst war. Sosehr wir auch versuchen, es zu überzeugen und zu umschmeicheln, das Kind kann, ist es einmal hintergangen worden, nicht mehr wie zuvor in die Beziehung eingebracht werden. Es wird lange Zeit vorsichtig bleiben.

Wie wir sehen werden, gibt es natürlich auch Ausnahmen. Diese Ausnahmen finden wir vor allem bei Menschen, die ein tiefes Verständnis für sich selbst und ihren Partner entwickelt haben und sich bemühen, ihre eigenen inneren Kinder auf besondere Art und Weise zu umsorgen.

Lebt ein Paar in einer klassischen Bindung, so kann eine Affäre die Energien ausgleichen und den Status quo erhalten, oder sie kann dazu führen, die Bindung aufzubrechen. Im ersten Fall schützt die Affäre die Bindung. Nehmen wir Andreas als Beispiel, der zu Hause der verantwortungsbewusste Vater ist, gebunden an das bedürftige Kind in seiner Frau und an seine Kinder. Andreas war ständig bemüht, seine Familie mit Geld, Rat und Hilfe zu versorgen, doch sein bedürftiges Kind erhielt dabei keinerlei Fürsorge und Zuwendung.

Zum Ausgleich dafür begann Andreas eine Affäre mit einer Frau, die nichts anderes wollte, als ihn zu umsorgen und glücklich zu machen. Er hatte ein lebenslanges Verhältnis mit dieser Frau. Dieses Verhältnis erlaubte ihm, in der Bindung seiner Ehe der verantwortungsbewusste Vater zu bleiben, während sein bedürftiges Kind die notwendige Zuwendung und emotionale Unterstützung woanders erfuhr.

Andreas könnte dieselbe Zuwendung auch von seiner Assistentin, einer Krankenschwester oder einer Sekretärin bekommen. Solche Verhältnisse sind nicht immer sexuell; manche von ihnen sind rein energetische Beziehungen, die einer Ehe sehr ähnlich sein können. Wenn der andere Partner auf solche Bekanntschaften nicht gerade sehr empfindlich reagiert, so wird er kein Aufhebens machen, solange die beiden nicht miteinander schlafen. Unsere bedürftigen Kinder verlangen Zuwendung, und wir werden immer, bewusst oder unbewusst, einen Weg finden, dieses Verlangen auf irgendeine Art zu stillen.

Affären können auch Bindungsmuster aufbrechen. Zum Beispiel bei Sebastian: Er ist ein genauso verantwortungsbewusster Vater wie Andreas. Seine Affäre verläuft aber ganz anders. Er beginnt ein Verhältnis mit einer sehr sinnlichen, unabhängigen Frau, die in ihm seine unterdrückte Sexualität weckt. Die Integration (oder das Zurückgewinnen) seiner Sexualität löst Veränderungen in ihm aus und bricht die Dominanz seines verantwortungsbewussten Vater-Selbsts. Dadurch wiederum wird das Bindungsmuster gegenüber seiner Frau aufgelöst. Er kommt nach Hause und hat plötzlich ganz neue Ansprüche an seine Ehe. Da er nicht länger als der verantwortungsvolle Vater gesehen werden will, sagt er seiner Frau schließlich, dass er mit ihrem ehelichen Sexualleben unzufrieden ist, dass sie mehr Verantwortung in der Familie übernehmen und sich nach Arbeit umsehen soll, damit sie mithelfen kann, für die Finanzierung der Familie zu sorgen. In der freieren Atmosphäre seiner Affäre hat er auch etwas über Gefühle und seine eigene Verletzlichkeit erfahren. Dieses Wissen ermöglicht es ihm, sich anders mit seiner Frau zu unterhalten und, was ihm aus der Position des verantwortungsbewussten Vaters heraus früher unmöglich war, ihren Gefühlen mit mehr Verständnis zu begegnen. Dies ermöglicht es seiner Frau, neue Selbste freizusetzen, die in ihrer bisherigen Position der abhängigen Tochter unterdrückt waren.

In diesem Beispiel hatte die Affäre ein Bindungsmuster aufgebrochen, viel Energie freigesetzt und die Situation in der Ehe total verändert. Sie hatte eine Entwicklungsperiode beschleunigt, anstatt den Status quo zu erhalten.

Wenn in einer Ehe Veränderungen eher blockiert als gefördert werden, kann sich eine Affäre positiv auf unsere Bewusstseinsentwicklung auswirken. Robert gehört ebenfalls zum Typ des verantwortungsbewussten Vaters. Sein Leben besteht darin, sich um Frau, Kinder, Büroangestellte, Hunde und was es sonst noch so gibt zu kümmern. Robert lebt nach festen Prinzipien und seine Ehephilosophie ist auf strikte Monogamie ausgerichtet.

Auf einer Party begegnet er Ingrid, mit der er ein Verhältnis beginnt, das ihn völlig aus der Bahn wirft. Ingrid, eine sehr sinnliche Frau, ist ganz anders als alle Menschen, mit denen er bisher Kontakt hatte. Eines Nachts, als er mit ihr zusammen ist, träumt er, dass alle Flüchtlinge und Minderheiten Mitteleuropas, die über die ganze Welt verstreut waren, wieder heimkehren.

Dieser Traum macht deutlich, dass Robert durch sein Verhältnis mit Ingrid tief berührt ist und dass es eine heilende Wirkung auf ihn ausübt. Die Flüchtlinge und die Minderheiten sind die heimatlosen Teile in ihm, und die Beziehung mit Ingrid hilft ihm, ihnen einen adäquaten Platz in seiner Psyche einzuräumen. Roberts Verhältnis mit Ingrid blieb eine Affäre. Er ließ sich nicht scheiden, aber seine Ehe erhielt eine ganz neue Qualität. Das Verlangen, mehr Bewusstsein zu entwickeln, ist eine starke Kraft, und wenn eine Beziehung dieses Verlangen nicht unterstützt, dann wird es sich eine andere Beziehung suchen, in der die Sehnsucht nach mehr Bewusstheit erfüllt wird.

Wenn etwas in uns die alte Form durchbrechen und sich vorwärts bewegen will, haben wir normalerweise einen intensiven Drang danach, eine Affäre zu beginnen. Wie wir gesehen haben, gibt es eine Intelligenz in uns, die uns auf dem Weg zu einer ständig wachsenden Bewusstheit vorantreibt. Dies ist ein natürlicher Entwicklungsprozess, und er verlangt nach Bewegung.

Auf der anderen Seite gibt es auch einen natürlichen Prozess, der gegen diesen Entwicklungsprozess arbeitet und der darauf abzielt, um jeden Preis den Status quo zu erhalten. Eine Affäre kann daher entweder den Status quo erhalten und eine Partnerschaft stützen, die uns zwar nicht ganz erfüllt, die wir aber dennoch nicht aufgeben wollen. Sie kann aber auch ein Katalysator dafür sein, neue Selbste zu entdecken, neue Energien freizusetzen und dann entweder unsere derzeitige Partnerschaft zu ändern oder sie zu beenden und uns so in eine neue Phase unserer Bewusstseinsentwicklung zu führen.

Anette und Ulrich waren seit Jahren verheiratet. Sie hatten zu einer Zeit geheiratet, in der von den Frauen erwartet wurde, ihre Eigenständigkeit zugunsten ihrer Rolle als Gattin und Mutter aufzugeben. Sie liebten einander innig, aber als Anette ihre Ausbildung und ihre Berufspläne aufgab, rutschte sie in ein starkes Vater-Tochter-Bindungsmuster, in dem Ulrich die Rolle des lieben Vaters übernahm, der alle Entscheidungen traf, und in der Anette in die Rolle der hilflosen Tochter schlüpfte.

Anette, eine intelligente und scharfsinnige Frau, konnte ihren Tatendrang und ihre Fähigkeiten nicht für immer unterdrücken. Sie ließ sich auf eine Affäre ein, die einige Zeit anhielt. Hier war sie die führende Kraft, und ihr Liebhaber verließ sich ganz auf ihre Intelligenz und auf ihr Verständnis zwischenmenschlicher Beziehungen. Da sie spürte, dass hinter dieser Affäre mehr steckte, als man auf den ersten Blick annehmen konnte, begann sie eine Therapie. Nach einiger Zeit fand sie in ihrer Partnerschaft mit Ulrich zu ihrer eigenen Kraft zurück und durchbrach das alte Bindungsmuster, in dem beide so lange gelebt hatten.

Ulrich deutete vielfach an, dass er über die Affäre nicht sprechen wollte, und Anette richtete sich danach. Da sie erkannte, dass sein verletzliches Kind es nicht ertragen könnte, von ihrem Verhältnis zu erfahren, erzählte sie ihm nie direkt davon. Damit schützte sie in gewisser Weise auch sich selbst.

Nach einiger Zeit konnte ihre Ehe wieder als solche bezeichnet werden. Da ihre unterdrückten Selbste mit einbezogen wurden, bestimmte die Vater-Tochter-Bindung nicht länger die Beziehung, und ihre anfängliche Liebe kehrte zurück oder, wie Anette es ausdrückte, als das Bindungsmuster aufgelöst war: »Ich hatte ganz vergessen, wie sehr ich ihn liebe!«

Wie können wir in einer Beziehung wieder zueinander finden, nachdem ein Partner ein Verhältnis gehabt und der andere es herausgefunden hat? Es gibt, wie gesagt, Wege, auf denen wir wieder zu einer wirklich intimen Beziehung – auch mit Beteiligung des verletzlichen Kindes – kommen können, und das sogar dann, wenn das Vertrauen gebrochen und das verletzliche Kind verletzt worden ist.

Die Beziehung zwischen Daniel und Petra war von Anfang an auf gegenseitiges Wachstum ausgerichtet. Es war ihnen beiden wichtig, ihre psychologischen Prozesse einander mitzuteilen. Sie hatten das Bedürfnis, miteinander über alle wichtigen Beziehungen zu anderen Menschen zu reden. Für einen gewissen Zeitraum mussten sie in verschiedenen Städten leben, aber ihre Verbundenheit blieb tief, und sie hatten ständig Kontakt zueinander.

Eines Tages spürte Petra, dass etwas nicht stimmte. Sie rief Daniel an und fragte ihn, ob etwas geschehen sei. In der Tat hatte er eine intensive Affäre mit einer anderen Frau begonnen, aber er schämte sich, es Petra zu erzählen. Also leugnete er alles ab und deutete an, dass Petra möglicherweise ihre eigenen Gefühle auf ihn projiziere. Er reagierte auf sie mit einer Mischung aus Schuldgefühlen und Verurteilung, ein häufig auftretendes Muster. Das Bindungsmuster war komplett, und beide fühlten sich elend.

Als Daniel endlich erkannte, was geschehen war, sprach er mit Petra über diesen Vorfall. Er sprach von seinem Bewusstsein, nicht von einem schuldbewussten Sohn aus (was die Sache nur noch schlimmer gemacht hätte). Zusammen dachten sie über das Vorgefallene nach und stellten fest, dass sie seit geraumer Zeit in einer Mutter-Sohn-Bindung gelebt hatten, die durch diese Affäre durchbrochen worden war. Weil sie sich ernsthaft um eine bewusste Partnerschaft bemühten und viel persönliche Arbeit auf sie verwendeten, konnten sie ihre Partnerschaft fortsetzen und sogar vertiefen. Sie erkannten, dass die Mutter-Sohn-Bindung die Affäre heraufbeschworen hatte. Sie wussten jetzt, wie empfindsam und wach das verletzliche Kind war. Die Beziehung hatte sie viel über sie selbst gelehrt.

Die letzten Beispiele haben gezeigt, wie eine Affäre zu einer neuen Bewusstheit führen kann oder sogar das Bewusstsein in der Partnerschaft auf eine höhere Ebene bringt. Oftmals wird der Entwicklungsprozess jedoch durch eine Affäre auch zum Stillstand gebracht, dann nämlich, wenn der Schmerz des verletzlichen Kindes zu groß ist und es sich endgültig aus dieser Partnerschaft zurückzieht. Besonders aus der Zeit der Experimente mit offenen Ehen konnten wir dazu einige Erfahrungen sammeln. Für viele Menschen war die Idee der offenen Ehe anfangs sehr reizvoll. Als sie dann aber ihre eigenen Ehen öffneten, funktionierte meist irgend etwas nicht. Es schien so, als würde das verletzliche Kind das Prinzip einer offenen Ehe nicht verstehen und sich deshalb ganz aus der Beziehung zurückziehen. Viele dieser Ehen endeten mit der Scheidung.

Wenn das verletzliche Kind sich weigert, in die Partnerschaft zurückzukehren, und die Partner aus dem Vorfall gelernt haben, dann müssen sie sich mit der Tatsache abfinden, dass diese Verbindung in die Brüche gegangen ist und dass es ihnen nun freisteht, eine neue Beziehung einzugehen. Haben sie wirklich etwas dazugelernt, so können sie ihre nächste Partnerschaft bewusster gestalten.

Unglücklicherweise kommt es jedoch manchmal vor, dass der Beschützer/Bewacher nach einer derartig beendeten Partnerschaft veranlasst, dass sich das innere Kind (und mit ihm die ganze Person) ganz in einen sicheren und geschützten Raum zurückzieht. Damit wird der Entwicklungsprozess beendet, und die betreffende Person wird vor jeder echten neuen Beziehung geschützt.

Es ist offensichtlich, dass die Attraktivität anderer Menschen ein natürlicher Teil unseres Lebens ist – ganz gleich, ob wir eine Liebesbeziehung haben oder nicht. Wenn wir das akzeptieren, wird es höchstwahrscheinlich unseren inneren Kritiker einer seiner lohnendsten Angriffsflächen berauben, einer Angriffsfläche, auf die er seit unserer Pubertät gezählt hat und die es ihm sehr leicht macht, uns zu schuldbewussten Kindern zu machen. Aber keine Sorge, unser innerer Kritiker ist sehr einfallsreich und wird sicher bald ein neues Betätigungsfeld finden.

Ist das Begehren stark und dauerhaft, so kann es sein, dass wir in unserem Kopf ein Leben im Verborgenen, in unserer Phantasie führen. Wenn dies zu lange dauert, wird die Ehe darunter leiden, da wir uns immer mehr von unserem Partner zurückziehen. Wir haben es hier mit einer hochgradig paradoxen Situation zu tun. Je mehr wir an unserem Partner hängen, je tiefer die Bindung, umso schwieriger wird es, solche Gefühle und Phantasien mitzuteilen. Doch gerade der Akt des Mitteilens ist der Schlüssel, sich aus diesen Bindungsmustern zu lösen. Wir alle sind sinnliche und triebhafte Menschen, und unsere Gefühle lassen sich einfach nicht auf das eheliche Schlafzimmer beschränken. Wir werden unser ganzes Leben lang sinnliche und erotische Gefühle haben, sie werden uns ständig begleiten, und zwar unabhängig davon, ob uns das angenehm ist oder nicht und unabhängig auch davon, wie groß unsere Liebe und Zuneigung für unseren Liebespartner ist.

Wir haben uns nun eingehend mit Bindungsmustern beschäftigt und gesehen, wie sie die Intimität in der Beziehung stören und wie wir von ihnen lernen können. Wir wollen nun sehen, auf welche Art wir unsere Beziehung vertiefen können.

# Die Beziehung vertiefen

Wir haben viele verschiedene Methoden und Ansätze benutzt, um unsere eigene Beziehung zu vertiefen und unseren persönlichen Prozess zu unterstützen. Jede Technik, jede neue Annäherung an Bewusstheit oder persönliches Wachstum trägt dazu etwas Eigenes bei, aber *Voice Dialogue* war ohne Zweifel unser »Königsweg« und funktioniert für uns am besten. Die Arbeit mit dieser Methode hat uns viel Spaß gemacht.

Wir wissen natürlich, dass wir ein ganz klein wenig voreingenommen sein könnten, weil Voice Dialogue ein Kind unserer Beziehung ist. Er ist aus unserer Liebe und unserer gemeinsamen Arbeit geboren, und seine theoretische Basis hat sich aus unserem Bedürfnis entwickelt, unsere Beziehung am Leben und gleichzeitig lebendig zu halten. Unser Buch *Du bist viele* ist im wesentlichen eine Anleitung, in dem die Anwendung der Voice-Dialogue-Methode detailliert beschrieben ist.

## Voice Dialogue

Obwohl es normalerweise einige Übung erfordert, mit der Voice-Dialogue-Methode zu arbeiten und ein guter Moderator zu werden, haben einige Therapeuten und Menschen mit viel Erfahrung in Bewusstseinsarbeit bereits nach dem Lesen des Buches die Methode erfolgreich anwenden können. Wir können die spezielle Arbeit mit den eigenen Selbsten in diesem Buch nicht hinreichend vorstellen, deshalb möchten wir empfehlen, *Du bist viele* zu lesen oder Voice Dialogue mit einem Menschen auszuprobieren, der mit dieser Arbeit bereits vertraut ist.

Voice Dialogue ist Arbeit mit den eigenen verschiedenen Selbsten. Es ist einfach und überraschend effektiv. Es kann besonders in

Beziehungen hilfreich sein, weil es eine Gelegenheit bietet, mit den Selbsten des anderen auf sichere Weise zu kommunizieren. Wenn Voice Dialogue in der Beziehung angewendet wird, befähigt es den einzelnen, direkte Erfahrungen mit den eigenen Selbsten, den Selbsten des anderen und den Bindungsmustern zu machen, die sein Leben bestimmen. Es ist klar, dass dies die Nähe zueinander und das gegenseitige Verstehen fördert. Wie in jedem Lernprozess weiß man aber nie genau, wohin das führt. Unser Buch zu lesen und von einem Voice-Dialogue-Lehrer geschult zu werden, würden wir jedem empfehlen, der an diesem Prozess interessiert ist. Aber auch wenn Sie Voice Dialogue noch nicht praktizieren, können Sie Ihr Verständnis von den Teilpersönlichkeiten dazu benutzen, den Kontakt zwischen Ihnen und anderen Menschen erheblich zu verbessern.

Sehen wir uns zum Beispiel Barbara und Erich an, die auf eine Party gehen. Auf dem Nachhauseweg ist Barbara sehr distanziert und Erich fragt sie, was los ist. Sie sagt ihm, dass alles in Ordnung sei. Erich spürt ihre Zurückgezogenheit und fragt sie, sein Verständnis von den Teilpersönlichkeiten nutzend, wie es ihrem kleinen Mädchen geht. In diesem Moment bricht Barbara in Tränen aus, und all ihre Gefühle von Verletzlichkeit und Unzulänglichkeit strömen aus ihr heraus. Ohne das Wissen, dass es in jedem von uns ein verletzliches Kind gibt, hätte sich Erich mit Barbaras Zurückgezogenheit abfinden müssen. Seine eigenen Gefühle wären verletzt worden, und beide wären geradewegs auf ein Bindungsmuster zugesteuert. Das Ganze hätte in einem Streit voller Vorwürfe und Schuldzuweisungen geendet.

Petra und Uli gehen gemeinsam ins Kino. Uli ist hinterher sehr deprimiert. Er hat Schwierigkeiten, seine Gefühle auszudrücken. Hätte Petra ihn nach seinen Gefühlen gefragt, hätte er nicht viel dazu sagen können. Weil Petra sich jedoch im Umgang mit Selbsten auskennt, kann sie Uli bitten, Kontakt mit den einzelnen Selbsten aufzunehmen und zu schauen, wie es jedem einzelnen geht.

Der Film handelte von einem Mann, der an Krebs starb. Petra fragt Uli, ob er mit dem Teil von sich in Verbindung treten könne, der

Angst vor dem Tod hat. Uli ist dazu in der Lage, und es scheint, als ob er jetzt von diesem Selbst aus sprechen kann. Dann wird ihm klar, dass er keine Angst vor dem Tod hat, sondern vor Behinderung, Entstellung und Krankheit.

Dann fragt ihn Petra, ob es einen Teil in ihm gibt, der speziell den Krebstod fürchtet. Uli ist zunächst schockiert, aber bald fähig, mit genau diesem Teil in Verbindung zu treten. Einige seiner engsten Verwandten waren an Krebs gestorben und er, oder ein Teil von ihm, hatte seit seinem zwanzigsten Lebensjahr, als seine Mutter starb, Angst davor.

Es ist oft erleichternd, zu erkennen, dass in uns verschiedene Persönlichkeiten stecken, die sehr unterschiedliche Ansichten über die gleichen Dinge haben, und dass dies vollkommen normal und natürlich ist. Wir werden noch andere Beispiele für diese Art von Kommunikation betrachten.

## Loslassen!

Die meisten von uns sind sehr motiviert, ihre Beziehung um jeden Preis zu schützen. Sobald unsere bestimmenden Selbste – wie immer sie sein mögen – sich sicher fühlen, wollen sie, dass wir uns nicht mehr von dort wegbewegen. Sie interessieren sich nicht für neue Reisen in unbekannte Gewässer. Der vielleicht schwierigste Aspekt einer jeden Beziehung, und das gilt ganz sicher für unsere eigene Ehe, ist der Prozess des wechselseitigen Loslassens.

Sobald wir von der Idee angetan sind, den Rest unseres Lebens gemeinsam zu verbringen, übernehmen unsere bestimmenden Selbste die Führung und beginnen, unsere Möglichkeiten zu begrenzen. Erst wenn wir loslassen und die Möglichkeit akzeptieren, dass unsere Beziehung nicht kontrollierbar und vor Überraschungen sicher ist, sind wir in der Lage, freier und umfassender zu kommunizieren. So kommen wir in die Position, auch von anderen als nur den dominanten Selbsten Impulse empfangen zu können. Unser Horizont erweitert sich, und unser Bewusstsein empfängt weit mehr Information, als es je von unseren Haupt-Selbsten erhalten kann. An diesem Punkt können wir Möglichkeiten wahrnehmen, die vorher für uns nicht existiert haben, unser Leben wird spontaner und unsere Problemlösungen werden kreativer. Wir sind sicher, unsere Ehe wird Bestand haben. Nach all unseren Höhen und Tiefen erscheint es uns sehr unwahrscheinlich, dass wir uns trennen werden. Trotzdem sind wir offen für die Möglichkeit, dass unsere Beziehung doch noch einen ganz anderen Verlauf nehmen könnte. Zwar wäre eine solche Neuorientierung nicht das, was wir uns jetzt wünschen, aber wir respektieren die Entwicklung unserer Beziehung, die uns immer ein Lehrer war und die uns zu jeder Zeit in eine ganz andere Richtung tragen kann, als es unsere bewusste Absicht ist.

Für viele Menschen ist dies eine schmerzhafte Vorstellung. Wenn sie heiraten, möchten sie, dass ihre Ehe ewig währt. Eines ist jedoch sicher: Es gibt keine Versicherungspolice für eine Liebesbeziehung. Jede Beziehung ist ein Prozess. Sie zu versichern würde bedeuten, die Ehe durch Bindungsmuster zu fixieren. Der Preis, den wir für diese Sicherheit und Behaglichkeit zahlen, ist ein Verlust an Lebendigkeit, Romantik, Sexualität und Kreativität. Dies muss nicht so sein, aber wir haben es oft genug beobachtet.

Weil wir der Meinung sind, dass eine Beziehung zwar sehr sorgsam, aber sozusagen mit offener Hand geführt werden muss, ist es nicht unsere Absicht, dieses Kapitel zu einem Leitfaden oder Ratgeber für das Gelingen einer bestimmten Art von Beziehung zu machen. Wenn man den Weg der Beziehung geht und sich dem Prozess der Beziehung – mehr noch als der anderen Person – hingibt, dann wird er beide Partner in die nächsthöhere Phase ihrer Bewusstseinsentwicklung führen. Dies kann bedeuten, dass sie diesen Weg zusammen gehen, es kann jedoch auch bedeuten, dass sich ihre Wege an einem bestimmten Punkt trennen. Wie auch immer, der Prozess wird natürlich sein und aus den tiefsten Bedürfnissen der beiden Partner erwachsen. Das heißt nicht, dass es keinen Kummer, Traurigkeit oder großen Schmerz geben kann, wenn eine Liebesbeziehung endet. Aber es bedeutet, dass die Partner an Weisheit gewinnen und sich in ihrer persönlichen Bewusstseinsentwicklung mit jeder Beziehung ein Stück weiterentwickeln. Manchmal dauert es Jahre, bis wir die Bereicherung, die uns eine bestimmte Beziehung gebracht hat, schätzen lernen; jede Beziehung hat uns etwas zu geben. Nicht jede Beziehung ist von Dauer. Eine Liebe, die in einer Phase unseres Lebens schön und wichtig ist, muss dies nicht unbedingt auch in einer anderen Phase sein. Es ist wichtig, darauf zu vertrauen, dass dies für beide gilt: *Entweder ist eine Beziehung für beide Partner gut oder sie ist es für keinen von beiden.*

Manchmal muss eine Beziehung tatsächlich auseinanderbrechen und vielleicht muss nach der Trennung viel Zeit vergehen, bevor dies verstanden wird. Ludwig zum Beispiel war seit fünf Jahren mit Beate verheiratet, aber er war sehr unglücklich. Beate war ihrerseits sehr depressiv. Von Zeit zu Zeit wurde sie sogar stationär behandelt. Sie lebten in einem tiefen Bindungsmuster: Ludwigs verantwortlicher Vater kümmerte sich um Beates verwirrte Tochter. In dieser Rolle fühlte Ludwig, dass er Beate nicht verlassen konnte, weil er Angst hatte, sie könnte sich umbringen. Es war für jedermann offensichtlich, dass Ludwig sein Leben für Beate opferte und dass sie ihn verzweifelt brauchte. Schließlich, zu einer Zeit, als Beate gut versorgt im Krankenhaus war, bat Ludwig sie unter großer Angst um die Scheidung.

Überraschenderweise erholte sich Beate danach rasch von ihrer Depression, verließ das Krankenhaus, verlor das Gewicht, das sie in den Jahren ihrer Ehe zugenommen hatte, und begann, wieder ein normales Leben zu führen. Die verzwickte Ehe hatte sie ebensoviel Kraft gekostet wie ihn.

Es kann gut sein, dass wir uns heute trennen müssen, uns aber morgen lieben können. Sigrid und Gerhard liebten sich während ihres Studiums leidenschaftlich, aber Sigrid glaubte, dass Gerhard keinen guten Ehemann abgeben würde. Sie wollte einen kultivierten Mann, zu dem sie aufblicken und den sie bewundern konnte, nicht jemanden wie Gerhard, der ihr so ähnlich war.

Sigrids unzulängliche Tochter begehrte einen starken Mann, einen wissenden, intellektuellen Vater, an den sie sich binden konnte.

Statt Gerhard heiratete sie Dieter, weil sie von seiner Intelligenz und Kultiviertheit fasziniert war.

In den folgenden Jahren lebte Sigrid ein Leben voll Eleganz und Raffinesse. Sie integrierte die kultivierte Dame in sich und verließ sich immer mehr auf ihre eigene Bildung. Sie war nicht länger die glühende Bewunderin von Dieters Weisheit. Langsam entwikkelten die beiden sich auseinander. Die Bindung zwischen ihrer Tochter und seinem intellektuellen Vater hatte sie ursprünglich zusammengebracht. Als das keinen Reiz mehr hatte, gab es nichts, was sie noch zusammenhielt. Sie ließen sich scheiden.

Einige Zeit nach der Scheidung hörte Gerhard, dass Sigrid wieder frei war. Er nahm Kontakt zu ihr auf, und es entwickelte sich erneut eine intensive Liebesbeziehung zwischen ihnen. Nur war es dieses Mal eine reife Beziehung zwischen zwei *Bewussten Ichs*, die zu einer glücklichen Ehe führte, in der sich beide sehr wohl fühlen.

Sich krampfhaft um eine Beziehung zu bemühen, anstatt darauf zu vertrauen, dass es zur richtigen Zeit von alleine passiert, kann allen Betroffenen Leid zufügen. Wenn wir zu engagiert an der falschen Stelle arbeiten oder zu besorgt sind, etwas zu verlieren, sind wir bereit, alle Arten psychologischer Selbstverstümmelung zu betreiben, nur um den Status quo aufrechtzuerhalten. Wenn wir uns aber dem Prozess der Partnerschaft hingeben und dabei ganz wir selbst bleiben, dürfen wir darauf vertrauen, dass die für uns richtige Beziehung aufblüht und eine unpassende Beziehung auf natürliche Weise endet.

## Sich mitteilen

Sich mitteilen zu können ist eine wichtige Voraussetzung für eine Beziehung, die zu Wachstum und Bewusstseinsentwicklung führen soll. Sich der Realität zu stellen ist eine harte Arbeit, aber unerlässlich. Nur durch aufrichtige Konfrontation mit allem, was in der Beziehung geschieht, kann tiefer Kontakt entstehen und Wachstum beginnen.

Je offener wir mit unserem Partner sein können, umso besser. Wenn wir Gefühle und Reaktionen zurückhalten, dann schafft das mehr und mehr Distanz. Allerdings ist das leichter gesagt als getan, denn Gefühle mitzuteilen müssen wir meist erst lernen. Manche Gefühle werden von uns gar nicht deutlich wahrgenommen, oder sie erzeugen zu großen Schmerz oder die Angst vor zu großem Schmerz, wenn wir versuchen, sie auszudrücken. Andererseits ist es auch wichtig, sich bewusst zu machen, wie sich möglicherweise unser innerer Kritiker einmischt und uns dafür kritisiert, dass wir nicht über unsere Gefühle sprechen können. Wenn wir uns nicht mitteilen können, reicht es, uns einfach bewusst zu machen, dass diese Gefühle da sind, wir aber im Moment nicht wollen, dass sie zum Ausdruck kommen. Wir dürfen uns nicht dafür schlecht machen lassen. Wir dürfen vielmehr sicher sein, dass sie zur rechten Zeit wieder auftauchen und nach außen kommen.

Viel von dem, was wir fühlen, ist unbewusst. Alle Formen psychologischer Arbeit sind wertvoll, weil sie uns helfen, mehr über die Vorgänge in unserem Innern zu lernen. Gefühle lassen sich einfacher mitteilen, wenn wir uns der vielen verschiedenen Persönlichkeitsanteile in uns bewusst sind und darüber, wie diese sich in einer bestimmten Situation fühlen.

Wenn ich Sie jetzt frage, wie Sie sich in diesem Augenblick fühlen, könnten Sie vielleicht nicht allzuviel dazu sagen. Stellen Sie sich vor, ich würde zu Ihnen sagen: »Wir würden gerne wissen, wie sich die verschiedenen Teile in Ihnen gerade jetzt, während Sie dieses Buch lesen, fühlen und was Sie denken. Wie fühlt sich Ihr intellektuelles Selbst? Ihr objektiver Wissenschaftler? Ihr intuitives Selbst? Ihr verletzliches Kind? Ihr verantwortlicher Elternteil? Ihr Ehemann-/Ehefrau-Selbst? Ihr freier Geist? Ihr sexueller Psychopath?«

Angenommen, Sie hätten irgendwie Zugang zu diesen Selbsten und könnten sich auf ihre Gedanken und Gefühle einstellen, so würden diese unterschiedlichen Selbste die Frage sehr unterschiedlich beantworten. Welch interessante Gespräche könnten wir führen und wie viele Dimensionen hätte unsere Kommunikation, wenn wir fähig wären, uns gegenseitig die Fülle und den Reichtum dieser vielen Selbste näher zu bringen.

Es gibt allerdings auch Gefahren in dieser Offenheit. Gefahr taucht besonders bei Menschen auf, die sich in ihrem Leben schon viel mit Bewusstseinsarbeit beschäftigt haben. Mit bemerkenswerter Häufigkeit beobachten wir bei diesen Menschen ein zwanghaftes Bedürfnis, ständig zu reden und sich auseinanderzusetzen, gleichgültig wie die Gesprächspartner sich dabei fühlen. Hier gibt es keinen Respekt vor einer privaten ganz persönlichen Sphäre oder dem Bedürfnis, sich zurückzuziehen, und die Personen unterhalten sich nicht von einem *Bewussten Ich* aus.

Wenn Sie in der Lage sind, aus einem *Bewussten Ich* heraus zu kommunizieren, werden Sie feststellen, dass Sie in Kontakt mit der Furcht Ihres verängstigten Kindes sind, mit der Liebe Ihres verletzlichen Kindes für den anderen und mit der kühlen Klarheit Ihres unpersönlichen Selbst, das die Tatsachen so sieht, wie sie sind, und sie ohne Umschweife ausdrückt. Sie werden über eine Bewusstheit verfügen, mit der Sie die ganze Situation leidenschaftslos betrachten können und die Ihnen die Informationen, die Sie brauchen, von Moment zu Moment gibt. Das erlaubt Ihnen und Ihrem Gesprächspartner, ohne Bindungsmuster aus einem *Bewussten Ich* heraus zu reagieren. Sie können beide darauf achten, was im jeweiligen Moment geschieht, und müssen den Verlauf der Unterhaltung nicht kontrollieren.

Es ist erstaunlich, wie oft ein egoistisch anmutender Wunsch, eine Phantasie oder eine scheinbar unbegründete Reaktion neue Perspektiven eröffnen oder neue Anstöße für die Entwicklung Ihres Bewusstseins geben können. Bodo ist erschrocken, als er merkt, dass er sich zu seiner Frau Veronika sexuell nicht mehr hingezogen fühlt. Er sagt ihr nichts, weil er in der Rolle des verantwortlichen Vaters ihre Gefühle nicht verletzen will, und er sieht, dass sie alles tut, um für ihn attraktiv zu sein. Aber er betrachtet die Ehe auch als Lernprozess und so beschließt er, es zu versuchen und sich seiner Frau dann doch mitzuteilen.

Bodo spricht zu seiner Frau auf eine Art, die sowohl seine Stärke als auch seine Verletzlichkeit ausdrückt. Er ist überrascht, festzustellen, dass Veronika sein mangelndes Interesse bereits wahrnahm und sich auch ihr Verlangen verringert hat. Auch sie ist darüber unglücklich, denn sie liebt ihn sehr. Ihr ängstliches Kind will nicht hören, was nicht in Ordnung ist, und ihre verantwortungsvolle Mutter will Bodo nicht verletzen – und so hatte auch sie einfach nichts gesagt.

Bodo und Veronika erlauben sich in ihrer Auseinandersetzung jede Reaktion, die an die Oberfläche gelangt. Im weiteren Verlauf der Unterhaltung entdecken sie, dass Bodo in den letzten zwei Jahren nach und nach alle Kontakte zu seinen männlichen Freunden abgebrochen hat. Er hatte stets viele Freunde und liebte es, sie zum Essen zu treffen, bis er das Gefühl bekam, dass Veronika glücklicher wäre, wenn er abends zu Hause bliebe. Ohne dass einer von ihnen gemerkt hätte, was geschah, hatte er auf die Treffen mit seinen Freunden verzichtet.

Bodo wird klar, wie wichtig ihm seine Freunde sind, und er überlegt, wie er sie wieder treffen kann. Veronika andererseits erinnert sich, dass sie eigentlich ihr Studium wieder aufnehmen wollte, sobald ihr jüngstes Kind in den Kindergarten käme. Ihr jüngstes Kind war bereits in der dritten Klasse, und Veronika verwandte noch immer ihre ganze Zeit darauf, die Rolle der verantwortlichen Mutter auszufüllen und für alle zu sorgen, nur nicht für ihr eigenes Leben. Beide freuen sich sehr, als sie merken, dass sie eigentlich die gleichen Bedürfnisse haben. Das ist oft der Fall, wenn wir den Austausch ganz zu Ende bringen.

Veronika und Bodo planen, dass er donnerstags mit seinen Freunden essen und sie zur Uni geht und die Kinder die Großeltern besuchen. Damit ist die Eltern-Kind-Bindung zwischen Bodo und Veronika für einen Moment unterbrochen, und für beide eröffnen sich neue Perspektiven. Keiner ist verletzt oder fühlt sich im Stich gelassen (wie das verantwortliche Eltern-Selbst befürchtet hatte) und beide freuen sich über ihre neuen Pläne. Ihre Sexualität kehrt automatisch zurück. Wenn ein Bindungsmuster aufgebrochen und ein Schritt nach vorn getan ist, erleben wir Sexualität wieder sehr intensiv.

Sich mitteilen bedeutet nicht nur, emotional zu reagieren; es schließt alle Bereiche des Lebens mit ein. Wie viele von uns haben nicht schon einmal gedacht: »Es ist schön, dass ich geliebt werde, wenn ich mich entsprechend verhalte, aber was wäre, wenn sie wüssten, wie ich wirklich bin, was sich unter der Oberfläche verbirgt?« Wir alle sind dazu erzogen worden, soviel wie möglich von uns, oder sagen wir besser, so viele unserer Selbste zu verbergen, wie nötig ist, um Liebe und Anerkennung zu erhalten.

In unseren Beziehungen haben wir die Chance, uns zu zeigen, wie wir wirklich sind. Oft sind Menschen in der Ehe unfähig oder nicht bereit, sich einander die ganze Breite ihrer Persönlichkeit zu zeigen, obwohl sie es vor Freunden durchaus tun. Dies ist ein sicheres Zeichen für ein Bindungsmuster in der Ehe und ein Hinweis auf potentielle Probleme.

Die meisten von uns sind nicht sehr zurückhaltend, wenn es darum geht, Dinge mitzuteilen, die kein Problem für sie sind, in anderen Bereichen ist es jedoch schwieriger, und es gibt sogar Dinge, von denen wir nie gedacht haben, dass wir sie je einem anderen Menschen mitteilen könnten.

Zwei Themen, die häufig unbequem sind: das liebe Geld und unsere Gesundheit. Beide Bereiche sind oft angstbesetzt. Wir haben gesehen, wie ein ängstliches, verletzliches Kind ein Bindungsmuster schafft, wenn es ignoriert wird. Unsere verletzlichen Kinder haben die Angewohnheit, sich um unsere Schmerzen und Leiden und um unsere finanzielle Situation zu sorgen. Wenn es in einem dieser Bereiche Probleme gibt, ist es darum wichtig, dies zum Gesprächsthema zu machen.

Werden diese Themen ausgeklammert, führt dies fast immer zu negativen Bindungsmustern. Wir haben herausgefunden, dass gemeinsame Überlegungen, was Geld und Gesundheit angeht, ein Gefühl der Sicherheit in die Beziehung bringt. Wenn beide Partner ihre Meinung einbringen können, entsteht mehr Bewusstsein und die Entscheidungen werden besser, schließlich betreffen diese Fragen in jedem Fall immer beide.

Es gibt noch einen weiteren Bereich, der in der Kommunikation Schwierigkeiten bereitet: Wenn uns etwas am Körper unseres

Partners stört. Dies kann zum Beispiel das Gewicht sein, die Art und Weise, wie er sich kleidet, oder die Tatsache, dass er eine Glatze bekommt. Dieser Bereich ist besonders empfindlich, denn wenn wir diese Gefühle nicht mitteilen, werden sie leicht ein großes Problem. Entscheidend ist jedoch, welcher Teil in uns reagiert: Ein schimpfender Vater kann in einer solchen Situation sehr destruktiv sein! Ein *Bewusstes Ich* dagegen wird mit der Verletzlichkeit des anderen in Kontakt sein und sich ganz anders ausdrücken.

Auch im Mitteilen von Phantasien sind wir meist nicht geübt. Anderen unsere Phantasien mitzuteilen fällt uns in der Regel schwer, höchstens unserem Therapeuten gegenüber schaffen wir es. Dabei können wir uns über die eigenen Phantasien auf einer völlig neuen Ebene kennen lernen. Im Kapitel »Begehren und Affären« haben wir uns schon mit der Offenbarung von sexuellen Phantasien beschäftigt. Ein Austauschen über diese Themen fördert jedoch das Wachstum in der Beziehung und kann mit viel Spaß in sexuellen Phantasien mit einfließen. Viele Menschen genießen es, ihre sexuellen Phantasien miteinander auszuleben, denn es bereichert ihren Sex und sorgt für Abwechslung.

Die Phantasien sind oft der Kern unserer unterdrückten Selbste und verkörpern unsere intimsten Räume, unsere tiefsten Geheimnisse und verursachen unsere größten Schamgefühle. Es erfordert viel Mut und Vertrauen, diese Selbste in der Beziehung zu öffnen. Sie sind ein wichtiger Teil von uns. Kann es einen besseren Raum geben, diese Seite zu zeigen, als im Rahmen einer Liebesbeziehung? Wir sagen dies, wohl wissend, wie sehr der Beschützer/Bewacher protestiert. Wir wollen jedoch auch unsere grundlegende Empfehlung wiederholen, die Gefühle des Beschützers/Bewachers in allem, was wir tun und sagen, zu achten.

Im Allgemeinen führt Offenheit im Umgang mit unseren Phantasien dazu, dass wir einander näher kommen. Manchmal ist es so, als ob ein seelischer Samen gelegt würde, der in die Realität wächst, wenn wir eine Phantasie mit unserem Partner teilen. Man kann nie wissen, was daraus wird, wenn wir dem Geliebten unsere Phantasie erzählen.

# Wie können wir mit Negativität umgehen?

Viele Menschen finden, dass es noch weitaus schwieriger ist, negative Reaktionen mitzuteilen als normale Gedanken und Gefühle. Unser verletzliches Kind fürchtet sich davor, verlassen zu werden, unser innerer Kritiker sagt uns, dass wir aus Maulwurfshügeln Berge machen, unser Diplomat sagt uns, dass wir zu den Menschen nett sein müssen, damit sie uns mögen. Unser fürsorgendes Eltern-Selbst sagt uns, dass unser Partner nicht fähig ist, den Schmerz zu ertragen, den unsere Negativität verursachen wird. Und unser Beschützer/Bewacher wird uns sehr wahrscheinlich davor warnen, dass wir die Beziehung aufs Spiel setzen. Dazu kommt, dass wir unseren Partner lieben und ihm auch von unserem *Bewussten Ich* aus keinen Schmerz zufügen wollen.

Wenn nicht gerade unser urteilendes Eltern-Selbst aktiviert ist, so dass wir uns völlig im Recht fühlen, werden wir nicht gerade scharf auf diesen negativen Aspekt der Beziehung sein. Aber unglücklicherweise bedrohen gerade negative Reaktionen, die unterdrückt werden und sich ansammeln, die Beziehung. Diesen schrecklichen Drachen wachsen ganz schnell noch mehr Köpfe, wenn man sich nicht richtig um sie kümmert.

In jeder Beziehung gibt es einen Punkt, an dem die Phase der großen Verliebtheit vorüber ist und man sich gegenseitig mit mehr Nüchternheit betrachtet. Kleine Verstimmungen tauchen auf. Wir bemerken plötzlich, dass unser Partner die Küchenschränke nach dem Öffnen nicht wieder schließt oder das Licht nicht ausschaltet, wenn er einen Raum verlässt. Kleidungsstücke liegen herum. Oder der Partner ist hyperordentlich und möchte, dass wir das Haus jeden Tag in Ordnung bringen. Der eine macht das Fenster auf, der andere will es schließen. Um des lieben Friedens willen halten wir unsere Reaktionen zurück. Wir sollten aber nicht warten, bis alle Energie dazu benutzt wird, Reaktionen zurückzuhalten und für Spontaneität, Lebendigkeit und Sexualität nichts mehr übrigbleibt.

Überraschenderweise ist das Unbehagen bei negativen Reaktionen sehr viel geringer, wenn sie über ein *Bewusstes Ich* vermittelt werden. Denn wenn wir unsere Reaktionen von einem *Bewussten Ich* aus mitteilen, gibt es kein Urteil und keine Beschuldigung. Dadurch wird es sehr viel wahrscheinlicher, dass unser Partner für unser Problem offen ist.

Über negative Reaktionen – auch über solche, die durch eines unserer Macht-Selbste ausgedrückt werden – sollte man nicht urteilen. Wir sollten vielmehr versuchen, uns bewusst zu werden, woher sie kommen. Zu lernen, mehr Zeit in dem *Bewussten Ich* zu verbringen und unsere negativen Reaktionen von einem *Bewussten Ich* aus zu artikulieren, ist ein wesentliches Ziel der Beziehungsarbeit. In einer Beziehung, die alle unsere Selbste mit einbezieht, ist sich unser Partner gewöhnlich schon bis zu einem gewissen Grad unserer negativen Reaktionen bewusst. Wir haben sie in nonverbaler Form vermittelt, energetisch, durch Körpersprache, durch unbewusste Handlungen, durch unsere Versprecher oder auch durch unsere Witze; darum sind sie selten eine echte Überraschung.

Tatsächlich ist es so, dass die Verleugnung negativer Reaktionen dazu beiträgt, die Partner voneinander zu entfernen. In den meisten Fällen kann uns eine Aussprache wieder zusammenbringen. Und sehr häufig werden dabei kreative Lösungen erreicht, die sich auf viele unserer kleinen Streitigkeiten positiv auswirken.

Negative Reaktionen können auch Bindungsmuster aufbrechen, wenn sie durch ein *Bewusstes Ich* eingebracht werden. Wenn sich beide Partner in ihrem *Bewussten Ich* befinden, stellen sie sich den Tatsachen und können möglicherweise durch die negativen Reaktionen voneinander lernen. So kann es zum Beispiel Phasen geben, in denen ein Partner zu sehr mit seinem Perfektionisten identifiziert ist, zu sehr seinem inneren Kritiker ergeben ist, zu häufig der rettende Elternteil oder zu sehr vom Antreiber beherrscht ist. Ein klärendes Eingreifen des anderen kann helfen, den Einfluss dieses bestimmten Selbstes zu mindern und etwas Neues zuzulassen.

Negative Reaktionen, sofern sie mit einer gewissen Klarheit dargestellt werden, signalisieren oft, dass es Zeit ist, einen Bewusstseinswandel zu vollziehen. Beziehungen, die bewusst gelebt werden, stellen hohe Anforderungen an uns. Wenn es Zeit ist, sich weiterzuentwickeln, etwas Neues auszuprobieren oder eine alte Lebensweise abzulegen, können die negativen Reaktionen unseres Partners das auslösende Moment dafür sein.

Bei näherer Betrachtung können wir erkennen, dass unsere intensiv urteilenden negativen Reaktionen auf unsere Partner ein Spiegelbild unserer unterdrückten Selbste sind. Wir haben zahlreiche Beispiele hierfür in früheren Kapiteln angeführt. In einer Beziehung, die ein Analysieren dieser negativen Reaktionen ermutigt, werden Sie darum sehr wahrscheinlich mit Ihren unterdrückten Selbsten konfrontiert. Mit Ihrem Partner auf diese Weise zu arbeiten kann Ihnen die unvergleichliche Gelegenheit geben, etwas über diese Selbste herauszufinden und sie anzunehmen.

Dies ist eine weitere Möglichkeit, so viel wie möglich von der Beziehung zu profitieren. Wenn Sie nicht offen bleiben für die Möglichkeit, dass eine negative und urteilende Reaktion ein Zeichen dafür ist, dass ein unterdrücktes Selbst in Ihnen aktiviert wurde, dann vergeben Sie nicht nur eine Chance für Ihr persönliches Wachstum, sondern sie fördern auch das Entstehen eines unangenehmen Bindungsmusters mit Ihrem Partner. Ihr Partner wird mehr und mehr mit Ihrem unterdrückten Selbst identifiziert sein, und Sie verschanzen sich mehr und mehr in der Gegenposition. Sie werden vielleicht verantwortlicher, während Ihr Partner verantwortungsloser wird; Sie werden chaotischer und Ihr Partner wird ordentlicher. Dies würde eine gute Komödie abgeben wie in dem Film »Ein verrücktes Paar«. Aber in einer Liebesbeziehung ist das nicht so lustig.

# Sexualität

Sexualität ist ein wesentliches Element des Lebens und ein äußerst wichtiger Aspekt einer Liebesbeziehung. Der Einfluss sexueller Aktivität auf körperliches, emotionales, intellektuelles und geistiges Wohlbefinden kann kaum überschätzt werden. Daher ist es wichtig, alles zu tun, was diesen Aspekt der Beziehung unterstützt.

Das kann für jeden etwas anderes bedeuten; jeder Mensch hat andere Bedürfnisse. Für manche kann es bedeuten, ihrem Körper mehr Aufmerksamkeit zu widmen. Für andere ist es vielleicht wichtig, sich Zeit zu nehmen und einen stimulierenden romantischen Rahmen zu schaffen. Für wieder andere kann es bedeuten, Informationen über Varianten der Sexualität zu sammeln und sich selbst die Freiheit zum Experimentieren zu gestatten. Es gibt auch Menschen, für die ein erfülltes Liebesleben einfach selbstverständlich ist und die die sexuellen Aspekte instinktiv schätzen und beschützen. Was auch immer für Sie wichtig ist, es scheint, dass diesen Aspekten gebührend Beachtung geschenkt werden sollte. Aphrodite, die Göttin der Liebe, würde nicht dulden, wenn man sie vernachlässigte.

Im täglichen Umgang miteinander wird Sexualität direkt von der Qualität des emotionalen Kontaktes der beiden Partner beeinflusst. Normalerweise ist es sehr schwierig, erfüllte Sexualität zu leben, wenn in der Beziehung Bindungsmuster vorherrschen. Wir haben dies in unserer Ehe wie auch bei anderen erlebt. Eine Abnahme des sexuellen Verlangens motiviert uns sofort, aus einem Bindungsmuster wieder herauszugelangen, das sich gerade etablieren will.

Im Laufe der Jahre konnten wir uns davon überzeugen, dass einer der besten Hüter einer sexuellen Beziehung das *Bewusste Ich* ist. Während einer Ferienreise war eine junge Frau einen Monat von ihrem Freund getrennt. Als sie zurückkehrte, war sie mit ihrem starken akademischen Antreiber identifiziert und begann ihr Studium an der Universität. Ihr Freund, ein sensibler Mann, war darüber sehr unglücklich und sagte ihr, dass sie gar nicht mehr richtig anwesend sei. Sie langweilte sich mit ihm und hatte zu dieser Zeit überhaupt keine Gefühle mehr für ihn. In einer Unterhaltung wies ein Freund sie darauf hin, dass man an ihr nur noch ihren akademischen Ehrgeiz wahrnehmen könne. Dadurch löste sie sich etwas von ihrem Antreiber und ihr *Bewusstes Ich* tauchte plötzlich wieder auf, und mit großem Erstaunen bemerkte sie: »Ich hatte ganz vergessen, wie sehr ich mich von ihm angezogen fühle.«

Junge Eltern geraten oft in das Bindungsmuster eines verantwortlichen Vaters und einer verantwortlichen Mutter. Dies ist in den frühen Stadien der Ehe ganz natürlich und in einem bestimmten Umfang immer vorhanden, wenn kleine Kinder im Haus sind. Wenn sie jedoch immer tiefer in die Rolle der verantwortlichen Eltern fallen, merken die Paare, dass ihr Interesse am Sex immer mehr abnimmt. Stets ist einer von ihnen beschäftigt oder müde. Es gibt andere, scheinbar wichtigere Dinge, über die nachgedacht werden muss: der Kindergartenplatz; Pläne für das Wochenende, für den Hausbau; die Kollegen im Betrieb; die Freunde; die älter werdenden Eltern. Sie lieben sich innig, aber zu ihrer Enttäuschung fühlen sie sich bald eher als ein gutes und effektives Team denn als Liebespaar. Doch als ein gutes Team haben sie den wertvollsten Teil ihrer Beziehung in all den Alltagssorgen und -aufgaben eingebüßt. Es bedarf eines festen Vorsatzes, um aus diesem Typ von Bindungsmuster wieder herauszukommen.

Veronika und Bodo aus unserem früheren Beispiel haben diesen Willen. Sie möchten die Lebendigkeit ihrer Beziehung erhalten und arbeiten gemeinsam daran, dieses Bindungsmuster zu lösen. Sie sind ein Beispiel dafür, dass dies gelingen kann, aber viele Menschen benötigen dazu die Hilfe von außen.

Als das Bindungsmuster von Veronika und Bodo aufgebrochen war und beide sich aus ihrer Rolle der verantwortlichen Eltern gelöst hatten, kehrte die Sexualität in ihre Beziehung zurück. Aus diesem neuen Bewusstsein heraus gaben beide automatisch der Romantik eine hohe Priorität und fanden auch irgendwie die Zeit dafür. Jetzt konnten sie eine gefühlvolle, intensive Liebesbeziehung leben und ihren Kindern verantwortliche Eltern sein. Dies erfordert Kreativität, aber wie gesagt, sie sind ein gutes Team.

Ein anderes Bindungsmuster ist für eine spätere Lebensphase typisch. Friedrich ist unsicher und besorgt über seine Gesundheit und sein Alter. Er bewegt sich zunehmend zwischen dem verletzlichen Kind und dem distanzierten Vater. Natürlich zerstört dies seine sexuelle Beziehung. Er kommt seiner Frau nicht einmal mehr nahe und auf ihre Annäherungsversuche reagiert er mit Rückzug. Mehr noch, sein Rückzug in den distanzierten Vater hat sie in die Rolle der bedürftigen Tochter gedrängt, und die sexuellen Annäherungsversuche der bedürftigen Tochter sind meist nicht sehr attraktiv. Durch diese Bindung beginnt eine Art Teufelskreis, denn je mehr die Attraktivität von Sexualität für Friedrich und Else abnimmt, umso älter, ängstlicher und empfindlicher fühlt sich Friedrich und umso mehr zieht er sich zurück. Dies verstärkt wieder das Bindungsmuster und die emotionale Distanz zwischen den beiden.

Genau dieses Bindungsmuster führt oft zu einer verfrühten Beendigung der sexuellen Aktivität in einer Liebesbeziehung. Sex wird zu einem Thema, das unter allen Umständen vermieden wird, und die Abnahme sexueller Aktivität wird als natürliche Begleiterscheinung des Alterungsprozesses gesehen. Der Verlust von Sexualität hat die Bindungsmuster intensiviert, und diese wiederum führen zum Verschwinden der Sexualität.

Manchmal können wir aber auch ein reges Sexualleben in einer Beziehung mit starken Bindungsmustern beobachten: Überraschend häufig fanden wir durch ein Bindungsmuster geprägte, »gebundene« Sexualität zwischen einem verantwortlichen Elternteil und dem bedürftigen Kind. Der verantwortliche Elternteil allerdings zeichnet sich durch alles mögliche aus, nur nicht durch Sex-Appeal – und so bringt er wenig Aufregung und Tiefe in das sexuelle Erleben. Er weiß jedoch, dass Sex für das Wohlbefinden des bedürftigen Kindes wichtig ist. Viele verantwortliche Mütter sorgen dafür, dass der bedürftige Sohn ihres Mannes seinen Anteil an sexueller Befriedigung bekommt. Manchmal haben sie sogar einen Kalender in ihrem Kopf, der ihnen sagt, wie viele Tage seit dem letzten sexuellen »Austausch« vergangen sind und wann »es« wieder an der Zeit ist.

Das ist normalerweise besser als nichts, aber sehr aufregend ist es nicht. Stellen Sie sich vor, Ihre Frau verwöhnt Sie aus dem gleichen Grund mit Sex, aus dem sie ihre Kinder mit Nutellabrötchen verwöhnt.

Diese »gebundene« Sexualität ist langfristig für beide Partner zwar unbefriedigend, aber es ist schwierig für sie herauszufinden, was nicht stimmt. Sie können häufigen sexuellen Kontakt haben und sogar beide regelmäßig Orgasmen erleben. Alles scheint gut zu laufen, und dennoch fehlt irgendetwas. Dies ist eines der Bindungsmuster, das wir durch ehrliche Gespräche ans Tageslicht befördern können, wie es Veronika und Bodo taten.

Ein anderer häufiger Typ gebundener Sexualität ist der zwischen forderndem Vater und nachgiebiger Tochter. Es ist die klassische sexuelle Bindung, die wir aus der Vergangenheit kennen. Hier gibt sich die Frau dem Sex hin, weil es von ihr gefordert wird. Sie mag es von Zeit zu Zeit genießen, aber es entspringt nicht ihrer sexuellen Natur, und sie ist nicht so daran beteiligt, wie sie könnte. Da sie sich nicht verantwortlich fühlt, kann sie nie die Lust an ihrem eigenen Verlangen oder die Energie ihrer eigenen Bedürfnisse erfahren. Wir sprechen hier nicht davon, dass jemand zum Sex gezwungen wird, wir reden nur von dem normalen alltäglichen Druck, der vom fordernden Vater im Mann ausgeübt wird. Dieser Druck entsteht oft dadurch, dass der Mann seine Bedürfnisse und Verletzlichkeit unterdrückt. Er hat körperliche und emotionale Bedürfnisse, die ihn verletzlich machen, er möchte gebraucht werden. Wenn seine Frau nicht mit ihrer eigenen Sexualität auf ihn eingeht, fühlt er sich oft sexuell unattraktiv und emotional unsicher. Wenn er dies unterdrückt, wird er sehr wahrscheinlich in die Rolle des fordernden Vaters schlüpfen.

Eine überaus machtvolle Bindung ist die der kontrollierenden sexuellen Mutter und des abhängigen Sohnes. Hier benutzt die Frau ihre Sexualität, um ihre unterdrückte Verletzlichkeit zu beschützen und den Mann zu kontrollieren. Anstatt ihre Sexualität wie die nachgiebige Tochter zu unterdrücken, verstärkt sie sie und nutzt sie im Dienste der Macht. Als kontrollierende Mutter tut sie alles mögliche, um ihn zu verführen und ihn von sich abhängig zu machen. Sie ist zu jeder Zeit für ihn verfügbar in der Hoffnung, ihn monogam zu halten und sich damit Leid zu ersparen. Sie pflegt den sexuellen Kontakt, erhält ihn intensiv und erregend, allerdings vorrangig, um den Partner zu kontrollieren und abhängig zu halten, nicht um ihre eigene Sexualität auszuleben.

Je mehr sie ihre eigene intensive Sexualität betont und je mehr sie den sexuellen Kontakt verstärkt, umso mehr kann sie seine Angst vor sexueller Unzulänglichkeit und seine Abhängigkeit von ihrer leidenschaftlichen Sexualität intensivieren. Es gibt viele weibliche Vorbilder für diese Rolle in unserer Pop-Kultur.

Ganz sicherlich fördern bestimmte kulturelle Einstellungen zur Sexualität die Entstehung von Bindungsmustern. Diese unausgesprochenen Vereinbarungen erziehen uns dazu, auch in der Liebesbeziehung eine Kind- oder Elternposition einzunehmen.

Schauen wir uns an, wie das funktioniert. Viele Details in der Werbung und in den Medien sprechen gezielt unseren Wunsch nach erotischer Anziehungskraft an. Wir werden ständig mit Bildern von erstaunlich erotischen und attraktiven Menschen bombardiert und dazu ermutigt, ihnen nachzueifern. Man schreibt uns vor, wie viele Orgasmen wir haben und welche Intensität sie erreichen sollten. Man zeigt uns Bilder der schönsten, bezauberndsten und am besten gekleideten Männer und Frauen. Man konfrontiert uns wieder und wieder mit unseren eigenen Unzulänglichkeiten.

Diesen Vorbildern können wir schwerlich nacheifern, da sie nicht realistisch sind. James Bond ist ein fiktiver Charakter. Die meisten Männer sind und werden nie James Bond sein. Und wenn wir mal ehrlich sind, welche Frau wäre schon gern mit James Bond verheiratet?

Die Erwartungen an die weibliche Sexualität sind so umfassend, dass es schwierig ist, ein so prägnantes Beispiel zu finden, wie James Bond es für die Männer ist. Frauen werden laufend daran erinnert, dass sie mehr Sex-Appeal besitzen sollten und wie sie das erreichen können. Diese Botschaften hämmern ständig auf sie ein.

Wenn diese Erwartungen von Super-Erotik im Bewusstsein präsent sind, aktivieren sie das verletzliche oder das unzulängliche Kind in uns. Die meisten Männer reichen nicht an James Bond heran – wenn sie sich schon mit ihm vergleichen wollen. Ebenso wird es den wenigsten Frauen gelingen, so auszusehen, als seien sie gerade dem Cosmopolitan-Magazin entsprungen. Auch wenn dies nicht unsere ureigensten Ideale sind, so repräsentieren sie doch die idealisierten Bilder unserer herrschenden Kultur. Da niemand sich sexuell unzulänglich und als Versager fühlen will, neigen wir dazu, den Gegenpol anzusteuern und uns mit Superman zu identifizieren und damit die Bindungsstrukturen vollständig zum Ausufern zu bringen. Im Extremfall identifizieren wir uns mit sexueller Macht und setzen sie gezielt ein, um andere zu kontrollieren. In der Vergangenheit ist diese Macht traditionell von Frauen angewendet worden, die in unserer Kultur wenige Alternativen hatten, Macht an anderer Stelle auszuüben. Eine dieser klassischen Heldinnen, Scarlet O'Hara, ist ein eindrucksvolles Beispiel für einen solchen Gebrauch von sexueller Macht, insbesondere dann, wenn alles andere verloren scheint und sie eigentlich total verletzlich ist. Wenn sich Männer so fühlen, gehen sie oft zu einer aggressiven oder gewaltsamen Sexualität über. Hier können sie Frauen beherrschen und ihre Überlegenheit beweisen. Ein Mann kann direkt aus seiner starken Verletzlichkeit übergehen zu einer überschäumenden sexuellen Energie, die in Sadismus ausartet. Dies brachte viele feministische Autorinnen zu der Überzeugung, dass es in unserer Kultur eine bedrohliche Mischung aus Sexualität und Gewalt gibt. Diese Bindungsmuster erzeugen große Schwierigkeiten und viel Verwirrung in den aufregendsten, lohnendsten und intimsten Bereichen von Liebe. Das, was wir in einer einfach und natürlich funktionierenden sexuellen Verbindung geschenkt bekommen, ist so wertvoll, dass wir auch schmerzvolle Entwicklung in Kauf nehmen, um sie wiederzufinden. Das Aufsprengen eines eingefahrenen Bindungsmusters und die anschließende Rückkehr unserer scheinbar verlorenen Erotik ist eine Ehrfurcht einflößende Erfahrung, die große körperliche Befreiung und natürlich ein tiefes, erleichtertes Aufatmen mit sich bringt.

# Eifersucht

Ein kurzes Wort zur Eifersucht, der am meisten diffamierten Energie in Beziehungen. Es gibt viele Arten von Eifersucht und viele Ursachen dafür, aber solange sie dem Anlass entspricht und nicht außer Kontrolle gerät, trägt sie viel dazu bei, eine Liebesbeziehung zu stärken.

In den letzten Jahren hat es eine deutliche Tendenz gegeben, Eifersucht als etwas Schlechtes anzusehen. Es gibt jedoch kein Fühlen oder Denken, was grundsätzlich gut oder schlecht ist. Es ist immer die Frage, wie eine Energie genutzt wird. Weil wir uns lieben und diese Liebe vor dem Zerfall bewahren möchten, reagieren wir auf jede Bedrohung empfindlich. Wir betrachten normale Eifersucht als einen Schutzmechanismus. Es ist wie Schmerz. Der Schmerz warnt uns, dass etwas nicht in Ordnung ist. Würden wir ihn nicht fühlen, könnten wir nicht wissen, dass wir mit einem Fuß im Feuer stehen und ihn besser zurückziehen sollten.

Es ist kein Vorteil, keinen Schmerz zu fühlen. Leute, die keinen Schmerz fühlen, können in der Tat schwere Verletzungen erleiden. Wenn beispielsweise die Schmerzrezeptoren in Ihrem Fuß taub wären, würden Sie mit Ihrem Fuß so lange im Feuer verweilen, bis der Geruch verbrannten Fleisches Sie aufmerksam machen würde.

Eifersucht kann uns Probleme in unserer Beziehung signalisieren. Wenn wir in einem Bindungsmuster stecken und sich unser Partner zu einem anderen Menschen hingezogen fühlt, dann macht uns Eifersucht das bewusst, möglicherweise sogar bevor unser Partner sich seines Begehrens bewusst wird. Der Eifersüchtige ist dann in der Lage, die Angelegenheit anzusprechen. Nachdem sich der erste Sturm gelegt hat, können wir die Tür zu einem schöpferischen Prozess öffnen und herausfinden, welchen Anteil unsere Selbste daran haben, dass es zu dieser Situation gekommen ist. Führt Eifersucht zur Erforschung der beteiligten Selbste, so ist damit immer eine Bewusstseinserweiterung verbunden.

Es gibt noch einen weiteren kreativen Aspekt der Eifersucht: *Eifersucht ist ein kraftvoller Indikator für ein unterdrücktes Selbst.* Betrachten Sie einen anderen Menschen als attraktiver, weltoffener, stärker, weiser, schöpferischer, geistiger, bequemer oder welche der unzähligen Vorzüge sich auch immer finden lassen, und sind Sie wegen einer oder mehrerer dieser Eigenschaften eifersüchtig, blicken Sie höchstwahrscheinlich auf eines Ihrer unterdrückten Selbste. Dies kann zur Erforschung und zur Integration eines neuen, und wahrscheinlich sehr willkommenen, unterdrückten Selbstes führen. Sie begehren dieses unterdrückte Selbst, Sie denken aber, dass es nur andere besitzen. Im Gegensatz dazu steht ein unterdrücktes Selbst, das Sie bei anderen als abstoßend empfinden und selbst nicht wollen.

Hans ist eifersüchtig auf seinen Bruder Robert, weil Robert wohlhabend und erfolgreich in seinen Geldanlagen und Geschäften ist. An einem bestimmten Punkt seines Lebens erkennt Hans, dass die ganze Geschäfts- und Finanzwelt ein unterdrücktes Selbst von ihm ist, und er beginnt, es anzuerkennen und als einen Teil von sich selbst anzunehmen. Er wird nie soviel Geld wie sein Bruder haben, aber als er beginnt, die Geschäfts- und Finanzwelt zu respektieren und diesen Teil seines Lebens zu ordnen, verschwinden viele seiner Eifersuchtsgefühle. Er hat ein unterdrücktes Selbst angenommen und muss nicht länger eifersüchtig auf erfolgreiche Geschäftsleute sein.

Ein anderes Beispiel ist Gesa: Sie ist sehr eifersüchtig auf ihren Mann und schämt sich ein wenig dafür. Bei einigen Gelegenheiten hat sie ihm gesagt, dass sie eifersüchtig ist, wenn sie ihn auf Partys mit anderen Frauen sieht. Er versichert ihr immer sehr schnell, dass alles ganz harmlos ist. Später träumt sie drei Nächte nacheinander, dass er fremdgeht. Als sie ihn schließlich am Morgen des dritten Tages damit konfrontiert, gesteht er ihr mehrere Affären. Ihre Eifersuchtsgefühle sind völlig berechtigt und haben ihr wichtige Informationen vermittelt.

Manuela identifiziert sich sehr mit ihrer Verletzlichkeit und fühlt sich immer wieder als Opfer. Sie unterdrückt ihre eigene Sex-Energie und ist darum auf die Sekretärin ihres Mannes eifersüchtig, die ein sehr »aphroditischer« Typ ist. Wichtig für Manuela wäre, zu prüfen, ob ihre eigenen unterdrückten Selbste in die Angelegenheit verwickelt sind. Sie bleibt weiterhin eifersüchtig auf ihren Mann und äußert immer wieder ihren Verdacht, dass er eine Affäre mit seiner Sekretärin habe. Am Ende geht ihr Mann tatsächlich zu der Sekretärin, wodurch die Ehe schließlich zerbricht.

Unserer Ansicht nach ist Manuelas Unvermögen, ihre eigene aphroditische Natur anzuerkennen und zu integrieren die Ursache für die sich selbst erfüllende Prophezeiung. Die Unterdrückung der erotischen Energie hatte ein Vakuum in ihrer Ehe geschaffen. Vielleicht wäre dies auch unter anderen Umständen passiert, wir haben jedoch die Erfahrung gemacht, dass die Dinge sich anders entwickelt hätten, hätte sie ihre Eifersucht verstanden und die Lektionen gelernt, die ihr dieses Gefühl hätte vermitteln können.

## Die Ehe als Geschäftsbeziehung

Das Leben ist sehr kompliziert. Es gilt unzählige Einzelheiten zu beachten, die mit den Jahren immer mehr zu werden scheinen. Für jeden Tag gibt es eine Liste von Aktivitäten und Prioritäten und Plänen: Autowaschen, Hausputz, Gartenarbeit, Rechnungen, Telefonanrufe und Einkäufe. Es ist erstaunlich, wie viele Dinge unter den einfachen Begriff »moderner Haushalt« fallen.

Das verletzliche Kind in uns erlebt die Welt als unüberschaubar und beängstigend, und von seinem Standpunkt aus ist es sehr wichtig, dass auf diese Kleinigkeiten im Leben genau geachtet wird; andernfalls erlebt es große Angst. Für eine Familie bedeutet dies, dass das Paar, neben allen anderen Aktivitäten, quasi ein Unternehmen führt und die beiden Geschäftspartner sind. Gute Geschäftspartner zu sein ist nicht unbedingt eine Voraussetzung für eine romantische Liebesbeziehung. Keine guten Geschäftspartner zu sein und zuzulassen, dass diese Details vernachlässigt werden, wirkt mit Sicherheit zerstörerisch auf die Beziehung.

Wenn wir die Ehe zumindest teilweise als eine geschäftliche Verbindung akzeptieren, dann müssen wir uns auch Zeit für die anstehenden Geschäfte nehmen. Andernfalls dringen die unerledigten Dinge in alle Bereiche unseres Lebens ein. So kann es sehr nützlich sein, regelmäßige »Besprechungen« anzuberaumen. Während dieser Treffen reden wir über alle Dinge, die erledigt werden müssen, setzen Prioritäten und entscheiden dann, wer was zu tun hat. Wir finden, dass es sehr hilfreich ist, der geschäftlichen Seite unserer Beziehung diese Struktur zu geben, insbesondere weil sich unser berufliches und unser persönliches Leben ohnehin vermischt. Die geschäftliche Seite der Beziehung wird auf diese Weise klar abgegrenzt und es wird ihr nicht gestattet, sich in den Rest unseres Lebens einzumischen. Es hilft uns auch, die Energie unseres Antreibers einzuteilen, indem wir den Vorgängen eine Struktur geben.

Wir alle möchten größtmögliche Nähe und Intimität mit dem geliebten Menschen. Ein zu großes Maß an Aufmerksamkeit für die geschäftliche Seite kann Nähe zerstören. Zuwenig Aufmerksamkeit kann zum gleichen Ergebnis führen – durch die Ängste, die ausgelöst werden. Es ist ein schwieriger Balanceakt, den wir da bewältigen müssen.

## Den gewohnten Raum verlassen

Es gibt eine Meditation, die Menschen helfen will, mit ihren tieferen Selbsten in Kontakt zu kommen. Sie beginnt mit dem Satz: »Sie verlassen diesen vertrauten Raum und begeben sich in einen neuen, Ihnen unbekannten Raum.«

Diese Einleitung der Meditation passt gut, wenn wir an Paare denken, die in einem Haus oder in einer Wohnung zusammenleben, insbesondere wenn sie auch Kinder haben. Uns scheint wichtig, dass Paare diesen vertrauten Raum verlassen können und sich in einen unbekannten Raum begeben, oder konkreter formuliert, ihre Umgebung wechseln. Am besten ist es, wenn Sie für eine oder mehrere Nächte woanders übernachten. Eine andere Möglichkeit wäre, regelmäßig einmal die Woche außerhalb zu essen oder zu frühstücken. Sobald Sie in einem festen Rahmen leben, wirken Ihre grundlegenden Bindungsmuster. Wenn Sie Ihr Heim verlassen, haben Sie die Möglichkeit, sich von diesen Mustern zu distanzieren.

Gemeinsam mit den Kindern fortzufahren ist etwas ganz anderes. Sobald man von den Kindern umgeben ist, bleiben das Vater- und das Mutter-Selbst aktiv. Wenn Sie alleine sind, können Sie Neues erleben. Das *Bewusste Ich* wird eher das Steuer übernehmen, und Sie haben die Möglichkeit, sich mit anderen Augen zu betrachten.

Es gibt immer gute Gründe, sich nicht von der Stelle zu rühren. Entweder ist das Geld gerade knapp oder die Zeit. Man ist auf eine Party eingeladen oder man wird von den Kindern gebraucht. Wenn Sie sich keine Zweisamkeit mehr gönnen, sind Sie in einer Bindung gefangen und diese Bindung macht es Ihnen unmöglich wegzufahren. Alle anderen Gründe sind Alibis. Die Intimität mit seinem Gefährten erfordert, dass man Zeit mit ihm alleine verbringt. Hier müssen Prioritäten gesetzt werden und diese müssen selbstverständliches Element des Umgangs miteinander sein. Wenn die finanzielle Seite ein Problem ist, können Arrangements mit Paaren in ähnlichen Situationen getroffen werden, um die Kinder abwechselnd zu versorgen.

## »Da-Sein« und Zeit für Stille

Eines der merkwürdigsten Dinge in Liebesbeziehungen ist, wie wenig Zeit die Menschen miteinander schweigend verbringen. Reden macht Spaß, kann aber auch einer der effektivsten Wege sein, Nähe zu zerstören. Viele Menschen identifizieren sich mit dem, was sie tun. Der Macher in uns muss immer irgendwie beschäftigt sein, reden oder etwas unternehmen. Diesem Selbst entgegengesetzt ist das Sein-Selbst. Die Energie des »Seins« bedeutet, wir müssen nichts anderes tun, als »nur« zu »sein«, nirgendwo hingehen, nichts planen und nichts erledigen. Es gibt nur das Nichts, die Leere. Viele Menschen fürchten sich vor diesem Zustand. Gemeinsam mit einem anderen Menschen zu »sein« bedeutet genau das. Es bedeutet, mit einem anderen Menschen ohne irgendeine Tagesordnung zusammen zu sein. Oft gibt es in solchen Situationen lange Perioden der Stille. Vielleicht wird auch gesprochen, aber die Worte kommen nicht aus unserem Alltagsbewusstsein, weil wir nicht den Anspruch haben, über irgendetwas reden zu müssen.

Dieser Zustand des »Seins« kann für einige Menschen sehr unangenehm sein, weil es ein Zustand größter Nähe ist und sie sich in dieser Atmosphäre unwohl fühlen. Wir empfehlen, sich Zeit zu nehmen, das Zusammen»sein« zu üben. Setzen Sie sich gemeinsam auf eine Couch oder zwei Stühle, schauen Sie sich gegenseitig an und bleiben Sie dabei ruhig. Sich an Ruhe zu gewöhnen kann das Wesen einer Beziehung von Grund auf ändern, denn die Stille führt sie in tiefere Ebenen ihres Wesens. Während des »Sein«-Zustandes ist es natürlich, dass alle möglichen Gedanken und Gefühle aufkommen. Teilen Sie sie einfach mit. Dies schafft eine Art Assoziationsfluss, der viel Spaß macht und sehr entspannend ist, sobald Sie gelernt haben, diesen Zustand anzunehmen und die erste Zeit des Unbehagens und vielleicht sogar der Angst überstanden haben.

Sie werden feststellen, dass Sie sofort auf einen Menschen reagieren, wenn dieser auf Sie reagiert. Fast automatisch haben wir eine Antwort parat wie: »Ja, aber ...«. Diese automatischen Antworten verstellen Ihnen die Möglichkeit, die Reaktion des Gegenübers vollständig zu erfassen. Das Sein-Selbst erlaubt es Ihnen, die Gefühle und Reaktionen des Partners aufzunehmen, ohne automatisch und postwendend antworten zu müssen.

Manchmal empfehlen wir Paaren, sich abwechselnd in »aktivem Zuhören« zu üben. Das bedeutet, dass bei wichtigen Themen die eine Person redet, während die andere ruhig ist und aktiv zuhört, bis alles gesagt ist. Nach einer kurzen Ruhephase werden die

Rollen getauscht. Auf diese Weise können die Paare üben, Ruhe zu integrieren und es bleibt Zeit, die Gefühle der anderen Person besser aufzunehmen.

Worte sind mit unseren etablierten Gedanken-, Verhaltens- und Gefühlsmustern verknüpft. Ruhe sensibilisiert uns für die tieferen Aspekte in uns. In der Stille fühlen wir unsere Verletzlichkeit, unsere Tränen, unsere Traurigkeit, unsere Seele. In der Stille zusammen zu sein schafft die Bedingung für eine sehr viel tiefere Erfahrung von Nähe und Intimität.

## Phantasiereisen zu zweit

Ein großes Geschenk einer Liebesbeziehung ist die Möglichkeit, gemeinsam unsere Innenwelt zu erforschen. Dazu führt man seinen Partner in eine Phantasiereise.

Die Technik ist recht einfach: Ein Partner ist der Reisende, der andere ist der Reiseführer. Wir sollten einen ruhigen Ort wählen und sichergehen, dass wir nicht gestört werden. Der Reisende nimmt eine bequeme Position ein, gewöhnlich liegt er und ist, falls nötig, mit einer Decke zugedeckt. Die Augen sind geschlossen oder mit einer Maske bedeckt, so dass es keine optischen Ablenkungen gibt. Der führende Partner beginnt dann, die Visualisation einzuleiten.

Der anleitende Partner schlägt dem anderen vor, sich zu entspannen und tief auszuatmen. Dann beginnt die eigentliche Reise. Der Start ist ganz beliebig und der Geführte kann jedes Bild aufgreifen, das ihm in den Sinn kommt. Man kann in einen Traum, der wichtig war, wieder eintreten, und die Handlung kann da erneut aufgenommen werden, wo sie aufgehört hat. Die Partner können im voraus miteinander abstimmen, ob sie einem bestimmten Weg folgen wollen. Man kann vorschlagen, dass der Reisende einen neuen Ort wählt, der nur in ihrer oder seiner Phantasie existiert. Das kann eine Wiese oder ein Wald, ein Berg oder ein Strand sein, vielleicht sogar außerhalb unseres Planeten.

Alles ist möglich. Visualisationen können viele verschiedene Formen annehmen und bergen zahlreiche Überraschungen für den Erforscher der Psyche. Wir betreten hiermit den Bereich der kreativen Imagination. Manchmal eröffnet eine solche Reise völlig neue Bereiche der Phantasie. Für diejenigen, die nicht visualisieren, können sich neue Gedanken formen – neue Ideen, Geschichten, Märchen, ungeahnte Möglichkeiten.

Auf diesen Reisen treffen wir verschiedene Menschen, Tiere, Symbole und Energien aller Art. Oft ist es möglich, mit diesen verschiedenen Figuren zu sprechen, von ihnen zu lernen – allerdings gehört dazu ein *Bewusstes Ich*, welches die Erfahrungen auswerten kann. Diese inneren Reisen sind wertvoll und bringen oft viel Licht ins Dunkel einer Beziehung. Sie können uns zeigen, wie es um unsere Beziehung steht, und sie können eine Orientierung geben, wohin es gehen soll oder was getan werden muss.

Durch regelmäßige Visualisierungen kann die Einsicht wachsen und eine schnellere Bewusstseinsentwicklung unmittelbar unterstützt werden. Wir können uns gegenseitig helfen, Zugang zu unserem verborgenen Wissen zu bekommen, indem wir unsere Partner oder Freunde in diese Visualisierungen führen.

Es gibt viele gute Bücher über geleitete Visualisierungen und viele herausragende Lehrer. Ein Buch, das wir Ihnen besonders ans Herz legen wollen, heißt *Stell dir vor* von Shakti Gawain. Ebenso gibt es umfassende Literatur zur Psychosynthese (von Roberto Assagioli u.a.), um uns bei der Erforschung unseres Inneren zu unterstützen. Wenn ein Paar Gefallen an diesen Arbeiten findet, kann es sie zusammen lesen und diese Art von Erforschung in einem fortwährenden Prozess betreiben, der beiden eine wertvolle Dimension eröffnet.

# Beziehungs-Rituale

Das Einbeziehen von Ritualen – sowohl weltlichen als auch spirituellen – ist ein weiterer wichtiger Aspekt von Beziehungen. Diese Aktivitäten sind sehr individuell und werden von Paar zu Paar sehr verschieden sein. Für einige wird die Zugehörigkeit zu einer religiösen oder geistlichen Organisation und die Teilnahme an den speziellen Praktiken dieser Gruppe sehr befriedigend sein. Diese Organisationen bieten rituelle Bräuche, die verschiedenste spirituelle Bedürfnisse befriedigen. In die Kirche zu gehen, das Essen zu segnen und den Sabbat einzuhalten sind Bräuche, die Jahrhunderte überdauert haben. Wenn sie aus vollem Herzen befolgt werden, sind sie für viele Paare ein wahrhaft lohnendes spirituelles Erlebnis.

Andere Paare finden ihre Bedürfnisse durch spirituelle Organisationen befriedigt, die ihre Ursprünge in östlichen Religionen oder in der Philosophie und den Bräuchen der Indianer haben. Und wieder andere haben ihre eigenen geistlichen Praktiken entwickelt. So finden manche, dass die tägliche gemeinsame Meditation ihre Bedürfnisse nach gemeinsamer spiritueller Aktivität erfüllt. Manche nehmen sich Zeit für regelmäßige Gebete, wie zum Beispiel zu den Mahlzeiten, morgens zum Aufstehen oder abends vor dem Schlafengehen. Andere Paare schließen sich Gruppen an, die zusammenkommen, um bestimmte Feste zu feiern – nicht im traditionellen Sinn, sondern in einer spontanen, kreativen Art, die sich je nach Brauch und Ritus ändert. Es gibt viele Gruppen dieser Art, die religiöse Feste zum Vollmond, zur Sonnenwende und zur Tag- und Nachtgleiche veranstalten.

Wenn wir Beziehung als eine Reise von zwei Seelen betrachten, sind dies einige der Beziehungsrituale, die bestimmt sind, heilige Energien einzuladen, sich in die Beziehung einzubinden, diese Beziehung zu heilen, zu behüten und sie entlang des angemessenen Weges zu führen.

Uns fällt es schwer, unsere eigene Beziehung nicht in Verbindung mit ihrem spirituellen Fundament zu sehen. In guten und schlechten Zeiten wissen wir immer, dass es eine göttliche Führung gibt, die die Grundlage unserer Verbindung bildet. Wir verlieren regelmäßig den Kontakt zu dieser Führung, aber mit derselben Regelmäßigkeit finden wir sie auch wieder. Jede Beziehung muss ihre eigenen Rituale und Bräuche finden, um die Beziehung zu ehren. Einige dieser hilfreichen Rituale sind sehr einfach, und man könnte annehmen, sie hätten wenig mit Spiritualität zu tun. Auf der spirituellen Ebene haben wir gelernt, laut zusammen zu beten. Zuerst war es ein wenig peinlich, da ein persönliches Gebet – im Unterschied zu der Rezitation von Gebeten – normalerweise eine sehr private Angelegenheit ist. Aber als wir uns daran gewöhnt hatten, fanden wir, dass es eigentlich natürlich ist. Es bringt uns besonders zu solchen Zeiten viel, wenn wir für eine Sache alles Machbare getan und das Bedürfnis haben, die Dinge einer höheren Kraft zu übergeben.

Es ist seltsam, wie befremdlich es für die meisten Menschen ist, ihre Liebe zu Gott zu gestehen. Sie laut zu gestehen, verleiht der Sache eine noch größere Intensität. Wir, Sidra und Hal, fühlen uns danach einfach besser und können auch besser arbeiten. Es gibt Zeiten, in denen einfach alles zuviel ist. Wenn man in einem solchen Moment die Dinge einer höheren Kraft übergeben kann, ist das ein gutes Gefühl. Jedesmal finden danach unweigerlich Veränderungen in uns und unserer Ehe statt.

Rituale können sehr verschieden sein. So beginnen manche den Tag, indem sie jeden Morgen zusammen die Betten machen. So können sie bewusst die Nacht beenden und den neuen Tag beginnen. Es ist ein Weg, sich von der Traumwelt zu trennen und in die materielle Welt einzutreten. Viele Menschen haben spezielle Morgenrituale: Sie kochen Kaffee, bereiten einen Tee zu oder Orangensaft und bringen es dem geliebten Menschen. Andere besorgen die Zeitung und lesen sie gemeinsam. Oder man hat eine spezielle Methode entwickelt, um den Langschläfer aufzuwecken. Viele nutzen die ersten Morgenstunden auch für Meditation oder Yoga und haben sich damit sehr spezielle spirituelle Praktiken angeeignet. Der spirituelle Prozess hat für jeden Menschen eine andere Gestalt und kann zu unterschiedlichen Zeiten unseres Lebens beträchtlich variieren. Besonders der Morgen scheint also eine Zeit der Rituale zu sein, gleichgültig ob sie von denjenigen, die sie praktizieren, auch als solche angesehen werden oder nicht. Wir haben festgestellt, dass es besonders hilfreich ist, morgens einige Zeit damit zu verbringen, uns unsere Träume zu erzählen und uns anschließend getrennt etwas Zeit zum Schreiben zu nehmen. Dadurch können wir die ersten Gedanken des Tages besser verinnerlichen. Es gibt jedem von uns die Möglichkeit, sich selbst zu begrüßen, ein Gefühl dafür zu bekommen, was in unserem Inneren geschieht, und Prioritäten zu setzen. Und wir können diese Zeit dazu verwenden, über unsere gegenwärtige Situation in einer weitreichenden Perspektive nachzudenken.

Für eine Liebesbeziehung ist es wichtig, dass man sich um ihrer selbst willen Zeit nimmt, wenn man ihren inneren Sinn erhalten will. Die spirituellen Energien müssen uns auch erreichen können. Wir müssen ihnen Platz schaffen; das heißt, Zeit zu zweit zu verbringen, wenn wir ganz offen für diese Energien sind.

Einige Paare nutzen ihren gemeinsamen Urlaub als Ritual und verbringen ihn jedes Jahr an einem Ort spiritueller oder emotionaler Erneuerung. Das ist ihre Art, ihre Liebe zu ehren. Ob sie in ihr eigenes Sommerhaus fahren, nach Hawaii oder zu den heiligen Stätten der Griechen oder Römer, die Intention kann dieselbe sein und dem Ziel in gleicher Weise dienen. Jeder von uns hat bestimmte Plätze auf der Welt, die ihm heilig sind, Orte, die uns und der Beziehung Kraft geben. Wir glauben, dass die Zeit, die man gemeinsam an diesen Orten verbringt, der Beziehung Reichtum und spirituelle Tiefe verleiht. Wir selbst haben viele eindrucksvolle Erfahrungen auf unseren Reisen zu den heiligen Plätzen der Welt gemacht. Wir nehmen uns viel Zeit und finden an jedem dieser Orte unseren eigenen speziellen Platz, an dem wir viele Stunden verbringen.

Ein Ritual der Erneuerung ist in der Beziehung von Zeit zu Zeit wichtig. Die Wiederholung von gegenseitigen Versprechen reaktiviert die ursprüngliche Absicht, und spirituelle Energien können die Beziehung von neuem durchströmen. Es gibt Phasen, in denen man das Gefühl hat, eine neue Richtung einschlagen und von der gegenwärtigen Form der Beziehung Abstand nehmen zu müssen. In solchen Zeiten mag es hilfreich sein, tatsächlich die Hochzeitsringe abzunehmen (oder etwas anderes, das spezielle Bedeutung für Sie hat), sie drei Tage in der Erde zu vergraben und sie dann wieder hervorzuholen und das Versprechen zu erneuern. Wir haben den Prozess der Visualisierung, den Traumprozess, den »Sein«-Zustand und das In-Kontakt-Sein mit dem verletzlichen Kind angesprochen. Jeder dieser Prozesse ist ein Weg, um Zugang zu spirituellen Energien zu erlangen. Wie wir gesagt haben, sind Rituale und das Einbeziehen spiritueller Praktiken in der Beziehung wichtig, aber ganz persönlich. Wir haben einige Beispiele aus unseren eigenen Erfahrungen und von anderen wiedergegeben, aber dies ist etwas, das jede Beziehung in sich individuell entwickeln muss.

## Die Verantwortung für die eigenen Bedürfnisse

Wir sind grundsätzlich selbst für uns und unser Wohlergehen verantwortlich. Wir müssen die verantwortlichen Eltern für unser inneres Kind sein und können nicht von unseren Gefährten erwarten, die Hauptverantwortung für dieses Kind zu übernehmen.

Eine der Phantasien, die wir alle tief in uns tragen, ist, mit der Aufnahme einer Beziehung zu einem Liebespartner sei für dieses Kind die erwünschte Sicherheit und Versorgung erreicht und wir werden »für immer glücklich sein«. Doch das ist nicht die Art und Weise, wie das Leben verläuft.

Zusätzlich zu unserem verletzlichen Kind ist in jedem von uns ein sehr bedürftiges Kind, eines, das sich an unseren Partner klammert, mit der Panik des Ertrinkenden, der sich an seinen Retter klammert. Schon das Klammern selbst macht unseren Partner unfähig, uns zu helfen, etwa so, wie es einen Rettungsschwimmer hindert, wenn der Ertrinkende sich hysterisch um seinen Hals klammert. Wenn Sie diese extreme Bedürftigkeit oder Panik bei sich spüren, können Sie davon ausgehen, dass Sie sich in einer Teilpersönlichkeit befinden, die nach Ihrer Aufmerksamkeit verlangt. Sie können diese Information mit Ihrem Partner teilen und Ihr Partner kann Ihnen helfen, mit dem bedürftigen Kind in Ihnen zu reden. Aber Sie sind derjenige, der dem Kind zuhören und herausfinden muss, welche Bedürfnisse es hat, warum es Angst hat und was Sie tun können, um ihm zu helfen und sich angemessen um es zu kümmern.

Manchmal ist es wichtig, zwischen diesem sehr bedürftigen und Ihrem verletzlichen Kind zu unterscheiden. Beide können eine Beziehung kreativer machen und beide können eine Beziehung völlig zerstören. Entscheidend ist, ob es ein *Bewusstes Ich* gibt, das diese Energien auseinander halten und bewusst nutzen kann.

Wenn Sie in einer Beziehung sind, wird Ihnen die Reaktion Ihres Partners automatisch darüber Aufschluss geben, welches Kind zu welcher Zeit aktiv ist. Ihr Partner wird Ihnen normalerweise näher kommen und sich liebevoll verhalten, wenn das verletzliche Kind präsent ist. Wenn das sehr bedürftige Kind erscheint, wird früher oder später der distanzierte Elternteil hervortreten und den Kontakt einstellen.

Wird dieses sehr bedürftige Kind nie oder selten zurückgehalten, wird eine Beziehung unmöglich. Ein *Bewusstes Ich* kann dies ändern, weil es die Bedürfnisse des Kindes auch bewusst auszudrücken weiß, so dass es bekommt, was es möchte und braucht. Wir alle müssen lernen, unsere Bedürftigkeit in der Beziehung bewusst auszudrücken, andernfalls wird sie auf viele verschiedene Arten hervortreten und die Entwicklung starker Bindungsmuster fördern.

Wenn wir uns dem Fluss der Beziehung überlassen, beginnen wir eine Reise in unbekannte Gefilde. Wir lernen viel über uns selbst, über die Art, wie wir mit anderen Menschen umgehen und wie wir uns selbst am besten weiterentwickeln. Wir lernen, wer wir sind und wie wir Verantwortung für unsere eigenen Selbste wie auch für andere Menschen tragen. Wir lernen, wie wir wirklich mit jemand anderem zusammen sein können und wie wir dabei genauso ehrlich mit unseren eigenen Selbsten umgehen können. Wir lernen, für uns selbst und unser inneres Kind zu sorgen und es auf bewusstere Weise zu beschützen.

Verantwortung für uns selbst zu übernehmen ist hier ein notwendiges Element. Kenntnis von unseren Selbsten zu haben, unsere eigenen Spielräume und Grenzen festzulegen, unsere eigenen Prioritäten zu setzen, an unseren individuellen Werten festzuhalten, unsere eigene Position in einer gegebenen Situation zu erkennen und fähig zu sein, diese von der eines anderen Menschen zu unterscheiden – all dies ist sehr wichtig. Wir können erwarten, dass unsere Beziehung unsere eigene Entwicklung unterstützt und uns in unserer Bewusstseinsentwicklung fördert. Aber wir können diese Verantwortung nicht an einen anderen Menschen abtreten. Wir können einander helfen, aber die Person, die letztlich für unsere Selbste verantwortlich ist, sind wir selbst.

## Zu wenig oder zu viel Bescheidenheit

Letztlich muss jeder von uns vorsichtig sein, nicht zu viel in der Beziehung aufzugeben, damit wir nicht gerade das aufgeben, was wir wirklich brauchen. Es ist immer schwierig zu entscheiden, wann wir zu viel aufgeben. Auf unsere Träume zu hören, uns unserer Bindungsmuster bewusst zu werden und Verantwortung für uns zu übernehmen hilft uns dabei, nicht zu viel aufzugeben und uns selbst keinen unnötigen Schaden zuzufügen.

Felicitas war äußerst vertrauensselig. Sie lebte ein esoterisches Bewusstsein und war sicher, dass sich die Dinge gut entwickeln würden, wenn sie nur all ihre Energie auf Erfolg konzentrieren würde.

Felicitas zog in eine andere Stadt, um nahe bei ihrem Freund Ferdinand zu sein. Sie fand dort einen Job, doch Ferdinand verlor seinen bald. Sein bedürftiger Sohn bat sie um finanzielle Hilfe. Ihre fürsorgende Mutter konnte nicht widerstehen, und bald waren ihre finanziellen Mittel erschöpft.

Als sie kein Geld mehr hatte, verließ Ferdinand sie. Er suchte eine neue »Pflegemutter«, die die finanziellen Mittel und die entsprechenden Emotionen hatte, um ihn zu unterstützen. Das war ein schwerer Schlag für Felicitas' verletzliches Kind. Als Krönung des Ganzen hatte sie nun Schwierigkeiten, sich angemessen um ihr verletzliches Kind zu kümmern, da sie für Ferdinand so viel Geld ausgegeben hatte, dass sie für sich selbst kaum noch etwas übrig hatte.

Anders als Felicitas sind einige von uns so sehr darauf bedacht, nicht zu viel aufzugeben, dass wir der natürlichen Entwicklung der Beziehung nicht folgen können. Das Gleichgewicht zwischen diesen beiden Polen zu halten ist die Kunst. Am besten lässt man die beiden Kontrahenten zu Wort kommen und bildet sich mit Hilfe des *Bewussten Ichs* ein weises Urteil.

Marina hörte nur auf die Ängste ihres verletzlichen Kindes und konnte sich nie richtig auf einen Mann einlassen. Ihre Mutter hatte alles für ihren Vater aufgegeben und war dann im Stich gelassen worden. Marina lernte ihre Lektion gut und war so darauf bedacht, ihre Grenzen abzustecken, dass für ihren Partner Georg kaum etwas übrig blieb. Sie war jeden Abend mit eigenen Aktivitäten beschäftigt. Sie hatte eine Frauengruppe, einen Kurs über Investitionsstrategien, einen Yoga-Kurs und ein Theater-Abonnement. Sie hatte auch viele Freundinnen, die sie regelmäßig zum Essen traf. Sie hatte so viel Angst, dass die Beziehung ihre berufliche Tätigkeit beeinträchtigen könnte, dass sie sich oft Arbeit mit nach Hause nahm. Sie hatte buchstäblich nicht einen Abend frei, um ihn mit ihrem Mann zu verbringen.

Die Beziehung litt unter diesem Mangel an gegenseitiger Aufmerksamkeit. Sowohl Marina als auch Georg waren stolz auf ihre anspruchsvolle eheliche Abmachung. Aber dies war eine Übereinkunft, die von zwei übermäßig entwickelten Beschützern/Bewachern getroffen wurde; die verletzlichen Kinder hielten sich im Verborgenen. Letzten Endes merkten sie, dass keiner von ihnen besonders glücklich war, und sie suchten Rat.

Karin war daran gewöhnt, für sich zu sorgen, aber sie war auch aufrichtig an einer Liebesbeziehung interessiert. Als sie sich verliebte, war sie im Gegensatz zu Marina gewillt, diese Chance wahrzunehmen, ihr Leben zu verändern und als Belohnung eine möglicherweise wertvolle Beziehung zu bekommen. Sie zog zu ihrem Freund in eine andere Stadt.

Aber im Gegensatz zu Felicitas erschöpfte Karin ihre Geldmittel nicht. Sie hielt sich eine Tür offen, falls alles schiefgehen sollte. Sie besuchte oft ihre Heimatstadt, wo sie sich ihre Friseurkunden erhielt. Im Notfall müsste Karin nur nach Hause zurückkehren und ihr Leben dort wieder aufnehmen, wo sie es abgebrochen hatte.

Oft ist es schwer zu entscheiden, welche Art des Handelns in einer Beziehung angemessen ist. Die Gratwanderung zwischen zu viel Freigiebigkeit und zu großer Zurückhaltung erfordert ein *Bewusstes Ich*. Diese beiden Gegensätze in der Waage zu halten ist sicher ein guter Weg, uns selbst zu erweitern und unsere Bewusstheit über unsere inneren Prozesse und äußeren Bindungsmuster zu vergrößern.

Frauen geben im Allgemeinen mehr von sich auf als Männer. Dies kann besonders gefährlich sein, wenn eine Frau alle Mittel aufgibt, die es ihr ermöglichen, ein unabhängiges Leben zu führen. Sie macht sich extrem verletzlich, wenn sie ihre Wohnung, ihr Gespartes, ihren Job und ihren Freundeskreis aufgibt.

Wir haben Ehen gesehen, in denen die Frau die Verantwortung für ihre Gesundheit an ihren Ehemann abgetreten hat, der Arzt ist, oder die gesamte finanzielle Verantwortung an einen Ehemann, der ein guter Geschäftsmann ist. Dies verstrickt sie automatisch in die Rolle der abhängigen Tochter und entzieht ihr die Fähigkeit, ihre eigenen Angelegenheiten auf verantwortungsvolle Art und Weise selbst zu erledigen.

Ähnlich haben wir Männer gesehen, die ihrer Ehefrau alle Verantwortung für die Ernährung und die Pflege eines schönen Heimes übergeben haben. Der Mann kann sich ein Leben ohne Frau nicht vorstellen und hat natürlich Angst davor, allein oder krank zu sein, denn dann wäre er völlig hilflos. So bindet er sich automatisch an seine Ehefrau als ein abhängiger Sohn.

Dies heißt nicht, dass die Kenntnisse oder Fähigkeiten eines Partners nicht gewürdigt und genutzt werden sollten. Es ist schön, einen sachkundigen Partner zu haben, der bestimmte Dinge einfach souverän angehen kann. Dennoch wäre es klug, nicht alle Verantwortung für irgendeinen Bereich einem anderen zu übergeben. Jeder Partner muss wissen, dass er ohne den anderen überleben kann. Dies schafft Gleichgewicht. Wenn dieses Gleichgewicht nicht erhalten bleibt, werden beide unweigerlich in Bindungsmuster verstrickt.

Dass zwei Menschen unterschiedliche Stärken und Schwächen haben, ist normal und auch gerade das Reizvolle: Wir können uns auf die Stärken des anderen verlassen, und dieser kann sich auf unsere verlassen. Aber auf die Stärken des anderen zu setzen bedeutet nicht, die Verantwortung abzugeben. Bei uns zum Beispiel verlässt sich Hal auf Sidras geschäftliches und finanzielles Talent. Wenn Hal alle Verantwortung auf diesem Gebiet abgibt, haben wir eine Mutter-Sohn-Bindung, und das garantiert Ärger. Hal versucht, Sidras Stärke zu erkennen und sie für sich zu nutzen, ohne damit Verantwortung abzugeben. Er muss die Sachlage kennen und darf die Entscheidungen in diesen Dingen nicht völlig Sidra überlassen. Tut er dies, wird er sich in einen bedürftigen Sohn verwandeln. Eines Tages aber wird er explodieren und wegen einer Kleinigkeit als ein sehr böser Vater auf Sidra reagieren.

In ähnlicher Weise hat Hal die Hauptverantwortung dafür, die Workshop- und Seminarprogramme zu planen. Sidra ist sehr glücklich, dass sie sich in diesem Punkt auf Hal verlassen kann. Dennoch bleibt sie aktiver Teilnehmer in diesem Prozess und nichts wird geplant, ohne sie dabei einzubeziehen. Anderenfalls würde sie sich als Tochter an Hals inneren Vater binden. Wenn etwas passieren würde, was nicht nach ihrem Geschmack ist, übernähme Sidras böse Mutter das Geschehen.

# Träume: Die Reise zweier Seelen

Vor einigen Jahren erzählte uns bei einem Workshop in Chicago ein Teilnehmer von der alten jüdischen Tradition einer heiligen Beziehung. In dieser Tradition bedeutet eine Liebesbeziehung zwischen einem Mann und einer Frau viel mehr als eine Beziehung zwischen zwei Menschen. Sie besteht aus dem Mann, der Frau und dem Heiligen Geist dieser Verbindung.

Wir betrachten alle Beziehungen ebenfalls unter diesem Aspekt. Der Heilige Geist, von dem der Gelehrte sprach, stünde dann in Beziehung mit dem spirituellen oder evolutionären Streben, das jedem Lebewesen innewohnt. So sehen wir jede neue Beziehung als einen Katalysator für unsere persönliche Bewusstseinsentwicklung. Sie fordert uns zum Wachstum heraus und dazu, unsere Bewusstheit über uns selbst und andere zu vergrößern, unsere Verbindung zum Leben und zu anderen Menschen zu vertiefen und uns so weit zu entwickeln, bis wir unser wirkliches Wesen in seiner reinsten Form ausdrücken. Wenn wir diese Herausforderung annehmen, sind wir auf einer Reise in Bereiche der Psyche und des Geistes, von denen wir vorher nicht einmal zu träumen gewagt haben.

Wir leben in einer Zeit, in der ein großes Bedürfnis besteht, die emotionalen und spirituellen Verbindungen zwischen den Menschen untereinander und zu unserem Mutterplaneten zu vertiefen und in der diese individuellen Entwicklungsprozesse dringend notwendig sind. Wir hoffen, dass dieser Prozess Auswirkungen auf die Evolution der Menschheit hat und wir uns auf eine Ära zubewegen, in der Geist und Sinnhaftigkeit so wichtig wie materielles Wohlergehen sind.

Wenn wir die Liebesbeziehung in diesem spirituellen Zusammenhang sehen, betrachten wir sie als eine Reise zweier Seelen. Die Beziehung scheint ihr eigenes Leben zu haben, insofern sie jedem von uns hilft, seinem individuellen Weg zu folgen und uns auf neue Gebiete des Unbewussten aufmerksam macht, die ins Bewusstsein gebracht werden müssen. Sobald wir eine Lektion gemeistert haben, konfrontiert sie uns mit der nächsten. Es vergeht kaum Zeit ohne Bewegung. Dies kann beunruhigend sein, aber im Kontakt mit dieser großen Herausforderung werden wir sehen, dass sie das Leben spannend macht. Wir wissen nie genau, was als nächstes passiert. Immer wieder konnten wir beobachten, dass sich unsere Zukunft ändert, wenn sich unser Bewusstsein wandelt.

Jede Erweiterung unseres Bewusstseins, jeder Schritt in unserer Evolution eröffnet neue Möglichkeiten und neue Herausforderungen, neue Perspektiven und neue Konflikte. Wir gehen auf neuen Wegen, die vor kurzem noch nicht einmal existiert haben. Die Änderungen können dramatisch sein oder auch ganz subtil. Auf den Fidschiinseln trafen wir ein Paar, das ursprünglich ein stabiles, durchgeplantes Leben geführt hatte. Ihre Ehe war dem persönlichen Wachstum und der Selbst-Erforschung gewidmet. Sie hatten sich ihrer Beziehung hingegeben und vertrauten darauf, dass sie richtig geführt würden. Irgendwann verkauften sie alles und zogen auf die Fidschiinseln. Sie kauften ein großes Schiff, segelten um die Welt und begannen ein neues Leben. Sie lebten auf dem Boot, das sie, um Geld zu verdienen, an Touristen vermieteten.

Etwas weniger dramatisch sind die täglichen subtilen Veränderungen, die als Ergebnis eines Bewusstseinswandels und durch persönliches Wachstum zustande kommen. Anna ist eine engagierte, junge Frau, die in ihrem Beruf sehr erfolgreich ist. Sie beginnt eine Beziehung mit Dirk, der dem Leben recht entspannt gegenübersteht. Dirk erlebt Annas Antreiber als etwas Unangenehmes und spricht mit ihr darüber. Anna beginnt daran zu zweifeln, ob ihre hyperaktive Lebensweise richtig ist. Nach und nach lernt sie mit Dirks Hilfe, sich zu entspannen und das Leben ein wenig leichter zu nehmen.

Diese beiden Bewusstseinsveränderungen resultieren aus konkreten Veränderungen in der Lebensweise. Auf tieferer Ebene jedoch, wenn wir uns eine Liebesbeziehung als eine Reise zweier Seelen vorstellen, sehen wir unsere Interaktionen in einer völlig neuen Dimension – nämlich der spirituellen. Auf dieser Ebene teilen wir unsere unbewussten Prozesse mit, wir enthüllen buchstäblich unsere Seelen.

Es bedarf großes Vertrauen in diese Form von Intimität, denn unser Partner wird Dinge über uns erfahren, die uns selbst unbekannt sind. Das bedroht jene Selbste, die alles wissen müssen und stets die Kontrolle behalten wollen. Für andere Selbste ist es sehr spannend, weil wir in dieser Kommunikation über eine unvorstellbare Menge unangetasteter Informationen verfügen, die normalerweise unzugänglich sind, Informationen, welche unsere Wahrnehmungen unmittelbar schärfen und unser Wachstum beträchtlich fördern.

Wir glauben, dass der Reichtum, den uns diese Kommunikationstiefe bringen kann, bemerkenswert ist. Derart kontinuierliches Mitteilen intensiviert den Kontakt mit unseren eigenen verborgenen Selbsten. Wir werden fortwährend an unsere grundlegenden Strukturen erinnert, die sich in unseren täglichen Interaktionen und Handlungen ausdrücken. Durch den täglichen Tanz der Selbste werden wir dazu ermutigt, mehr Sinn in unserem Leben zu suchen. Und wenn wir weiterhin unser gemeinsames Leben auf diese Art erforschen, werden wir ihm mehr Achtung entgegenbringen. Was wir mit jedem einzelnen Tag tun, ist wichtig; jeder Tag ist ein Geschenk und sollte als solches behandelt werden.

Auch auf dieser tiefen Ebene gibt es viele Wege der Kommunikation. Wir haben uns bereits über Verletzlichkeit unterhalten und darüber, wie wichtig es ist, sie einem Freund oder Partner mitteilen zu können. Dieses Sichzeigen eröffnet geistige Ebenen in uns, denn die Kindseite ist einer der zentralen Zugänge zur seelischen Realität. Wir haben Voice Dialogue und das Visualisieren als Techniken für eine tiefere Kommunikation diskutiert. Wir werden uns jetzt mit Träumen beschäftigen, vielleicht dem reichsten und aufregendsten Weg, um sich auf einer sehr tiefen Ebene auszutauschen.

# Der Traumschöpfer in der Beziehung

Wenn man sich auf eine Beziehung als Reise zweier Seelen einlässt, wird man feststellen, dass tief in uns ein Traumschöpfer arbeitet, der uns Träume sendet, die wir als Leitfaden für unsere Entwicklung nutzen können. Es ist eine eindrucksvolle und gleichzeitig sehr hilfreiche Vorstellung, dass es eine Intelligenz in uns gibt, die unsere Träume zu lenken vermag und uns gern als bewusstere menschliche Wesen sähe. Dieser Traumschöpfer wird in vielen Kulturen verehrt, in denen Träume als direkte Verbindung zu unbewussten Vorgängen betrachtet werden und in denen das geistige Leben von großer Bedeutung ist. Wenn wir den Prozess der Beziehung als einen Weg für unsere individuelle Bewusstseinsentwicklung betrachten, geben Träume unschätzbare Informationen. Sie verschaffen uns Zugang zu der großen Datenbank des Unbewussten. Das Träumen ist daher ein fester Bestandteil im Prozess einer Beziehung.

Jede Nacht blicken unsere Träume auf die Aktivitäten des Tages zurück und kommentieren sie auf die objektivste Art und Weise. Sie geben uns Informationen über aktuelle psychologische Prozesse, weisen uns auf bewusste Bereiche hin und geben spezifische Bilder von Bereichen, in denen ein Mangel an Bewusstsein vorliegt. Je mehr Aufmerksamkeit man den Träumen schenkt, desto deutlicher werden ihre Botschaften.

In einer Beziehung können die Träume des einen Partners vom anderen rational erfasst werden, es gibt aber auch eine Ebene, auf der die Träume des Partners den Verstand umgehen und direkt zum Unbewussten des anderen sprechen. Auf beiden Ebenen sind Träume eine unerschöpfliche Quelle für Informationen und ein Leitfaden für die Entwicklung der Beziehung.

Eine der wirkungsvollsten Arten, sich einer Beziehung hinzugeben und sie zu unterstützen, ist, sich jeden Morgen gegenseitig seine Träume zu erzählen. Wir erzählen uns jeden Morgen unsere Träume, bevor wir mit unserer Tagesarbeit beginnen. Wir empfehlen es als ein tägliches Ritual, das dem Wachstumsprozess zugute kommt und ihn auf tiefster Ebene in Bewegung hält.

Der Traumschöpfer, so scheint es zumindest, hat ein Interesse an einer bewussten Beziehung und tritt oftmals als ihr Beschützer auf. Wenn wir zum Beispiel zu eng an unseren Partner gebunden sind, träumen wir möglicherweise davon, eine Affäre zu haben, oder wir träumen, dass unser Partner eine Affäre hat. Das ist der Versuch des Traumschöpfers, die Bindungsmuster aufzulösen. Der Traum hat die gleiche Funktion erfüllt wie eine andere Person, zu der wir uns hingezogen fühlen, aber er präsentiert uns die Information schneller und ohne die zwischenmenschlichen Verwicklungen. Wenn die Beziehung zu weltlich orientiert ist, könnte einer von beiden träumen, dass er sich zu einem spirituell engagierten Menschen hingezogen fühlt. Wenn wir zu passiv geworden sind, könnte einer der Partner träumen, dass er mit einer passiven Person verheiratet ist und sich stark zu jemandem hingezogen fühlt, der anspruchsvoller ist. Die Selbste, die uns fehlen, sprechen gewöhnlich zuerst in unseren Träumen zu uns.

Wenn wir unsere Träume beachten, werden unbewusste Handlungen des zurückliegenden Tages in der Nacht wiederholt. Adrienne fühlt sich den ganzen Tag über verletzlich und schlüpft in die Rolle der urteilenden Mutter, während sie mit ihrem Ehemann Rainer zusammen ist. In dieser Nacht taucht in ihren Träumen eine unbekannte Frau auf und weist Adrienne darauf hin, dass sie Rainer nicht zu schätzen weiß und erinnert sie an all das, was ihr Rainer in ihrem Leben schon gegeben hat. Am nächsten Morgen erzählt sie Rainer ihren Traum. Er spürt Erleichterung und Entspannung, denn er fühlte sich traurig, ohne zu wissen, warum. Sein Unterbewusstsein hat im vorangegangenen Traum auf Adriennes urteilende Mutter reagiert, und der Traum hat geholfen, die Nähe zwischen ihnen wiederherzustellen.

Manchmal präsentiert das Unbewusste ein sehr direktes Bild von den Vorgängen in einem Partner. Eine Frau träumt mehrere Nächte lang, dass ihr Ehemann fremdgeht. Sie konfrontiert ihn schließlich damit, und er bestätigt ihre Befürchtung. Und ein Mann träumt davon, dass seine Frau sehr beschäftigt und nicht mehr richtig für ihn da ist. Er hat nicht bemerkt, dass diese Situation bereits eingetreten ist, als er dies träumte. Das Paar kann nun an der Entfremdung arbeiten, die keiner von beiden bewusst wahrgenommen hat. Wenn wir beginnen, auf den Traumschöpfer zu hören und unsere Träume ernst zu nehmen, ist es, als bekämen wir Zutritt zu einem riesigen Computer mit einer enormen Software, die es uns ermöglicht, alle Arten von Informationen abzurufen, die wir vorher nicht hatten.

## Träume und Bindungsmuster

Träume können ein erstaunlich exaktes Bild einer gegenwärtigen Bindungssituation geben. Miriam und ihr Mann Ludwig besuchen für einige Tage Miriams erwachsene Tochter. Mutter und Tochter freuen sich, sich zu sehen, und sind gleich in einem intensiven Bindungsmuster.

In dieser Nacht träumt Miriam, dass sie sanft auf dem Ozean gleitet, die Arme um ihre Tochter geschlungen. Miriam hat Angst, auf das Meer hinauszutreiben, aber sie beobachtet den Küstenstreifen und sieht, dass sie nicht davontreiben. Da sie sich sicher fühlt, schläft sie im Traum ein, um plötzlich erschrocken aufzuwachen und zu entdecken, dass sie tatsächlich auf das Meer hinausgetrieben ist. Miriam ergreift die Panik und sie schwimmt zum Ufer, dankbar, mit dem Leben davongekommen zu sein.

Dieser Traum half ihr, ihre Mutter-Tochter-Bindung zu erkennen und sich davon zu lösen. Der Traum zeigte ihr, dass die Bindung keine Sicherheit bot und dass sie und ihre Tochter in Gefahr waren, wenn Miriam unbewusst (schlafend) blieb, ja sie würden dann noch weiter ins Unbewusste abdriften.

## Objektives Feedback

Der Traumschöpfer arbeitet von Tag zu Tag, indem er uns ein Feedback auf unsere täglichen Aktivitäten gibt und uns die Informationen zur Verfügung stellt, die wir brauchen, um unsere Beziehungen bewusster zu gestalten. Er zeigt uns Vorgänge im

Verborgenen, auch wenn das Leben oberflächlich betrachtet ganz gewöhnlich zu verlaufen scheint. Häufig haben wir gleichzeitig einen Traum mit ähnlicher Thematik. Wir haben es oft erlebt, dass – wenn wir beide mitten in der Nacht ohne ersichtlichen Grund aufwachen – der Traumschöpfer unser beider Aufmerksamkeit auf sich lenken möchte. Oft enthielt eine ganze Reihe von Träumen nur eine einzige Botschaft: Wir meinen, dass dies ein besonders konstruktiver und bestätigender Aspekt des Träumens ist.

## Bewusstseinsveränderungen – wie sie sich in Träumen widerspiegeln

Wenn Partner sich gegenseitig intensiv in ihre Entwicklung einbeziehen, spiegeln ihre Träume oft die Veränderungen, die sich bewusstseinsmäßig bei dem anderen vollzogen haben. Elisa träumte nach einer sehr bewegenden Voice-Dialogue-Sitzung, in der Alfred erstmals in Kontakt mit seinem verletzlichen Kind kam, folgenden Traum:

Wir waren in einem sehr schönen, alten Haus. Ich öffnete die Tür und da war Alfred, strahlend und frisch. Sein Haar hatte weiche Locken, er hatte keine Falten, er war schlank und trug einen langen, weißschimmernden Satinmantel. Er kam herein und zeigte mir hocherfreut eine hübsche, alte Schachtel, die er gefunden hatte; eine kleine bemalte Schachtel. Darin fanden wir eine Menge kleiner mattsilberner Broschen und Nadeln in der Form von Kricketschlägern, Bällen, Teddybären usw. Wir steckten sie rund um seinen Mantelsaum. Dann stiegen er und mein Sohn in das Auto, das sie umgebaut hatten (der Motor war hinten), so dass sie es rückwärts fahren konnten.

Der Traum zeigt, wie tief Elisa von Alfreds Entdeckungen und seiner Bewusstseinsveränderung beeindruckt war. Die Bilder sind typisch für seine Kindheit, aber sie sprechen jeden an. Die Beziehung hatte eine frische, neue Qualität durch seine Veränderungen erhalten. Zudem wurde Elisa durch den Traumschöpfer wachsam gemacht. Alfred konnte nun sein Auto in die entgegengesetzte

Richtung fahren, »rückwärts«, und so muss sie sich auf einige Überraschungen gefasst machen.

Der Traumschöpfer spricht eine deutliche Sprache. Er kann auch dabei helfen, eine Beziehung zu beenden, wenn dies der richtige Weg ist. Renate war seit vielen Jahren mit Tony verheiratet. Sie lebten in einem starken Bindungsmuster, in der er der rettende Arzt-Vater für ihre hysterische Tochter war und sie die kontrollierende sexuelle Mutter für seinen schwachen Sohn. Es war eine turbulente Beziehung, bei der es viele Jahre harter Arbeit bedurfte, um sie aus ihrer Bindung zu lösen. Zu einem bestimmten Zeitpunkt gaben Renates Träume die Beziehung folgendermaßen wieder:

Ich sah einen Vater, der eine durchsichtige Plastikmaske über das Gesicht seiner Tochter stülpte. Sie konnte hindurchsehen, doch sie rang nach Luft, konnte nicht sprechen, und niemand konnte sie hören. Sie mochte die Maske nicht, aber ihr Vater erzählte ihr, dass sie sich daran gewöhnen würde und dass diese Maske ihr helfen würde, zu atmen und zu leben. Ich wusste, dass die Maske ihr giftiges Gas einflößte und sie töten würde.

In der Zeit vor ihrer Scheidung, als beide versuchten, sich von ihren charakteristischen Bindungsmustern loszureißen, fühlte Renate den Drang in sich, zu Tony zurückzukehren. Dieses Mal jedoch beherrschte sie sich und gab diesem Bedürfnis nicht nach. Dennoch war der Drang dazu vorhanden, und er zeigte sich in folgendem Traum:

Ich träumte, dass ich in dem Haus anrief, in dem mein Mann vor 30 Jahren gelebt hatte, als wir miteinander gingen. Zuerst versuchte ich, die Nummer der Arztpraxis anzurufen (er und sein Vater waren beide Ärzte), und dann wählte ich die Nummer der Kinder. Unter keiner Nummer war jemand zu erreichen, aber ich versuchte es weiter, erst die eine Nummer, dann die andere. Ich versuchte es immer und immer wieder. Schließlich war die Vermittlung in der Leitung und sagte: »Kein Anschluss unter dieser Nummer. Die Leute, die Sie versuchen zu erreichen, gibt es nicht mehr.«

Als ihre Verletzlichkeit durch die bevorstehende Scheidung intensiver wurde, war der Drang nach der vertrauten Bindung erneut aufgetaucht. In dem Traum wird deutlich, dass sie zuerst versucht, sich wieder an den rettenden Arzt-Vater zu binden (indem sie die Nummer des Arztes anruft) und dann versucht, zu seinem schwachen Sohn zu gelangen (indem sie versucht, die Nummer der Kinder anzurufen). Schließlich interveniert ihre sachliche Stimme, jemand Unbeteiligtes, der die Tatsachen vermittelt. Und die Tatsache war, dass es keine bewusste Beziehung mehr gab, nur noch ein Bindungsmuster.

## Das Aufbrechen von Bindungen innerhalb der Familie

Der Traumschöpfer kann der Katalysator für die Veränderung von dauerhaften Bindungsmustern innerhalb der Familie sein, die besonders schwierig sind. Ina ist an ihren realen Vater als brave Tochter gebunden. Die Folge davon ist, dass sie sich später auch an ihre Freunde in ähnlicher Weise band. Eines Nachts träumte sie, sie sei auf einem Flughafen. Sie suchte ihren Pass und stellte dabei fest, dass ein Taschendieb die Ausweise anderer Leute gestohlen und in ihre Handtasche gesteckt hatte. Ihren eigenen Ausweis konnte sie nicht finden. Durch diesen Traum erkannte Ina, dass sie die Vorstellungen anderer Leute über ihre Persönlichkeit übernommen hatte. Es war ihr möglich, sich mehr von ihrer vertrauten Rolle der braven Tochter zu lösen.

Eine Beziehung kann uns helfen, aus Familien-Bindungen auszubrechen, in denen wir ständig nur im Kreis fahren. Tom und Christian nutzten ihre Beziehung dazu auf eine sehr kreative Weise. Eines Nachts träumte Christian, dass er zusammen mit Tom sein Elternhaus besuchte, das er als sehr schön und groß in Erinnerung hatte. Besonders begierig war er darauf, den großen alten Baum zu sehen, der im Hof stand und der der Stolz der ganzen Familie war. Als er mit Tom ankam, sah Christian, dass das Haus ziemlich gewöhnlich war und, was ihn am meisten überraschte, dass der Baum weder besonders groß noch besonders schön war und viele Blätter verloren hatte. Christian erkannte in diesem Traum, dass seine Familie sich immer selbst idealisiert und Probleme verleugnet hatte. Als er aufwachte, wusste er, dass dieser Traum eine wirkliche Veränderung in der Beziehung zu seinem »Stammbaum« bedeutete. Es war ihm gelungen, sich von den familiären Strukturen zu lösen und nun ein objektiver Beobachter der Realität zu sein.

## Der Traumschöpfer als Ratgeber

Der Traumschöpfer ist manchmal ein ausgezeichneter Ratgeber, wenn man ihm vor dem Schlafengehen eine direkte Frage stellt. Als Ulla eines Nachts verzweifelt war, bat sie um einen Traum, der ihr erklären sollte, warum sie in ihren Beziehungen keine Ruhe und keinen Frieden finden konnte. Sie musste sich aus einem Bindungsmuster befreien, indem sich ihre verantwortungsvolle Mutter/schwache Tochter von Reinhards bedürftigem, verzweifelten Sohn/strengen Vater zurückzieht. Der Traum zeigte ihr folgendes Bild:

Ich träumte, dass ich einen Schwamm zwischen mich und meinen Partner legen sollte, wenn ich mit ihm nachts zusammen in einem Bett liege, um die Negativität, die er ausstrahlt, zu absorbieren. Am Morgen würde ich aufwachen und könnte den Schwamm hinauswerfen, und ich würde nicht alles in mich aufnehmen müssen.

# Den inneren Reichtum entdecken

René hatte eine Beziehung mit einer Frau, die er liebte und mit der er sich tief verbunden fühlte. Er war ein Mann, der sich nicht so leicht an jemanden bindet, so dass diese Beziehung für ihn etwas ganz Besonderes war. Das erste Mal in seinem Leben konnte er in einer Beziehung seine Bedürfnisse ausdrücken. Er hatte folgenden Traum:

Ich war Tiefseetauchen und fand eine versunkene spanische Galeone, voll mit Schätzen. Ich tauchte alleine und wusste, dass ich einen Partner brauchte, der mir dabei hilft, all das Gold und die Schätze zu bergen. Als ich an die Wasseroberfläche zurückkehrte, bat ich Anne, mich zu begleiten. Obwohl sie Angst vor dem Tauchen hatte und die Tiefe nicht mochte, willigte sie ein, mir zu helfen und den Schatz an die Oberfläche zu bringen.

In diesem Traum malt der Traumschöpfer ein wundervolles Gemälde! Der Träumer kann den Schatz nicht alleine bergen. René braucht Hilfe, und er kann darum bitten.

Für Anne ist Tiefseetauchen eine ungewohnte und fremde Sache. Sie ist es nicht gewohnt, mit dem Unbewussten zu arbeiten und hat Angst davor. Aufgrund ihrer Liebe zu René möchte sie ihm bei seinem Versuch helfen, den Schatz an die Oberfläche zu bringen. Oft fordert uns eine Beziehung dazu heraus, Dinge zu versuchen, die wir normalerweise niemals wagen würden. Wir tun es dann trotzdem, weil wir Gefühle für einen anderen Menschen haben und eine Verpflichtung gegenüber unserem eigenen Bewusstwerdungsprozess verspüren.

Uns persönlich ist es wichtig, unsere Träume zu erzählen. Der Traumschöpfer hat sich als ein vertrauenswürdiger Verbündeter in unserem Kampf um Bewusstwerdung erwiesen. Unsere Träume haben uns stets dann geholfen, wenn wir es am meisten nötig hatten. Es ist so, als würde jeder von uns über eine göttliche Intelligenz verfügen, die nur auf den Moment ihres Erwachens wartet. Dieses Erwachen erleben wir, sobald wir damit anfangen, das Unbewusste ernst zu nehmen, Visualisierungen zu machen, auf unsere Träume zu achten und unseren unterschiedlichen Selbsten Aufmerksamkeit zu schenken.

Wenn diese Intelligenz einmal erwacht ist, haben wir einen Freund, einen göttlichen Freund, der an unserem Wohlbefinden interessiert ist und der nichts anderes will als die Entwicklung von Bewusstsein in uns allen.

# Erst wenn ich dich gefunden habe, kann ich wahrhaft ich selbst sein

Die Märchenversion von der romantischen Liebe lehrt uns, dass eine große Hochzeit gefeiert wird, wenn wir einmal den richtigen Partner gefunden haben und dass von da an beide ein glückliches Leben führen. Auf geheimnisvolle Weise fördert eine Beziehung in jedem von uns den König oder die Königin hervor; und so ist es unsere Aufgabe, den richtigen Partner zu finden, damit wir uns selbst verwirklichen können. Andererseits haben wir oft große Angst vor dem Schloss, in das wir uns mit der Bindung begeben. Angst, dass wir uns verlieren, wenn wir einen Menschen lieben und die Zugeständnisse machen, die für das Funktionieren dieser Liebe notwendig sind, und dass die Veränderungen uns schwächen oder einschränken.

Über die Jahre hinweg haben wir bei uns und anderen die Erfahrung gemacht, dass eine Beziehung uns zu einer ständigen Weiterentwicklung herausfordert. Es ist fast so, als ob »ich nicht wirklich ich selbst sein kann, wenn ich nicht mit dir zusammen bin«.

Wenn wir keine dauerhafte, vertraute Beziehung haben, ist es einfacher für unsere bestimmenden Selbste, sich das Leben so einzurichten, wie es ihnen am besten passt. Es ist leichter, unseren unterdrückten Selbsten aus dem Weg zu gehen, ja, wenn alles gut arrangiert ist, können wir es auch erreichen, jeglichen direkten Kontakt mit unserer Verletzlichkeit zu vermeiden.

Wenn wir nur clever und entschlossen genug sind, kann unser Leben vollständig mit Arbeit, Lernen und Freizeitbeschäftigungen ausgefüllt sein. Beziehungen zu anderen Menschen können angenehm, aber nicht wichtig oder herausfordernd sein. Wir können ein Leben führen, in dem nur die bestimmenden Selbste handeln und alles andere »sicher« unterdrückt ist.

Wenn man sich jedoch für eine Beziehung als Lernprozess entscheidet, gibt es ständige Bewegung, und zwar nicht nur in Liebesbeziehungen, sondern in allen Beziehungen zu anderen Menschen. In einer Beziehung gibt es keinen Stillstand und nichts ist vorhersehbar. Bindungen entstehen und müssen überprüft werden. Jede Auflösung eines Bindungsmusters führt zu einem tieferen Verständnis der eigenen vielen Selbste und zu einem erweiterten Bewusstsein und jeder Konflikt oder jede Konfrontation wird Sie dazu einladen, in den Spiegel zu sehen und sich selbst anzuschauen. Wir müssen mehr und mehr Aspekte von uns in unserem Inneren integrieren, je weniger wir nach außen projizieren können. Deshalb sind es die täglichen Interaktionen in Ihrer Beziehung, die Sie mit Ihren Selbsten konfrontieren. Und dabei werden Sie immer wieder feststellen, und zwar sehr direkt, dass Sie nicht sind, was Sie glauben zu sein.

In einer Beziehung gibt es zwei »Bewusstseine«, um zu verarbeiten, was jede Person individuell durchläuft. Dies treibt, unserem Gefühl nach, jeden von uns dazu an, seinem individuellen Entwicklungsweg immer weiter zu folgen, und es bringt uns dem immer näher, der wir wirklich sind.

# Epilog

## Ein neuer Weg: Hingabe an die Beziehung

Wir können vielen Wegen folgen, wenn wir eine Bewusstseinsentwicklung durchlaufen. In der Vergangenheit konzentrierte man die ganze Aufmerksamkeit auf die Entwicklung des *Individuums*, und die landläufige Meinung war, dass unsere Beziehungen sich von selbst ändern würden, wenn wir an unserer persönlichen Veränderung arbeiten. Wir haben jedoch mit viel Schweiß und Ausdauer gelernt, dass es dennoch harter Arbeit *zwischen* den Menschen bedarf, um eine bewusste Beziehung zu entwickeln und zu bewahren, auch wenn die Arbeit an uns selbst mit Sicherheit unsere Beziehung beeinflusst.

In diesem Buch haben wir die Möglichkeit eines ganz anderen Weges zur Bewusstseinsentwicklung vorgestellt. Sie beruht darauf, eine Beziehung als einen wertvollen Lehrer und Reiseführer zu akzeptieren und sich ihr in diesem Sinne verpflichtet zu fühlen. In diesem neuen Bezugsrahmen ist man zwar immer noch sehr mit seiner eigenen persönlichen Entwicklung beschäftigt, aber mit einer anderen Gewichtung. Die Arbeit an der persönlichen Entwicklung hat nach wie vor große Bedeutung, aber ihr wird eine neue Komponente hinzugefügt, nämlich die Fähigkeit zur Hingabe an die Beziehung selbst.

Was bedeutet es, sich der Beziehung hinzugeben? Bedeutet es, unsere Autonomie aufzugeben? Einen rechtlichen Vertrag zu unterschreiben, dass wir uns niemals trennen werden? Es bedeutet nichts dergleichen. Sich hinzugeben bedeutet, uns anderen Menschen zu öffnen und zu erkennen, dass uns aus dieser Öffnung die Gelegenheit für eine Form des Wachstums erwächst, die uns anders nicht zugänglich ist. Das trifft auf jegliche Formen von Beziehungen zu, sei es eine Freundschaft, eine Beziehung in der Familie oder eine Liebesbeziehung.

Wir erkennen, dass es keinen Winkel in unserer Seele gibt, der nicht durch das gemeinsame Erforschen geöffnet werden kann. Es ist einfach, »stark« zu sein; alles, was wir dazu tun müssen, ist, unsere Verletzlichkeit zu begraben, und wir werden stark und mächtig sein. Die wirkliche Herausforderung besteht jedoch darin, zu lernen, mit beidem zu leben: mit Stärke *und* Verletzlichkeit. Das ist die grundlegende Herausforderung an alle zwischenmenschlichen Beziehungen.

Das Leben in vollen Zügen zu genießen heißt, so viele von unseren verschiedenen Selbsten in unser Leben einzubeziehen, wie es irgend möglich ist. Wir müssen also lernen, uns dieser Selbste bewusst zu werden, sie zu erfahren und schließlich zu lernen, sie mit einem *Bewussten Ich* zu steuern.

Die größte Schwierigkeit bei dieser Selbsterforschung ist die Fähigkeit, sich auf eine Beziehung einzulassen und gleichzeitig unsere persönliche Identität so zu bewahren, dass alle unsere Selbste noch handlungsfähig bleiben. Dieser Konflikt ist die unvermeidliche Konsequenz, die sich aus einer Beziehung ergibt, und jeder von uns hat sein ganzes Leben lang mit ihm zu kämpfen. Wir haben auf dieses Dilemma keine Antwort. Was wir Ihnen in diesem Buch anbieten wollen, ist eine Annäherung, eine Richtung, eine Sichtweise, die Ihnen helfen kann, mit diesem Konflikt in Ihren Beziehungen umzugehen.

Je länger wir in einer Beziehung leben, die sich über Bindungsmuster stabilisiert, umso weniger Zugang haben wir zu unserer eigenen Identität. Umgekehrt gilt: Je größer unser *Bewusstes Ich* ist, desto mehr verfügen wir über eigene Identität und desto besser können sich all unsere Selbste zu Wort melden. Indem wir unsere Beziehung als einen Lernprozess akzeptieren, werden wir uns unserer Bindungsmuster zunehmend bewusster. Die Konsequenz daraus ist die Entwicklung eines *Bewussten Ichs*, das uns erlaubt, uns von den eingefahrenen Bindungsmustern zu verabschieden und bewusster zu leben.

Es scheint so, als ob wir zwei miteinander in Konflikt stehende Realitäten zu leben haben; mit der Realität der Selbste, welche (mit Ausnahme des unpersönlichen Selbstes und einigen anderen) sehr ergebnisorientiert sind, und mit der Realität des Bewusstseins, welches *nicht* an Ergebnissen orientiert ist. Das *Bewusste Ich* muss zwischen diesen beiden Realitäten vermitteln und uns, so gut es kann, unseren Lebensweg weisen.

So kommt es, dass in einer Beziehung das Vater- oder Mutter-Selbst in uns sehr an der anderen Person hängt und dieses Selbst das Bedürfnis hat, die Beziehung bis zu einem gewissen Grad zu kontrollieren. Bewusstsein, sofern es vorhanden ist, hat nicht das Bedürfnis, die andere Person zu kontrollieren, und ist somit nicht auf dieselbe Weise mit der Beziehung »verbunden«. Je mehr Bewusstsein, desto mehr objektive Informationen sind dem *Bewussten Ich* zugänglich und desto weniger starr sind die Bindungsmuster.

Immer wenn das verletzliche Kind abgelehnt wird, wissen wir, dass ein Eltern-Selbst dabei ist, die Beziehung zu kontrollieren. Wir können dies bei vielen starken Menschen beobachten, sogar bei jenen, die einen spirituellen Weg eingeschlagen haben. Sie sind der festen Überzeugung, bewusst eine Beziehung zu führen, aber in Wirklichkeit werden sie von einem starken und beobachtenden rationalen Aufpasser dominiert, der das Leben des inneren Kindes bewacht, indem er es versteckt hält.

## Beziehungen – weltweit gesehen

Der bemerkenswerte Prozess, den wir, Hal und Sidra, gemeinsam durchlaufen haben, und unsere Bemühungen, das komplexe System von Interaktionen, die unser Leben bestimmen, zu verstehen und zu erfahren, hat uns unglaublich verändert. Wir haben uns auf den Prozess unserer Liebesbeziehung eingelassen, mit allen seinen Freuden und Schwierigkeiten. Unsere Beziehung

251

war ein Lernprozess für uns, und wir hoffen von ganzem Herzen, dass diese Form von Klarheit, die sich zwischen uns entwickelt hat, dazu dienen kann, auch anderen mehr Klarheit zu verschaffen. Letztendlich muss die Arbeit, die wir bei unserer Suche nach Bewusstheit leisten, sich darin manifestieren, wie wir mit unseren Mitmenschen umgehen. Solange wir unsere unterdrückten Selbste nicht verstehen, werden wir von Feinden umgeben sein, die wir verachten, und von Freunden, die wir überschätzen; und wir werden unausweichlich in Bindungsmustern gefangen sein, wenn wir mit ihnen in Beziehung treten.

Diese Bindungsmuster erweisen sich als besonders gefährlich, wenn wir sie als ein weltweites Phänomen erkennen. Es gab immer Stämme, Nationen sowie religiöse, politische und wirtschaftliche Systeme, die jeweils die unterdrückten Selbste der anderen repräsentiert haben. Dies führte zu vielen tragischen Konfrontationen. Denken wir nur an die Türken und die Armenier, an die Nazis und die Juden (und die Zigeuner, Kommunisten und Homosexuellen), an die Araber und die Israelis, an die amerikanischen Siedler und die Indianer, an die Schwarzen und die Weißen, nur um eine Idee zu vermitteln, wie sich dieses Phänomen in einem größeren Zusammenhang darstellt.

Es gibt benachbarte Länder, die über Jahrhunderte hinweg die unterdrückten Selbste des anderen repräsentierten, so zum Beispiel Frankreich und England, Griechenland und die Türkei, die Vereinigten Staaten und Mexiko. Während der Kreuzzüge standen sich Christen und Nicht-Christen gegenüber. Wir wollen nicht die Behauptung aufstellen, dass die unterdrückten Selbste die ganze Erklärung sind, aber sie scheinen ein wesentlicher Faktor in diesen Konflikten zu sein. Im Konflikt zwischen den Vereinigten Staaten und der Sowjetunion mit seinen immensen Rüstungskosten steuerte die gegenseitige Projektion von unterdrückten Selbsten sicher auf bedeutende Weise ihren Beitrag zu diesem Problem bei. Die Dämonen in uns lassen sich immer einfacher bei einer anderen Person oder bei einem anderen Land wahrnehmen.

Von einer spirituellen Perspektive aus betrachtet würde es zu einer großen Versöhnung auf der Erde kommen, wenn wir den göttlichen Funken in einem anderen Menschen sehen und dieser den göttlichen Funken in uns sehen könnte. Dies ist freilich leichter gesagt als getan. Zunächst müssen wir uns der vielen Selbste, die in uns leben, bewusst werden und dann entdecken, wie sie stets mit denselben Selbsten anderer Menschen interagieren. Nur auf diesem Weg, wenn wir allmählich die Schichten der Selbste durchdringen, die unser tiefstes Inneres schützen, können wir damit beginnen, auf der Ebene des wirklichen Seins, in dem die göttliche Energie ruht, miteinander in Kontakt zu treten.

Zu lernen, in einer bewussten Beziehung mit unseren Mitmenschen zu leben, ist eine komplexe und höchst lohnende Aufgabe. Es verlangt harte Arbeit, ein großes Maß an Verständnis und tiefe Hingabe an diesen Prozess. Auf dieser Reise lernen wir die Beziehung neu zu nutzen. Im Prozess des persönlichen Wachstums können wir die Konflikte und Schmerzen der Beziehung als Lernprozess, Heiler und Reiseführer für uns selbst und die Welt erfahren.

Damit kehren wir zu unserer Ausgangsüberlegung zurück, dass die Aufgabe, die Probleme unseres Planeten zu lösen, bei jedem von uns persönlich beginnt. Um die Welt zu verändern, müssen wir zunächst lernen, uns selbst zu verändern und auch die Art, wie wir als Menschen miteinander in Beziehung treten. Nur dann können wir den göttlichen Funken in jedem von uns sehen.

# Anmerkungen

1   Im Original werden sie »disowned selves« genannt unter Bezug auf Nathaniel Brandon, der dieses Konzept entwickelt hat (*The Disowned Self*, New York: Nash Publishing Co, 1972; Bantam Books, 1973).

2   Im Original heißt es »Spirit« mit einem großen ›S‹, nicht mit einem kleinen ›s‹ wie sonst im Englischen üblich; Anm. d.Übers.

3   Vgl. dazu Lucia Capacchione *The Power of Your Other Hand* (Newcastle Publishing Company 1988) und *Recovery of Your Inner Child* (Simon & Schuster, New York 1991).

4   »Many submental systems ... the person is a conglomeration of selves«, Michael S. Gazzaniga, Joseph E. LeDoux, *The Integrated Mind*, Plenum Press, New York 1981.

# Literatur

Brandon, Nathaniel: *The Disowned Self*, Bantam Books, New York 1973; dt. Ausg.: *Ich liebe mich auch. Selbstvertrauen lernen*, Rowohlt, Reinbek 1989

Capacchione, Lucia: *The Power of Your Other Hand*, Newcastle Publishing, Von Nuys 1988;
– *Recovery of Your Inner Child*, Simon & Schuster, New York 1991; dt. Ausg.: *Die Kraft der anderen Hand. Ein Schlüssel zu Intuition und Kreativität*, Droemer Knaur, München 1990

Gazzaniga, Michael S. und LeDoux, Joseph E.: *The Integrated Mind*, Plenum Press, New York 1981

Sanford, John A.: *The Invisible Partners*, Paulist Press, New York 1980; dt. Ausg.: *Unsere unsichtbaren Partner. Von den verborgenen Quellen des Verliebtseins und der Liebe*, Ansata, Interlaken [4]1990

Stamboliev, Robert: *Den Energien eine Stimme geben. Transformationsarbeit im Voice Dialogue*, Synthesis Verlag, Essen 1992

Stone, Hal und Sidra: *Embracing Our Selves*, New World Library, San Rafael 1989; dt. Ausg.: *Du bist viele. Das 100fache Selbst und seine Entdeckung durch die Voice-Dialogue-Methode*, Heyne München [2]1994

# Danksagung

All denen, die wir lieben, den Lehrern, Kollegen und Teilnehmern unserer Seminare, die ihre Gefühle mit uns geteilt und uns begleitet haben, wollen wir unseren tiefen Dank und unsere Liebe ausssprechen für das, was sie uns gegeben haben. Und all jenen, die uns herausgefordert und uns weitergebracht haben, als wir selber gegangen wären, möchten wir dafür danken, dass sie uns das gelehrt haben, wogegen wir uns anfangs gewehrt haben. Ohne all diese Menschen wäre dieses Buch nie geschrieben worden.

Um Informationen über Workshops, Kassetten und Veröffentlichungen von Dr. Hal und Dr. Sidra Stone zu erhalten, wenden Sie sich bitte an das

Voice Dialogue Center
Artho Stefan Wittemann
Fallmerayerstr. 36
80796 München
Tel./Fax: 089-30 85 846

oder an das

Institut voor transformatie psychologie
I.T.P.
Robert Stamboliev
Pieter de Hoochstraat 18
NL-1070 BA Amsterdam
Tel. 20-67 62 111
Fax: 20-67 52 926